笑出腹肌
的
中国史

②

贞观长歌——巨唐洪业

梁山微木

著

北京理工大学出版社
BEIJING INSTITUTE OF TECHNOLOGY PRESS

目录

四十一　巩固权力，李世民征服人心

经历了无数次战场上的刀光剑影、无数次兄弟间的尔虞我诈，以及无数次亲生父亲的厚此薄彼，李世民终于从血腥中接过了权力的大棒。

626年六月七日，也就是"玄武门之变"三天之后，李渊宣布将李世民立为皇太子，一切军国大事，全由李世民处置。八月八日，李渊下诏传位于李世民。李世民"再三推辞"之后，于八月九日在东宫举办了盛大的登基典礼，改年号为"贞观"。

此时摆在李世民面前的有两个巩固权力的选择：一个是举起手中的屠刀，砍向那些当初欲置自己于死地，但现在已经毫无还手之力的政敌，这种方法最简单，也最快意恩仇。

事实上，李世民的不少手下，就是这么公报私仇的。例如窦轨（李世民的舅舅）就趁机诬陷政敌韦云起（就是隋朝一人灭一国的那位牛人）是李建成的同党，直接把他杀了。

王君廓也趁机鼓动庐江王李瑗造反，然后一个转身又把李瑗杀了，以此向李世民请功表忠心。

但是，李世民却选择了另一条道路——宽恕。真正的权力不是滥杀无辜，而是你本可以杀死他，你却告诉他，我饶恕你！李世民用他极为宽广的胸怀为这场血腥的权力斗争，画上了一个还算圆满的句号。

他没有表彰手下人的忠心，反而立刻制止了这种滥杀的行为，六月四日以前与东宫和齐王有牵连的人，六月十七日以前与李瑗有牵连的人，一概不允许相互告发，否则以诬告治罪。

为了让天下人看到他对政敌的宽容，李世民顶着功臣们给予的巨大压力，立刻提拔了一大批李建成的同党。

魏徵，虽然你是李建成的谋士，多次劝他杀了我，虽然你在被捕之后，还死鸭子嘴硬地埋怨李建成没有早一点儿听取你的意见，但是你才华出众，性情耿直，就来我身边做我的镜子吧。

薛万彻，虽然你在玄武门之变时，率领东宫的两千多人差点儿杀进宫来，虽然你又是敲鼓又是喊着要到秦王府杀了我的妻女，但是你的勇猛有目共睹，你的忠义让人赞叹，别躲在终南山里当野人了，来我身边做右领军将军，掌管宫中宿卫吧。我相信，你对李建成忠心耿耿，对我也会忠心耿耿。

冯立，虽然你在东宫屡次挑唆李建成杀了我，虽然你在玄武门之变时还杀了我的亲信猛将敬君弘，但是念及你的忠心和你的自首，官复原职吧。

王珪、韦挺，虽然你们是李建成的同党，虽然你们在杨文干事件中已经被我父亲李渊贬到了巂（xī）州（西昌），但是你们才能出众，以前也是各为其主，回来做谏议大夫，继续挑我的毛病吧。

傅奕，虽然你这老头看天象，害我差点儿丢了性命，但是你瞎忽悠的水平还真高，以后再有天象变化，请忘掉这段不堪的历史，继续言无不尽吧。

事实证明，宽恕的魅力在于征服人心，而被征服的人心，就是最强大的力量。这些被原谅的敌人，并没有辜负李世民的期望，在接下来的岁月里，他们在自己的岗位上兢兢业业，站好了最后一班岗。

随后，冯立在突厥大肆入侵之时，率领数百骑兵冲入敌军，所向披靡，因战功被封为广州都督。上任之后，他不买房、不买车、几年不买新衣服，极为清正廉明，广受老百姓爱戴，最后老死在任上。

王珪由于敢于直谏、政绩突出，不久之后便被升为宰相，被后世评为"唐初四大名相之一"。

韦挺后来虽然只当了一个太常卿，但是他的儿子韦待价却在武则天时期官至宰相。

后来，薛万彻在大唐平突厥、灭薛延陀、征高句丽时，更是立下了赫赫战功。这位大唐对外征战的最佳男配角，我们在后面还会详细讲。

当然，以上这些人的知名度统统都不能和魏徵相提并论。受教科书的影响，估计在大部分人的印象里，魏徵就是一个千年"杠精"加魔镜。

李世民想搞房地产，他说不行，房子是用来住的，不是用来炫的，太极宫不够你住还是咋的？

李世民想去泰山封禅，他说不行，沿路百姓还得搞面子工程，修路、刷墙、管控，你封禅有啥用？

李世民想老婆了，站在高台上要眺望一下亡妻的坟墓，他说不行，你咋不想想你死去的老爹？

面对如此找抽的人，李世民竟然被逼得无言以对。搞到最后，李世民看见魏徵就跟小学生看见了班主任一样，宁可把鸟捂死在怀里也不敢拿出来让他看见。

他死后，李世民更是说出了那句历史课本上画着重点的名言："以铜为镜，可以正衣冠；以史为镜，可以知兴替；以人为镜，可以知得失。魏徵没，朕亡一镜矣。"

但是，要特别注意的是，魏徵可不是只会给领导找不自在，人家敢和皇帝抬杠的背后，是有雄厚的实力在那里背书的。

例如，李世民刚刚当上皇帝，岭南（广东、广西）的各级政府单位，就发来了十几封急电：当地部落首领冯盎造反了。

李世民正准备立威，就征发了十州兵马，要大举讨伐岭南。满朝文武百官都没有任何意见，但是，魏徵掐指一算，就指出了问题的关键：

冯盎没有谋反。他如果想谋反，必然分兵几路占据险要之地，攻略邻近州县。但是，告发他谋反陆陆续续已过去几年，他的兵马还是没出境，这明显不是造反。

他为什么这几年不敢来朝，是因为各个州府都在诬告他谋反，而陛下又不派使臣前去安抚。如果陛下现在派使臣过去，他必然欣喜若狂，归顺朝廷。

后来的事实证明，魏徵这一通分析简直就是姜太公算卦——未卜先知。当李世民的使者到达岭南之后，冯盎立刻就让他的儿子冯智戴到长安当人质去了。

一句话顶十万雄兵，瞧瞧这谋略水平，房玄龄、杜如晦这种顶级谋士都没想到的问题，人家魏徵竟然能想到。

另外，魏徵的文章也写得特别好，他不仅主编了《群书治要》，还撰写了《隋书》序论，《梁书》《陈书》《齐书》总论等。古代能写史的人，那可必须是当时的大才啊。

不过，不得不说，魏徵的青史留名也得益于李世民个人的开明。

不只是魏徵喜欢怼他，很多大臣也喜欢怼他，而他大部分时间都能够虚心接受大家的建议。只有极少部分时间才会表现得异常生气，但是生气也不要紧，长孙皇后总会出来劝他。

长孙皇后简直可以称得上是所有女人的楷模，她从十三岁嫁给十六岁的李世民开始，便一直和他共进退、同生死，而且在无数个关键时刻，给了李世民关怀与帮助。

李世民被兄弟、老爹欺负时，她随身带着一瓶毒药，表示"若有不讳，亦不独生"。

李世民要发动"玄武门之变"时，她奔赴一线，亲自分发铠甲鼓舞士气。

李世民罢了房玄龄的官时，她为房玄龄喊冤叫屈，让房玄龄重出江湖。

李世民要提拔她的哥哥长孙无忌当宰相时，她多次拒绝，表示不能让外戚权力过大。

李世民被气得扬言要杀了魏徵这个"乡巴佬"时，她又无数次拐弯抹角地替魏徵求情。

有这种通情达理的皇后在，等于给李世民这位本就心胸宽广的皇帝又加了一层保险。

但是，宽恕并不代表懦弱，保险并不代表安全。如果谁敢站出来挑战李世民手中的权力，他便会毫不犹豫地收回和气的笑容，露出帝王应有的威严，将对方击得粉碎。

而第一个遭受暴击的，竟然是功勋卓著，而且已经被李世民宽恕了的燕王李艺（罗艺）。

623年，李艺来到长安之后，便成了李建成的同党。当李建成和李世民两兄弟斗得正凶时，他竟然也上去掺和了一脚。

一天，李世民派自己的亲信去他的营地唠唠家常，也不知道哪一句话得罪了李艺，他竟然捋起袖子把人家揍了个鼻青脸肿。

打狗也得看主人啊，虽然李渊赐了你李姓，但你真的算是李家人？李渊可以欺负李世民，李建成也可以欺负李世民，但你毕竟只是一个外人。于是，还没等李世民说话，李渊一怒之下就把李艺关进了牢里。

很久之后，李渊才把李艺放出来，派他到泾州（今甘肃泾川）和突厥对练去了。

虽然有这层矛盾在，玄武门之变后，李世民依然没有打算追究李艺的责任；相反，还拜他为开府仪同三司，赐食邑一千两百户。这待遇已经相当高了，李世民他舅窦轨、他叔李神通，也不过是拜开府仪同三司，食邑六百户和五百户。房玄龄一直到贞观九年（635年）才加封开府仪同三司，还没有食邑。啥叫食邑？就是这几百家的租税都归你了，而且还可以世袭。

但是，李艺却以小人之心度君子之腹，越想越害怕，总觉得李世民要害他。你也不看看，就连你原来的手下猛将，要将李世民砍死的薛万彻，李世民都原谅了，你说你还怕什么？

可是，他的身边刚好又有个喜欢吹牛的巫师，天天吆喝着他面有贵相，劝他赶紧反。

于是，627年一月，李艺竟然真的反了。李世民打仗什么水平，你又不是没见过，这时候反，不是明显拿鸡蛋碰石头嘛。

所以，李艺的造反简直就是一场闹剧，他的手下看着他就像看一头金猪。李世民都没有亲自动手，他的脑袋就被自己人砍下，送到了长安。他的弟弟李寿也受到牵连被斩了。

混过了隋末乱世的一方枭雄，从死人堆里爬出来的百战猛将，不知道积了多少辈子大德才被封为王爷的人，竟然这么憋屈地从一代名将变成了无头男尸。人啊，还是要有自知之明的。

在处理完这些零零碎碎的政敌之后，经过了一两年的休养生息，李世民终于彻底坐稳了皇帝的宝座。但是，他的心中仍然有一个没有解开的心结，如果这件事不搞定，他这个皇帝恐怕永远名不正言不顺。

四十二　李世民入主太极宫，李渊病逝垂拱殿

626年，李世民上台之时，摆在他面前的是一个破败不堪的国家。

全国人口只剩下了三百万户，大概为隋朝时的三分之一。最富饶的华北平原破烂得就跟西伯利亚似的："苍茫千里，人烟断绝，鸡犬不闻，道路萧条。"

针对这种情况，李世民和他的领导班子选择休养生息、韬光养晦。

突厥十几万大军打到长安边了，他忍着；突厥发生内乱，可以报仇雪恨了，他忍着；吐谷浑又开始折腾边境了，他忍着；甚至四川有人造反了，他依然忍着。

虽然一直这样忍着让一个君王很没有面子，但是老百姓们不傻，懂得面子和生活哪个重要。

在这几年里，大唐的生产力水平得到了飞速发展，百姓的物质文化生活也得到了显著提高。李世民在老百姓们心中的支持率也到达了史无前例的高峰。

于是，李世民带着天下归心的底气，又一次将目光投向了他爹。

玄武门之变后，国家内忧外患，儿子权力未稳，还需要您这位太上皇坐镇。

但如今儿子已经民心所归，全面掌握了大权，总不能还一直待在东宫办公吧？您老是不是该挪挪窝了？

但这件事尴尬的地方在于，李渊暂时还没有这样的觉悟，仍旧稳稳地坐在太极殿中。

所以，李世民只敢想想，却不能明说。这话要敢说出口，不仅会被魏徵这群人的唾沫星子淹了，以后世世代代的道德君子们也会把他骂得再"死"几次。

但是，这话又不能不说，太极殿代表着皇权、代表着正统。你只要在东宫多待一天，那么你的皇位就一直名不正言不顺。地方官员来京了怎么看？外国使臣来朝了怎么看？

面对这个棘手的问题，李世民苦思冥想之后，终于想到了一个很巧妙的解决方案：

老爹咱是不敢轰的，但老爹的身边人——裴寂，好像可以轰一轰。

619年，裴寂先是整死了刘文静，后来又在山西输得一败涂地。按照当时的法律，足够他死几次了。

但是，李渊这人对喜欢的人特别宽容，他只是让裴寂在监狱里蹲了几天，就把他放了出来，继续和他喝酒聊天。

后来有人上告裴寂谋反，李渊抱着"宁可信其有，不可信其无"的态度，就派人查了一下，结果啥也没查到。

李渊为了表示对裴寂的歉意，就下达了一道命令：让三位贵妃带着美酒，到裴寂的府中待了一宿。

623年，裴寂什么功劳也没有，李渊又一次脑热，把他升为左仆射，还赐给他自行铸钱的权利。

搞得裴寂都糊涂了，还以为李渊这是要捧杀他，赶紧表示宰相不干了，要回家种田去。

李渊看吓着他了，又做了一件匪夷所思的事：他一边哭一边拉着裴寂，说要和裴寂白头到老，共享逍遥。

如此亲密的行为，让后人以为他俩好上了。反正两人就这么又快快乐乐地过了六年。

627年，李世民刚刚当上皇帝，为了稳定政局，他不但没有翻裴寂杀刘文静的旧账，还把他的食邑加到了一千五百户。

628年，李世民到郊区祭祀时，还专门把裴寂和长孙无忌拉到了自己的车上，说他有"佐命功勋"。

裴寂很高兴，以为李世民彻底原谅他了，所以又快乐地过了小半年。但是，令他没想到的是，危险正在快速向自己逼近。

629年一月，李世民终于变脸了。

原来皇宫中有个叫法雅的和尚，备受李渊和李世民的宠幸，可以随时出入两宫。

但后来这个和尚估计是因为业务不熟练，算得不太准，就被李世民抛弃了。于是，他恼羞成怒，开始到处宣扬歪理邪说，扰乱社会秩序。

李世民知道后大怒，便让兵部尚书杜如晦亲自审理此案。结果审着审着就牵连到了裴寂——裴寂听过这和尚的歪理邪说。

就因为这么点芝麻大的事，李世民小题大做，竟然把裴寂的官罢了，还让他滚回老家去。

裴寂一下子就蒙了，心想这和尚天天往太上皇那里凑，自己又和太上皇这么亲近，怎么可能听不到。于是，这位耿直的大爷就向李世民喊冤，表示长安太繁华，他还想再看看。

李世民一声苦笑，本来还想给你留点面子，没想到你还往枪口撞，所以冲着他就是一通臭骂：

你啥功劳都没有，还位居高位，这是德不配位；

我爹当皇帝时，把国家治理得一团糟，都是你的责任；

我念及旧情没让你去死，只是让你回老家守墓，你还好意思再说啥？

去年还是"佐命功勋"，今年一转眼就变成了德不配位，罪行该死，李世民翻脸比翻书还快。

这种狠话都撂出来了，裴寂哪里还敢再争辩。他吓得立刻收拾好行李，带着十几年来贪污的大量金银财宝，连滚带爬地就回到了山西运城老家，准备颐养天年。

但是，树欲静而风不止。他当了那么多年宰相，肯定得罪了不少人，遇到痛打落水狗的好时机，这些人怎么可能放过他。

于是，不久之后，就有一个人跑到裴寂家对他说了一句话："裴公有天命。"

裴寂被吓傻了，便犯了一个大错。他没有把这情况上报朝廷，而是自作主张，让人去把这个人杀了。结果人没有杀成，事情还败露了。李世民再次大怒，要把他流放到越南去。

这明显是想要裴寂的命啊，快六十岁的人了，从山西跑到越南，不被颠死才怪。

幸好，朝中还有不少裴寂的老伙伴，这些人赶紧跑出来求情，最后李世民心一软，就把他流放到了静州（今四川广元）。

李渊看到裴寂被儿子这么折腾，终于明白了李世民的意图。于是，629年四月四日，他就主动搬到了原来自己"赏赐"给李世民的郊区大别墅——宏义宫，并把宏义宫改成了大安宫。

哎，真是莫大的讽刺啊。不知道李渊有没有后悔，当初不应该把宏义宫修得那么寒酸……

李渊前脚刚搬走，李世民卷着铺盖就搬进了太极宫。为了庆祝这一伟大的历史时刻，他还专门下令大赏天下：

孝义之家赏小米五斛（大概六百斤）……今年一月以来，谁家生了儿子，赏小米一斛（约一百二十斤）。

讽刺，无比的讽刺。裴寂一月被扳倒，谁家一月以来生了儿子就赏赐。老爹被"赶出"太极宫，孝义之家就赏赐，请问孝在哪里？

李世民这是什么精神？完全是"精神分裂症"啊，这不是明摆着打裴寂和他爹的脸嘛，真不知道两人知道这些赏赐后心里是什么滋味。

不过，李世民好的一点在于，他并不是一个彻底无情的帝王。当权力从现实中剥离之后，他还是一个很重感情的男人。所以，在接下来的岁月里，这两人过得还算可以。

裴寂刚到静州不久，就发生了羌人叛乱，又有人想痛打落水狗，污蔑羌人劫持裴寂当老大，准备造反。但是，这一次李世民根本没有相信谣言。没过多久，静州又传来了六十岁的裴老头带着家童灭了叛贼的消息。

李世民一声感叹，下了一道诏书把裴寂召回了长安。不过可惜的是，裴寂的身子骨已经经不起蜀道的折腾了，诏书刚到静州，他就病死了，时年六十岁。李世民追赠他为相州刺史、工部尚书、河东郡公。

想来在病死之前，他会感到些许的安慰，毕竟一辈子的忠心，最后还是得到了比较客观公正的对待。

李渊与裴寂相比，过得就更加舒服了，他毕竟还顶着太上皇的大帽子。入住大安宫后，他就彻底过上了"肥宅"的生活，吃喝玩乐，一样不落。

当然，除了当"肥宅"以外，有时候他也会出来活动一下。

例如630年，李世民打败东突厥、捉住颉利可汗之后，他便和李世民在凌烟阁大摆宴席。喝到高兴处，两人还唱跳起来，李渊亲自弹琵琶，李世民亲自伴舞，群臣也跟着吆喝，一直狂欢到深夜。

632年，李渊过六十七岁生日时，李世民又在刘邦给老爹过生日的未央宫旧址大摆宴席。

李渊喝高了，羞辱起了曾经按着自己揍的突厥老大颉利可汗，让颉利可汗与越南的地方酋长冯智戴一个扭秧歌，一个说唱。

完事之后，李渊还当着人家面说颉利可汗是个胡人（这相当于骂人啊）。

634年十月，李世民决定在太极宫的东北营建大明宫，作为李渊的"清暑之所"。可惜李渊已经在大安宫里耗尽了所有的精力，635年五月，李渊在垂拱殿去世，时年六十九岁。

死者为大，当得全礼。

虽然我们调侃了无数次李渊，但纵观他的一生，的确是伟大的一生，光荣的一生，我们必须用稍微煽情的语言来给他一个客观的评价。

那一年，他雀屏中选，从数十名比武招亲的队伍中脱颖而出，抱得美人归。

那一年，他英明神武，平叛乱、打突厥，为天下苍生，举起义旗。

那一年，他锒铛入狱，却不顾生死，定要等待儿归，爱子之情，天地可鉴。

那一年，他所向披靡，凭区区三万兵马，短短百余日便横扫北疆关中，竖起了光耀千年的大唐旗帜。

虽然他后来长期留滞后方，但镇国家，抚百姓，给馈饷，不绝粮道，又何尝不是巨大的功劳？大唐因他而起，大唐因他而兴，这一点谁又能改变？

虽然他后来被夺了大权，成了中国历史上唯一的大一统王朝里最"窝囊"的开国之君，但谁又能明白，作为一个帝王、一个父亲的苦衷。

贞观十七年（643年），当太子李承乾谋反时，李世民才明白了他父亲的无奈：

"人情之至痛者，莫过乎丧亲也……但知自咎自责，追悔何及！追悔何及！"

说罢，李世民不禁悲从心起，痛哭不已。

我们没有经历过把脑袋别在腰间的血雨腥风，我们也没有经历过儿女争夺家产时的仇雠相对，我们又怎么能懂李渊的伟大和无奈。

四十三　渭水之盟，李世民该不该背锅

当李世民把李渊撵出太极宫，彻彻底底坐稳皇位之后，他终于把目光投向了已经蹂躏大唐十几年的东突厥。从此，开启了大唐连续一百多年的对外战争（用现代眼光看，这叫统一战争）。

不过在讲打东突厥之前，我们还是要先说一下隋朝时期突厥的情况。

隋朝建立之后，在隋文帝杨坚连续二十年的暴击之下，那个不可一世的突厥，被打成了两部分——西突厥和东突厥。

后来，东突厥又遭到了隋朝一系列的摩擦，无奈之下，原来嫁给东突厥大可汗的北周大义公主，只好认"贼"（杨坚）做了干爹。

后来，见这个干女儿不太老实，杨坚就设计来了个大义灭亲。然后，他又把同宗室的义成公主嫁给了东突厥的老二突利可汗，并给了突利可汗一个新身份——启民可汗。

601年，杨坚让杨素帮助启民可汗北征，一路上所向披靡，很轻松地干掉了东突厥的老大，让启民可汗当了老大。

609年，启民可汗跑到洛阳朝见了隋炀帝杨广一次，不久之后就挂了。他的儿子始毕可汗继承了汗位，然后又娶了自己的小妈义成公主。

刚开始，始毕可汗对隋朝也是毕恭毕敬的。但是，在杨广这位败家子的"英明"领导下，始毕可汗开始把"毕恭"变成了"逼宫"。

615年，杨广三征高句丽全部失败之后，又到雁门溜达了一圈，结果差点儿被这位小舅子阴死。从此，突厥和中原王朝就彻底闹掰了。

随后，始毕可汗便把大隋当成了自动提款机和人力资源储备库。家里缺钱了，来隋朝抢点儿，家里缺劳动力了，来隋朝抢点儿，家里缺女人了，还来隋朝抢点儿。

617年，也就是李渊在晋阳起兵的那一年，始毕可汗的人生达到了巅峰。他把在马邑造反的刘武周，封为定杨可汗；把在宁夏造反的梁师都，封为大度毗伽可汗。

接着，他还连忽悠带吓地让李渊称了臣（李渊是以隋朝臣子的身份称臣的，不过也有人说，李渊当皇帝之后也称臣了），并和李渊签订了劳务合同："征伐所得，子女玉帛，皆可汗有之。"

618年李渊进了长安，当了皇帝之后，就给突厥送去了大量的金银珠宝和美女。但是，按李渊那狡猾的德性，大概率没有完全按照劳务合同执行。

于是，第二年，始毕可汗就和梁师都、刘武周一起，准备袭击太原。但是，这人点儿比较背，带着大军才到半路，就被天收了。

接替他位置的是他的二弟俟利弗设，号称处罗可汗。处罗可汗又娶了他小妈兼大嫂义成公主。不过，处罗可汗比他哥点儿更背，当了一年老大就挂了。义成公主觉得自己的孩子不堪大用，便让小叔子阿史那咄苾继承了汗位，号称颉利可汗。

颉利可汗按照惯例，又娶了自己的小妈兼大嫂兼二嫂义成公主，并封了自己大哥始毕可汗的儿子什钵苾为突利可汗（和他爷爷曾经的名号一样），让其坐镇东突厥的东部。

颉利可汗比他老哥的野心更大，一上台就开始和唐朝对打，一年打好几次，两边互有输赢。

624年，李渊不知道是不是被东突厥打蒙了，突然脑子一热，想要把首都从长安迁到襄阳，还派了几个大臣去实地考察。

幸好，李世民和一群文武大臣脑子还算正常，就给制止了。李渊冷静下来之后，也觉得迁都太傻了，于是怒了，又恢复当初因为天下平定而撤销的十二军，重新选拔精锐，准备和突厥大干一场。

结果，还没干几架呢，玄武门之变就发生了。

626年八月，也就是玄武门之变后的两个多月，颉利可汗便亲率十万大军直接杀到了长安城下。

李渊当皇帝时，东突厥虽然也很猛，但最多也只是打到豳州。李世民一上台，人家就打到了长安。所以，后世有很多人都拿这件事来贬低李世民。今天我们来看一下，这件事到底是不是李世民的责任。

以前东突厥往长安（今西安）打，一般都是和灵州（今宁夏银川）附近的军阀梁师都联合起来，先打灵州，再打泾州（李艺驻守的萧关），再打豳州。为什么选这条路呢？

当时从灵州到长安主要有三条路：

第一条路：沿清水河南下，过萧关，走回中道或豳州，到武功，再到长安。

这条路最好走，因为清水河河谷比较宽阔，又有比较多的牧草，不仅有利于突厥骑兵调动，还不用多带粮草。

第二条路：沿马莲河到豳州到武功，再到长安。

为什么过了豳州，不直接沿泾水到长安呢？主要是因为那一段河谷曲曲折折，简直就像一根猪人肠。

因为马莲河谷没有清水河谷宽，也没有那么多牧草，所以，这条路只能是突厥的第二选择。

第三条路，需要先走一段陆路到洛水，再通过洛水到渭水，再沿着渭水西进长安。

这条路就更难走了，洛水河河谷简直就是猪大肠的加强版，突厥的骑兵要通过这条路往长安绕，估计刚到渭水就晕了。

所以，以前东突厥往长安打，一般都走第一条路。他们一般打到幽州就被唐军给杠回去了，还从来没有打到长安过。先前李世民、李元吉和突厥互砍的地方，就是幽州。

但是，626年这一次，突厥没有打灵州，而是绕到了会州（今甘肃靖远）。因为在灵州驻守的是大唐第一名将李靖，前一年突厥刚和李靖在山西练过。当时突厥也有十几万人，李靖只带了一万多江淮陆战队紧急驰援太原，结果唐军其他各部被打得满地找牙，只有李靖全军毫发无损。所以，突厥知道他不好惹，就绕过了灵州。

626年七月，突厥从会州出发，狂奔了一千多里，八月二十六日便打到了泾阳。李世民大吃一惊，急忙派尉迟敬德率军前去抵抗。尉迟敬德在泾阳打了一次小胜仗，杀了突厥两千多人，但是仍然抵挡不住突厥大军的步伐。八月二十八日，突厥大军杀到了长安北边的渭水。

突厥为什么突然之间这么逆天打到了长安？其实真的不能怪李世民，这锅主要得由大唐的两个封疆大吏背——驻守在泾州的李艺和驻守在幽州的张瑾。

李艺手下有一万多天节军，张瑾手下有一万多天纪军，全部都是唐军的百战精锐。依靠着坚固的城池，怎么着也能扛几个月的揍，给李世民留出充足的调兵时间。但是这两人看到突厥大军压境，这一次竟然都变成了缩头王八。

李艺是没真打，因为他是李建成的同党，正在紧锣密鼓地准备造反（四个月后就反了），所以他故意把突厥放了进来，准备浑水摸鱼。

张瑾是真没打，因为他也偏向李建成，而且之前还被突厥打败过。625年在山西的太谷之战中，他被突厥打得全军覆没，只身一人逃到李靖的军营才保住了一条老命。

而这两人都是李渊之前派去驻守边境的，李世民上台之后，为了稳定政局，对他们都采取了安抚的政策。李艺开府仪同三司，封邑一千两百户；张瑾被李渊（实际控制人是李世民）拜为冠军将军。可是万万没想到，这两人上来就抽了李世民一个大耳刮子。

突厥大军到达渭水之后，颉利可汗看着金碧辉煌的长安城，就跟乡下人第一次进城一样，十分兴奋。但是，他也明白长安城城高墙厚不易攻破，大军深入大唐腹地，万一唐军再从后面袭击，这十万人便会死无葬身之地。

所以，他并没有第一时间选择硬攻，而是派出亲信执失思力进城，名义上是要和李世民谈谈工资，实际上则是打探一下长安的虚实，再做进一步打算。

执失思力见到才登基十九天的皇帝李世民之后，态度十分嚣张，他表示颉利可汗与突利可汗带了百万大军陈兵渭水，随时都有踏破长安的可能，让李世民自己看着办。

李世民一听就怒了，竟然有人看不起自己的数学成绩。我又不瞎，会不知道你有多少人？所以，他一挥手就要把执失思力斩了。

执失思力不愧是一条能屈能伸的汉子，见到李世民要来真的，立马就跪了，嗷嗷叫着请求饶命。宰相萧瑀、封德彝也赶紧跑来求情，让李世民把执失思力放回去，人家的十万大军可在城外杵着呢。

但李世民却认为，如果放他回去，就等于向突厥示弱，他们肯定蹬鼻子上脸。两边意见一中和，最后李世民把他软禁在了皇宫里。

下一步怎么办？摆在李世民面前的无非两条路：战与和。

如果硬拼，按照唐初的军制，当时在长安城外驻守的就有三万禁军，而在关中地区至少还有十三万中央军。三万禁军先和突厥练几天，再调几万中央军过来，打败突厥完全不是问题。

但是这其中的风险也很大。

李世民刚刚登基，父亲李渊、兄弟李建成的势力还没有清除干净，没人知道这些军队会不会临阵倒戈。万一大军里面混进几个像李艺那样的高级造反能手，李世民估计就完了。

比如第二年五月，李渊的族弟李孝常就和右武卫将军刘德裕、统军元弘善、左监门将军长孙安业（长孙皇后同父异母的哥哥）、滑州都督杜才干等人密谋造反，幸好被人及时发现。后来，李世民派武则天她爹武士彟顶替了李孝常利州都督的位置。

此外，在开战之后，如果李世民率军出城长期作战，长安城里李渊的势力，极有可能会发动政变复辟。如果李世民待在城里固守，突厥军必然会在长安城外大肆劫掠，到时候各级官员怎么看自己？老百姓又怎么看自己？

大唐现在迫切需要休养生息，而此战必然不能彻底消灭突厥，以后突厥必然会大肆报复，大唐便不能一心一意搞生产。

所以，打仗固然可以，但并不是最好的方法。唯有和谈，于公于私都是最正确的选择。

但是，要让兵临城下的十万大军同意和谈，又谈何容易？几番思索之后，李世民只好重操旧业，干起了几年前在豳州对付突厥的那一套——忽悠。

李世民带着高士廉、房玄龄等六人，骑着马就冲到了渭水边上。他也不管对方能不能听得懂汉语，反正隔着河就大骂颉利可汗背信弃义。

颉利可汗看到派去的亲信没有回来，而李世民只带着六个人就敢前来骂自己，瞬间就蒙了，也不知道该怎么回应。就在这时，李世民的后面出现了数万唐军，一时间漫天遍野旌旗招展。

颉利可汗这才意识到大事不好，摆开架势准备战斗，但是他手下的那些贵族长老已经彻底吓傻，翻身下马就跪了。

李世民也没有乘人之危，唐军抵达渭水边之后，他又让大军后撤了一段距离，要一个人跟颉利可汗唠唠嗑。

二人就这样，在渭河边举行了愉快的会晤。

在会上，李世民表示，近年来，唐突关系虽然出现了一系列问题，但突厥人死的也不少，所以双方应该化干戈为玉帛，加强双边贸易。

颉利可汗也表示，从今以后要加强团结合作，争取少抢或者不抢唐朝的财产，营造良好的环境。

双方还就共同关心的问题深入交换了意见。

事后，李世民和颉利可汗还在长安的西边杀了一匹白马，歃血为盟，再次签订战略同盟协议。虽然这个协议签了也等于白签，双方都没有准备遵守，但是看在唐朝给钱（啖以金帛）的份上，突厥真的就撤兵了。

李世民到底给了突厥多少金帛，正史中并没有记载。不过唐代历史小说《隋唐嘉话》中有这样一段记载：李世民听从李靖的建议，把整个国库都给了突厥。但是，突厥撤军的时候，李靖搞了个突然袭击，又把钱抢了回来。

但是，这段记载肯定不可信。因为后面李世民已经说得很清楚了，他不想打仗。

"朕已让长孙无忌和李靖屯兵豳州，如果和突厥议和时，将他们灌醉，再派兵偷袭其军营，他们必然大乱。当他们逃往豳州时，李靖再半路出击，必然大胜。"

"但是由于朕即位时间太短，政局不稳，百姓又穷，所以应该休养生息。这才决定给他们点钱算了。等我们养结实了，再去揍他们。"

可是不知道怎么地，正史没有多少人记着，《隋唐嘉话》却流传得很广，而且传着传着把李靖也传没了，就剩下李世民把国库给突厥了。于是，就出现了很神奇的一幕，一群不明真相的群众，天天拿这件事在网上骂李世民窝囊。

其实李世民真的很要脸，要脸程度甚至超过历代所有帝王。突厥大军刚刚撤去，他就从禁军中挑选了几百名精锐，以九五之尊，天天带着这些人在皇宫里练习骑马、射箭……

大臣们看见皇帝天天和这些小兵蛋子混在一起，顿时吓了一跳，赶紧上来劝李世民：法律规定，在皇帝住处拿个小刀就得被绞死，你咋还让他们在这里弯弓射箭？万一哪个士兵不长眼，一箭把你伤了可咋办？

但是，李世民根本就听不进去，他天天"卧薪尝胆"，一心要报仇雪恨。有这样的皇帝在，突厥想不死都难了。

更加让人激动的是，颉利可汗自从卷着唐朝的金银珠宝回去之后，整个人都飘了。他不再善待他的大侄子突利可汗，还搞得薛延陀、回纥等部落民怨四起。

嘚瑟了一百年的突厥，终于要见识大唐的威力了。

四十四　横扫两千里，六十岁李靖团灭东突厥

凭借"炼铁奴"起家的突厥，从552年建立政权到626年十万大军进逼长安，眼看就快八十年了。但是，他们一转眼就又掉进了"胡虏无百年之运"的大坑里。

626年冬天，就在东突厥大军刚刚从大唐拉回一车又一车的"转运珠"之后，他们家的运气终于被这些不义之财转没了。

西伯利亚的寒风在当年刮得格外猛烈，整个东突厥境内大雪纷飞，地上的积雪达数尺之深，牲畜冻死者不计其数。

然而更可怕的是，雪灾之后往往还伴随着大流产、大瘟疫。

冬天牲畜没得吃，春天母牛、母马、母羊就会因为体弱多病而大量流产。冬天几百万头牲畜被冻死在雪地里，而春天雪化之后，病菌就会卷土重来，从而导致瘟疫大流行。

经历了这场大雪灾，东突厥本来就脆弱的放羊经济就彻底垮了。但是，颉利可汗并没有减税降费，促进经济发展，相反还搞出了一系列不得人心的政治

改革。

颉利可汗自从到长安城周围溜达过一圈之后，就被大唐繁华的景象迷住了。一回到突厥，他就下定决心要"唐学突用"——引进大唐的先进制度和文化。

于是，他便找到了一个狗头军师——汉人赵德言，对其言听计从。后来，他觉得改革可能会引起突厥贵族反叛，为了巩固权力，又找到了一群政治盟友——胡人（指非突厥族的胡人）。

在赵德言和这群胡人的"英明领导"下，东突厥上上下下掀起了一股又一股政治、风俗大改革浪潮。

原来大臣们议事时一个个称兄道弟，跟朋友聚会似的。现在大臣们见到颉利可汗得毕恭毕敬、唯唯诺诺。

原来各级单位决定一件事，拍拍脑门就行了，现在大会小会天天开。

原来老少爷们披头散发就行了，现在都得把头发绑起来。

于是，东突厥内部就乱成了一团。底层人民因为雪灾活不下去了，要武装上访；上层贵族也对这次改革很不满意。

随着矛盾的不断积累，突利可汗手下的几个少数民族部落率先扛不住了。他们本身就是一群看谁大腿粗就抱谁大腿的墙头草，一看颉利可汗这是在作死，转身就投降了唐朝。颉利可汗得知后，大怒不已，就把他的大侄子突利可汗叫去骂了一通。

大唐那帮高官知道后大喜过望，赶紧怂恿李世民"趁火打劫"。

哪知道，面对这么好的机会，李世民一本正经地拒绝了：咱得以德服人，刚刚和人家签订了互不侵犯条约，就去打人家，出师无名。况且，乘人之危，忒不仁义。

李世民这话说得真好听，但是你要真的信了，你就太年轻、太幼稚了。

627年，山东（崤山以东）大旱，关中大涝，李世民下令各地政府赈灾并安抚百姓，还免去了山东当年的赋税。

628年，关中又闹大饥荒，大部分老百姓被逼到了卖儿卖女的地步，气得李世民抓了几只蝗虫就生吃了。

另外，中原其他地方也是穷得叮当乱响，千里无人烟。举个简单的例子，大唐已经建国整整十年了，全国各地竟然还到处都是隋末动乱被饿死或砍死的人的尸骨。628年，李世民不得不单独下了个命令，让各地官府把这些尸骨埋了。

你说就凭这种条件，怎么打突厥？

所以，李世民表面上说的是仁义道德，其实完全是因为有心无力。不过，不直接去揍突厥，并不代表他就无所作为。在接下来的两年里，李世民又一次采用农村包围城市的策略，把东突厥的附属部落都薅秃噜了。

627年五月，李世民一转身，就把原来依附东突厥的军阀苑君璋收了。

苑君璋原来是刘武周的手下，刘武周大败之后，突厥就让他统领了刘武周的旧部。后来，他又投降过唐朝几次，但随后又反叛了几次。这次，他看突厥真的不行了，就又投降了唐朝。

李世民为了吸引更多的人过来投降，就不计前嫌将他封为隰（xí）州（今山西临汾）都督、芮国公。几十年后，苑君璋病死于任上。

628年年初，李世民把原来依附东突厥的契丹拉进了大唐的怀抱。

628年四月二十六日，李世民派柴绍、薛万均去把依附东突厥的梁师都灭了。

同样是628年，李世民又和东突厥的老二突利可汗勾搭上了。突利可汗因为原来依附自己的部落逃到唐朝，被他叔骂了一通之后，心里一直不爽。

后来，他叔还蹬鼻子上脸，让他去平定内部的叛乱，结果他又打输了。按道理讲，胜败乃兵家常事，但是他叔却把他吊起来揍了一顿，还关进牢里几天。他一回到自己的势力范围，就和他叔说了一声拜拜，转身就和他的拜把子兄弟李世民眉来眼去了。

628年年底，李世民封对东突厥造反的薛延陀部落老大——夷男为珍珠毗伽可汗，并赐给他一把宝刀，鼓励他在东突厥背后使劲捅刀子，老哥在后面鼎力支持你（以后再详细讲）。

颉利可汗眼睁睁地看着自己的一群马仔要么去地下见了阎王，要么成了大唐的小弟，很生气但又无可奈何，只好派人向唐朝求和——哥，小弟对你一边喊着仁义道德一边捅刀子的厚脸皮真服气，要不让我当你女婿吧？

当女婿，早干吗去了？李世民露出一丝诡异的笑容，直接拒绝了他的和亲请求。代州都督张公谨很敏锐地猜到了李世民的心思，赶紧上书列出了六条此时去揍东突厥的有利条件：

第一，颉利可汗亲小人、远贤臣，这是要作死。

第二，薛延陀大兄弟虎虎生威，在背后已经捅了东突厥好几刀了。

第三，东突厥内部高管突利可汗、拓设、欲谷设等人，也准备跳槽了。

第四，东突厥这几年天灾不断，账上已经没钱、没粮了。

第五，颉利可汗不用族人，重用胡人。非突族类，其心必异，这些胡人也很不老实。

第六，以前不少汉人在北方避乱，经过这一二十年繁衍生息，人数已经不少，最近他们也在武装上访，并占据了险要位置，就等着咱大唐的军队出塞了。

李世民看罢大喜，早把仁义扔到了九霄云外，随随便便找了一个攻打东突厥的理由：一年多以前大唐去打梁师都，你们竟然敢派兵支援他，是你们先破坏了互不侵犯条约的。

这个理由显然非常强词夺理，梁师都是东突厥的马仔，你去揍人家，还不允许人家老大出手帮忙？但是，规则永远是由强者定的，只要你是弱者，连反抗都是罪过。

629年十一月二十三日，大唐以此为由，调集十万大军，兵分六路对东突厥发动了战争：

第一路，由六十岁的兵部尚书李靖为定襄道行军总管，张公谨为副总管，率领中军从马邑（今山西朔州）出发，直击东突厥首都定襄城（今内蒙古和林格尔）。

第二路，由并州都督李勣（李世勣为避李世民的讳，把世字去掉了）为通汉道行军总管，由云中（今山西大同）出发率主力进攻东突厥腹地。

第三路，由华州刺史、霍国公柴绍为金河道行军总管，从陕西渭南出发顺黄河北上，与李靖、李勣遥相呼应。

第四路，由礼部尚书李道宗为大同道行军总管，张宝相为副总管，从灵州（今宁夏灵武）出发防止颉利可汗西逃。

第五路，由检校幽州都督卫孝杰为恒安道行军总管，出兵燕云地区，以防止颉利可汗东逃。

第六路，由大将薛万淑为畅武道行军总管，从东北方出击东突厥后方，监视突利可汗。

以上六路大军全部受李靖节制。

中原王朝打游牧民族一般都会选择春天出击，因为经过漫长的冬季，游牧民族的战马早已是马瘦毛长，战斗力急剧下降。

而且春天正是牛、马、羊生育的季节，这时候大军杀过去，游牧民族一来没有时间接生，二来怀孕的牛、马、羊在逃跑的路上还非常容易流产。被中原王朝这么连续折腾几年，再强大的势力也招架不住。

而中原王朝这边，经过一个冬天的休养生息，正好人强马壮，士气旺盛，以强攻弱，往往能获得意想不到的胜利。

但是，凡事都有例外——唐初的第一名将李靖，很不适宜地将进攻的日期选在了630年春节。

大年初一，这位六十岁的大爷刚刚扒拉完一碗饺子，就率领大军冒着冰雪严寒，从马邑出发，悄悄抵达了距离定襄城两百多里远的恶阳岭（今山西平鲁西北）。

东突厥那边不知道在忙什么，竟然对唐军的调动一点儿反应也没有。李靖看到突厥这般欠揍，就准备赌一把大的。

当天夜里，寒冷的北风刮得更加猛烈，吹在人的脸上就像刀割一样，曲曲折折的山路上，三千名由李靖精挑细选的精锐骑兵，向着两百多里外的东突厥牙帐（首都）定襄城一路狂奔。

他们的铠甲早已被冰雪打透，冷风直浸骨髓，但内心却异常火热，只有五个字在猛烈地燃烧——报渭水之仇。

这是一场极其冒险的军事行动，因为骑兵突袭的极限就是一天一夜行进两百多里。即便这三千骑兵能够准时到达战场，他们的战斗力也会急剧下降。如果东突厥军队早有防备或顽强抵抗，唐军必然会遭受重创。

但是，要立非常之功，必行非常之事。如果颉利可汗没有任何防备，唐军必然大胜。

幸运的是，当这三千人拖着疲惫不堪的身躯，到达定襄城后，正在城里吃着饭、喝着酒、看着晚会的颉利可汗，对战场形势作出了严重错误的判断。

他以为李靖的后面肯定还有大批援军，否则李靖断然不敢跑到自己的中心区搞斩首行动。

于是，他骑上战马大喝一声，就向北狂奔而去。定襄城就这样被李靖轻而易举地拿下了。而颉利可汗从此开启了他连续狂奔几个月的逃跑之旅。

看着颉利可汗逃跑，李靖并没有马上去追，而是玩起了间谍战。几天之后，李靖便策反了颉利可汗的心腹大将康苏，让他带着隋炀帝的萧皇后和孙子杨政道，跑到定襄城投降了唐朝。

看到心腹投降，颉利可汗一下子蒙了，看来，谁也不能相信了。于是，他再次带着主力逃窜而去。

但是，李靖早已为他布置好了天罗地网。当颉利可汗的大军跑到西边的浑河时，正好遇到了柴绍带领的唐军。被一顿狂扁之后，他只好调转马头，又向北狂逃两百多里，到达了白道（今内蒙古呼和浩特西北）。

结果刚到白道，他就又一次傻眼了。原来李靖早已令李勣从云中（今山西大同）急行军五百里，在白道堵住了颉利可汗的去路。

李勣看到已经上气不接下气的颉利可汗，充分发挥了痛打落水狗的英勇精神，逮着颉利可汗又是一通海扁。颉利可汗根本无心恋战，只好带着亲兵继续往北狂逃了四百里。

等跑到铁山（今内蒙古白云鄂博一带）的时候，颉利可汗终于跑不动了。这时，他又一次想到了投降，派出使者执失思力到长安请罪，表示愿意举部归附。

李世民大喜过望，便让鸿胪卿唐俭前去东突厥抚慰，令李靖率兵接应。

此时唐俭已经五十多岁，领命之后，他也不怕路途遥远、颠簸艰难，骑着马就往北疾驰两千里，终于在二月到达了颉利可汗所在的铁山。

颉利可汗见到唐俭之后，就跟抓住了救命稻草一样，十分高兴，赶紧举行了一场盛大的欢迎仪式。大家坐下来吃吃喝喝，气氛异常融洽。如果不出意外，唐、突就要握手言和了。

但是，令他们万万没有想到的是，四百里之外的李靖和李勣，却在酝酿着一场更加出其不意的战争。

这两位异姓兄弟不约而同地准备坑唐俭一把。他们认为颉利可汗见到唐俭之后，一定会放松警惕。如果此时挑选一万名精锐骑兵，带着二十天的粮草，直接杀过去，肯定能大获全胜。至于唐俭嘛，五十多岁的人了，死了也就死了吧。

看来，名将都是一样的冷血啊。

随后，李靖便故伎重施，兵分两路，一路由自己亲率五千名骑兵去偷袭铁山；另一路令李勣率领五千名骑兵，迂回包抄到碛口，以防止颉利可汗跑到大漠去（如今的蒙古）。

不用说，这次肯定和上次偷袭一样顺利，打死颉利可汗他也不会想到，对面的唐军这么"缺德"。

快到铁山的时候，李靖便让苏定方（未来的赫赫名将）为先锋，带领两百名骑兵，趁着大雾，向颉利可汗迅速杀过去。

等到苏定方杀到距离颉利可汗的大帐只有三千多米的时候，颉利可汗才发现凶神恶煞的唐军。他只好苦叫一声，一边骂，一边找马继续跑。还别说，颉利可汗打仗水平不咋地，逃跑能力却强得很，在唐朝大军赶到铁山之前，他又跑掉了。

五十多岁的唐俭听到外面战马嘶鸣、杀声阵阵，一下子酒就醒了，老头子翻身上马就赶紧往唐军阵地跑。幸好颉利可汗只顾着自己逃跑，没有顺带一刀把他杀了。

随后，李靖便率领骑兵对着颉利可汗的后方就是一通猛打。一战下来，斩杀东突厥军一万多，俘虏男女十余万人，得到牲畜数十万头，而且顺手杀掉了隋义成公主，俘虏了她的儿子叠罗施。

颉利可汗率领几万人，向北狂逃六百里后到达了碛口。终于安全了，他长长地舒了一口气。可是正当他准备穿过沙漠，去西伯利亚的时候，突然惊讶地看到了李勣那等候已久的诡异笑容。

还能说啥，跑呗。于是，颉利可汗只好掉头就跑，又朝着西边狂奔了大概一千五百里，来到如今的宁夏灵武西北方，找他舅姥爷苏尼失去了。

但是，他手下的部落首领们身体素质真不行，于是，这群人很自觉地就举起了白旗。李勣几乎不费吹灰之力，便带着五万多俘虏，一路上敲锣打鼓地回到了大唐。

但是，颉利可汗的厄运还没有结束，他狂逃了个把月，刚到他舅姥爷那里就又哭了。因为唐朝大将李道宗已在这里等候多时，看到颉利可汗过来，唐军迅速把苏尼失的老巢给围了起来。

颉利可汗大吃一惊，带着几名亲信，趁着夜色赶紧又跑。这一次，他准备再往西逃一千多里，到青藏高原找吐谷浑老哥诉苦去。

苏尼失看了看唐军，又看了看外孙颉利可汗，很自然地想到了大义灭亲。他立刻派出骑兵把颉利可汗揪回来，然后举兵投降了。

其实颉利可汗应该感谢他这位舅姥爷，没让他再跑一千多里去青藏高原，不然几年之后，他还得再见李靖一次，还得再跟着吐谷浑狂奔三千里，从青藏高原跑到新疆。

630年四月三十日，逃跑小能手颉利可汗终于被押送到了长安。李世民和李渊非常高兴，举行了盛大的受降仪式。父子二人也顾不得太上皇和皇帝的身份，当着众位大臣的面，一个弹琵琶一个跳舞，蹦跶了一宿。

不过，面对这个曾经给大唐带来无数麻烦的敌人，李世民并没有杀他，而是在长安给他安排了一个右卫大将军的工作。四年之后，颉利可汗终于在长安郁郁而终，被李世民赐了个"荒"的谥号。

至此，整个漠南数十万平方公里的土地，被正式纳入大唐的版图。

这一战，李靖和李勣打得实在太漂亮了，两次出其不意的长途奔袭，两次料敌如神的完美截击，没有丝毫拖泥带水，硬生生把此战，变成了单方面屠杀。

要知道，古往今来，中原王朝北伐游牧民族时，往往兵分几路，但总是事倍功半，总有那么几路大军，要么迷失于大漠之中，要么根本找不到敌人。即便如汉武帝般雄才大略，如卫青、霍去病般天纵奇才，也没有一战而消灭匈奴。

可是，李靖竟然一战便完成了这个史无前例的壮举。如此神迹，给后人留下了争论不休的疑问：为何李靖能够如此精准地知道颉利可汗的位置？为何李靖能够预料到颉利可汗逃跑的路线？

说实话，笔者也不知道其中的具体缘由，只能通过史料进行一点儿浅薄的分析，希望能够抛砖引玉，为大家提供一点点线索。

唐朝六路大军的完美布置

在进攻之前，李靖一定早就通过归降的胡人或者间谍，摸清了东突厥的兵力布置。东边有突利可汗在，颉利可汗基本不可能往东边跑，但是唐军依然在东路布置了防线。

颉利可汗所在的定襄城被袭击之后，他只可能往西、北两个方向跑。而实际上，颉利可汗刚开始应该是往西边跑了，因为他第一次逃跑时，和柴绍带领的唐军在浑河这个地方打了一仗，被打败之后，才跑到了白道。

但是由于浑河的走向是从东北到西南，所以我们没有办法确定颉利可汗到底有没有往西，只能作出推断。

颉利可汗的心腹中肯定有不少唐军的间谍

《资治通鉴》只记载了李靖在定襄城大败颉利可汗之后，利用间谍策反了颉利可汗的心腹康苏。但是我们有理由相信，颉利可汗身边的间谍肯定不止一个。

因为定襄城大败之后，颉利可汗刚刚将牙帐迁往几百里之外的碛口，这个绝密消息立刻就传到了李靖耳中。所以，在突袭铁山时，李靖才能料定颉利可汗会往北边的牙帐跑，而让李勣提前狂奔六百里把他堵住了。

铁山的周围交通四通八达，如果不是提前得知了颉利可汗牙帐所在的位置，谁能猜到他会往哪里跑？

汉人以及其他游牧民族兄弟的指路

张公谨在给李世民上书时写得很清楚，塞北的汉人已经聚集起来，占据了有利位置，他们比较熟悉塞北的地形，肯定给了唐军很大的帮助。

另外，在打东突厥之前，一大批原来被东突厥欺负的游牧民族兄弟已经归附了唐朝，他们生于塞北、长于塞北，对塞北的地形更为了解，让他们当向导，唐军就能精准出击。

唐军的队伍里肯定还有不少游牧民族士兵，因为在此之后，无论是打吐谷浑还是打高句丽、薛延陀、西域各部，唐军都是组成了联合部队，在汉军之中夹杂着大量游牧民族士兵。

当然，以上三点分析只是事后诸葛亮。因为无论在李靖之前或之后，中原王朝北伐游牧民族，肯定都在事前作了妥善的安排、都有游牧民族士兵做向导、敌营里也肯定都有间谍，但是他们为什么鲜有获得李靖这般伟大的胜利，归根结底还是主帅能力的问题。比如这次要是把主帅换成李勣，估计就不是那个完美的结果了。

由于东突厥被灭得太过突然，在之后的几个月里，这条消息迅速成为当时最令人震惊的新闻。大唐周围少数民族的首领们，开始纷纷派遣使者到长安朝拜称臣。

在一片欢呼声中，各部落首领开始尊称以德服人的李世民为天可汗。李世民得意地笑纳了，从此在给少数民族的诏书中，他便以"天可汗"自居。到晚年时，李世民还对着大臣们吹嘘一番：自古帝王虽平定中夏，不能服戎、狄，朕却做到了，你们知道为什么吗？然后巴拉巴拉吹了一大通。

的确，这个史无前例的伟大成就属于大唐，更属于李世民。

但是，李世民开明的民族政策，也为大唐后来的安危留下了很大的安全隐患。

东突厥灭亡后，投降唐朝的有十万户之众，如何安排这些人再就业，成了重大的安全问题。

一部分大臣看到洛阳以东千里无人烟，便出了一个馊主意：把这十万户全部安排到河北、河南等地区。朝廷可以教他们耕种、纺织，化胡虏为农民，永空塞北之地。

但是，"杠精"魏徵却提出了强烈的反对意见。因为他说得实在太好了，这里就直接引用原文，大家很容易就能看懂：

"突厥世为寇盗，百姓之雠（仇）也；今幸而破亡，陛下以其降附，不忍尽杀，宜纵之使还故土，不可留之中国。

"戎狄人面兽心，弱则请降，强则叛乱，固其常性。今降者众近十万，数年之后，蕃息倍多，必为腹心之疾，不可悔也。

"晋初诸胡与民杂居中国，郭钦、江统，皆劝（晋）武帝（司马炎）驱出塞外以绝乱阶，武帝不从。后二十余年，伊、洛之间，遂为毡裘之域，此前事之明鉴也！"

这段话真是有理、有利、有节。但是，中书令（宰相）温彦博（温大雅弟）却又一次站出来，极力反对魏徵。他认为，王者应该对万物一视同仁，孔子曰"有教无类"，如今东突厥来降，我们就应该像汉光武帝刘秀对待南匈奴那样，把他们安排到长城以南，教他们种地、纺织，感化他们。

魏徵再次极力反对温彦博，两人为此争论了好几年。

但是，李世民刚戴上天可汗的帽子，又被温彦博拍马屁说是"王者"，应该"有教无类"，加上将这十万户内迁的确能够增加税收，最后他竟然采纳了温彦博的建议，把这群人安排到了长城以南。

这个政策从长远看有利于民族大融合，也有利于大唐拿这些游牧民族当雇佣兵去平定四方，但是对于整个唐朝而言，则是弊大于利的。

"非我族类，其心必异"真的不是一句空话，而是用千万条人命换来的历史经验。

温彦博只说了刘秀把南匈奴内迁的事，但没有说内迁之后都发生了什么。

对于刘秀的开明政策，之后东汉历代皇帝都有样学样，把胡人内迁当成了基本国策。到了东汉中后期，朝廷力量衰弱，南匈奴就开始频频反叛，不断联合鲜卑、羌人侵略大汉边境。汉灵帝时期，南匈奴更是从山西杀到了陕西，把西北搞得乱成了一锅粥（也有内迁的东羌联合西羌反叛的功劳）。

后来的曹魏、西晋都延续了内迁游牧民族的国策，等到西晋时期，这些游牧民族已经在如今的宁夏、陕西、山西、河南、河北、北京、天津等地区形成了强大的分裂势力。

等到晋朝八王之乱时，南匈奴首领刘渊、氐族首领李雄便分别在山西、四川反叛了。

另外，大唐打东突厥时，在东突厥内部的汉人，不也是占据有利地形，起兵响应大唐吗？如此生动的反面典型就在眼前，可惜没人看到（除了魏徵）。

千里之堤、溃于蚁穴，问题都是日积月累、越来越大。

王朝刚刚建立，内迁游牧民族问题并不大。

一来，因为新王朝处于上升期，经济发展本身就能掩盖很多矛盾。

二来，前期的皇帝都经历过大风大浪，有比较强的执政能力，也镇得住这些不安定分子。

三来，也是最主要的，刚开始内迁的游牧民族人口并不多，十万户最多不过五十万人，除去老人、小孩、女人，社会不安定分子最多也就十万人，再把这些人分别安排到边境各地，即便有不服的，也闹不出什么大事。

但是，一百多年之后，以上三个矛盾便会同时爆发。

首先，人多地少、土地兼并导致阶级固化，阶级矛盾不可调和。

其次，皇帝生于深宫、长于深宫，执政能力严重退化。此时的中央政府往往自顾不暇，更没有精力管理这些游牧民族了。

最后，游牧民族经过几代的繁衍生息，可就不止五十万人了，很有可能达到五百万人（不是这五十万人生出了这么多人，里面还有中原王朝不断内迁的少数民族）。

另外，在汉人融合胡人的同时，胡人也在融合汉人，正如陈寅恪所说的那样："很多人虽为汉人，而久居河朔，渐染胡化，与胡人不异。"

如此强大的"非我族类"，即便是天纵奇才的帝王，即便有现代化的大炮、机枪，即便有电视、电影这种强力的宣传工具，也难以解决民族融合的问题，更不要提那些不谙此道的末代君主了。

同样都是乱，但也有不同。即使不内迁这些游牧民族，中原王朝在两三百年后大概率也是要乱的。问题在于，汉人自己乱是内部矛盾，文化一样、传统一样，比较容易缝合，可以再次形成大一统王朝，如两汉、隋唐。

但如果加上胡人，就变成了民族矛盾，风俗不同、理念不同，天下不经过几百年的大乱、几百年的大融合，很难再形成统一的王朝，如魏晋、唐宋。

将突厥人内迁之后，虽然塞北的人空了，但权力也跟着空了。

东突厥刚刚内迁，漠北的薛延陀便迅速南下，占领了原来东突厥的地盘，坐控数千里，拥兵二十万，再一次成为大唐北部严重的威胁。

于是，十几年之后，李世民不得不让东突厥复兴，以牵制薛延陀。但很可惜，蛊已养成，东突厥早已不是薛延陀的对手，李世民不得不再次向北挥起了屠刀。

前事不忘，后事之师。"后人哀之，而不鉴之，亦使后人复哀后人也。"可惜一千多年过去了，后人恐怕又要复哀后人也！

四十五　青藏高原飚马，李靖追击吐谷浑三千里

630年，大唐灭了东突厥之后，放眼天下，只剩下西突厥、高句丽、吐谷（yù）浑和吐蕃等地对周边的安全还有点儿威胁。

其中最欠揍的，就是河西走廊南边的倒爷吐谷浑。

为什么说吐谷浑最欠揍呢？

首先，吐谷浑的实力弱。609年，吐谷浑被隋炀帝灭了之后，它的老大伏允可汗流亡到党项好几年，到隋末天下大乱时，他才再次复兴部族。但是，吐谷浑的实力已经大损。

以前它还能欺负一下西域各部，在河西走廊抢些东西，但现在西域各部被西突厥罩着，而河西走廊被大唐捏着。所以，它一下子就从团伙抢劫犯变成了街头小混混。

其次，吐谷浑有宝贝。虽然青藏高原土地贫瘠，西藏和青海的GDP长年累月位列国内倒数后两名，但在唐朝时，青海湖附近盛产青海骢——一种从波斯引进的战马，号称能日行千里。古代帝王对战马的渴望程度，具体可参考汉武帝为

了几匹战马，调集十万大军西飚三千里，暴捶大宛（yuān）的典故。

"匹夫无罪，怀璧其罪"，尽管吐谷浑已经如此符合欠揍标准，但它却没有一点儿自知之明，还硬生生把"匹夫无罪"变成了"罪不可恕"。

自唐朝建立之后，李渊为了对付河西的李轨，便把伏允可汗的嫡长子慕容顺（之前入隋当人质，成了杨广的外甥）放了回去。

但是，伏允可汗并没有领李渊的情。因为他早已经立另一个儿子为太子了，再回来一个嫡长子，不是多了一个儿子，而是多了一个炸药包。

所以，他看见东突厥经常打唐朝，便也打起了唐朝的主意，又找来一位激进派的宰相天柱王。

前几年因为有东突厥的威胁在，李世民只能忍气吞声，让他过了几年好日子。

但是，等到李世民灭了东突厥之后，伏允可汉还没有一点儿消停的意思，甚至玩起了人前一套背后一套的把戏。

634年，伏允可汉派出使者到长安朝贡，但是使者刚离开长安，他就又开始率军攻打鄯州（今青海西宁）。

李世民大怒，就派出特使到吐谷浑，邀请伏允可汗到长安唠唠家常。伏允可汗也不傻，知道这一唠就是有去无回，便推脱自己病了，如果想唠家常，可以把公主嫁给他的儿子尊王，让这小两口天天唠。

李世民见招拆招，说可以，按照大唐的风俗，女婿得先见家长，尊王应该先到长安见见他这个老岳父。

伏允可汗说，不好意思，尊王听说要见老丈人，一激动，也病了。然后，他又扣下大唐派去的使者鸿胪丞赵德楷，让他帮忙建设西部。

李世民听说之后，保持了高度的克制，只是对吐谷浑这种无赖行为进行了严厉的谴责，连续派出十批使者，要求吐方负责任、守法律、讲道理，能够尽快释放人质，作出理性、明智的决策。

在双方举行了无数次会谈之后，赵德楷终于被放了回去。但是，伏允可汗又趁机攻打了兰州和廓州（今青海的海东地区）。

虽说冲动是魔鬼，但不冲动显然是鳖孙。遇见这种不识抬举的人，天可汗终于忍无可忍了。

634年秋天，李世民令左骁卫大将军段志玄为西海道行军总管，带领契苾、党项等联合部队对伏允可汗进行了第一次群殴。

唐军刚开始获得了小胜，但随后，伏允可汗玩起了躲猫猫的游戏。段志玄在青藏高原溜达了一个多月，除了看见几头牦牛外，啥也没找到，只好撤了军。可是，唐军刚刚撤回，伏允可汗就又围了上来，突然袭击了武威。

战报传来，李世民终于被彻底地激怒了，他意识到，必须以"德"服人。但这个念头刚刚闪过，李世民就又犹豫了。

主要问题出在四年之前。当时李靖一举灭了东突厥，立下了不世之功，但他刚刚回到长安，李世民的姑父萧瑀就狠狠告了他一状：李靖打东突厥时，曾纵兵抢掠，毫无人道主义精神。

这个理由看起来很冠冕堂皇，但其实萧瑀是在公报私仇。因为当年被李靖说"死了也就死了"的和谈大使唐俭是萧瑀的好朋友。唐俭跑了两千里去大草原谈判时，萧瑀还让唐俭给自己的姐姐，也就是隋炀帝的萧皇后带了一封信。

既然你李靖为了立功，敢不顾唐俭的生死，那我就敢挑你的刺，让你也尝尝"死了也就死了"是什么滋味。

李世民虽然没有因此治李靖的罪，却将李靖狠狠地骂了一通，还拿出当年史万岁被隋文帝杨坚暴杀的案例。李靖吓得跪在地上连连谢罪，才躲过一劫。最后，李世民只给李靖封了个散官左光禄大夫，赏了一千匹绢。

直到后来，李世民看李靖受到如此不公的待遇，竟然没有丝毫怨言，完全一副人畜无害的样子，这才知道自己错了，就又赐了李靖两千匹绢，并让他当了宰相。

大家也不必怪李世民做事不地道，其实哪个领导都是这样用人的。

准备重用谁之前，一定要狠狠地打压对方一下，这样你才能知道对方到底忠不忠心，才能决定要不要把大事交给他做。

而在重用一个人之后，有时候也要敲打一下，一方面，可以继续考验他的忍耐力；另一方面，也能压制一下他的野心。

在官场混了几十年的李靖，显然明白领导们的用人之道。所以，他在当上宰相之后，为避免再次被打压，就表现得极为低调，和大家议论朝政时特别谦卑，装得像不会说话一样。

夹着尾巴做人做了四年的李靖，待任期一满，就以脚疼辞去了宰相的职位。李世民看到李靖这么会做人，高兴地直夸他不贪权，要让他成为一代楷模。

距离李靖辞职才刚过去两个月，此时李世民根本不好意思下令让他带病出征。可是让别人去，李世民又放心不下。苦思冥想之后，李世民只好耍了个小心思，看见前方的战报，就一声接着一声地感叹自己想李靖了。

史书上说，李靖知道李世民的心思后，就赶紧找到宰相房玄龄，表示自己腿也不酸了，腰也不疼了，一口气能爬上青藏高原了。

但是，李靖第一时间肯定是犹豫的。因为他已经出将入相、位极人臣、封无可封了。如今他好不容易安全落地，可以颐养天年了，再去打吐谷浑的话，不仅对他没有半点儿好处，反而还会让他功高盖主，被李世民再次打压。

并且，他已经六十四岁了，长途奔袭爬上青藏高原，再和对方互砍，万一出现高原反应，估计就交代在那里了。

相反，他如果以病为由拒绝出征，李世民对他一点儿办法也没有。因为所有人都知道他病了，而且李世民已经同意他退休了。所以，这个账无论怎么算，不出征都比出征强。

但是，李靖最后仍然选择了对自己最不利但对国家最有利的举措——带病出征。在作出这个决定之前，他必然早已把生死置之度外了。在他的心中，国家的安全，百姓的安宁，已经超越了个人的生死荣辱。

635年夏天，李世民令李靖为西海道行军大总管，兵部尚书侯君集、刑部尚书李道宗为副统领，带领李大亮、李道彦（李世民堂弟）、高甑（zèng）生、薛万均、薛万彻，以及东突厥和契苾的联合部队，杀向了吐谷浑。

伏允可汗听说大唐的军队杀来了，冷笑一声，拍马就跑到几百里之外的嶂山躲了起来。

看到敌人不战而逃，李靖还没有发话，副统领李道宗（就是前面俘虏颉利可汗的那位大兄弟）就立刻站了出来，要求做先锋率领主力追击。

此人虽然是李世民的堂弟，却丝毫没有富家公子的娇气，相反每次作战都极为勇猛，十五六岁起就跟着李世民南征北战，立下了赫赫战功。后来，他更是被李世民视为和李勣一样的名将。

有人愿意冲锋陷阵，李靖自然大为高兴，立刻盖章签字，批准了他的请求。但是，李道宗准备出发之前，另一位副统领侯君集却坚决反对深入敌穴，说恐怕有诈。无奈之下，李道宗只好让侯君集率领主力殿后，自己带着一部分偏师向伏允可汗拼命地追了过去。

功夫不负有心人，唐军一直狂奔了十天十夜，才在库山附近追上了伏允可汗的大部队。看到唐军轻装而来，伏允可汗并没有着急应战，而是很狡猾地占领了险要之处，准备先避其锋芒，再伺机而动。

但是，李道宗根本没有给伏允可汗反击的机会，他立刻挑选一千多名精锐骑兵，从小路绕到伏允可汗的身后，对其发动了突然袭击。

唐军竟然对地形如此了解，吐谷浑军被这么猛地一袭击，顿时吓得魂飞魄散，四散而逃。伏允可汗带着主力朝着黄河的发源地柏海（今鄂陵湖）跑去，而另一部分人则围着青海湖到处煽风点火，玩起了坚壁清野的把戏。

唐军一下子陷入很尴尬的境地：如果追，牧草被烧完了，粮草就成了大问题；如果退兵，恐怕我退敌进的历史将会再一次重演。于是，李靖只好召集诸将开了一个前敌会议。

会议一开始就呈现一边倒的局势——撤退，继续追击就是找死。

李靖一声感叹，很失望地看着这群人，他明白这些人的想法，大家都已经身居高位、有儿有女了，根本没有必要再冒着生命危险深入不毛之地。但是，所有人都可以说退，唯独他李靖不能。

如果他退了，他战必胜、攻必取的一世英名，必将毁于一旦。如果他退了，大唐还有谁能担得起灭吐谷浑的重任，边疆的百姓何时才能安稳生活？所以，他从决定出征的那一刻起，就注定没有了退路。

幸运的是，就在此时，有一个人也站了出来，表示要坚决追击。而这个人，正好又是前几天还坚决反对追击的侯君集。

侯君集，唐初名将、兵部尚书，位列"凌烟阁二十四功臣"的第十七位。在唐开国之战和玄武门之变时，他都立下了大功，但因为后来参与了谋反，所以他以前到底做过什么，史书中并没有详细记载，这是他第一次以男二号的身份亮相。

他的分析十分透彻：

几个月前，段志玄刚刚退军，才到鄯州，吐谷浑就追到了城下。我们若退兵，历史肯定会重演。大唐的第一名将以及兵部尚书带着数万精兵出来溜达了几个月，竟然一事无成，大家的老脸往哪搁？

吐谷浑军已经被李道宗打了个大败亏输，君臣、父子都被打成了两地分居，现在只要追上就能取胜。

看到有人和自己的想法一样，李靖不禁大喜过望，立刻将全军分为两路：

第一路由李靖统领，带着薛万均、薛万彻、李大亮等人进击西北，追赶那些到处焚烧牧草的环境破坏者，以及分散在青海湖附近的敌人。

第二路由侯君集、李道宗两位猛将率领，直接杀入吐谷浑军的大后方——黄河的源头柏海。

凡以命相搏的战争，注定无比精彩。一场穿越高山荒漠，踏过泥泞沼泽，历尽寒冬酷暑的三千里追击战，由此拉开了序幕。

李靖、侯君集决定兵分两路长途奔袭吐谷浑之后，其实并没有马上出发，因为牧草被烧了，若只靠大后方往青藏高原运粮草，千里奔袭根本不现实。

所以，可想而知，当时李靖的粮草压力有多大。不过，这事并没有难倒李靖，他很快就找到了一个解决粮草问题的好办法——花钱。

当时青海湖附近还生活着另一个民族：党项，也就是宋朝时建立西夏的那个民族。

党项属于羌人的一支，它的首领拓跋赤辞是个非常识时务（见钱眼开）的人。李靖派人给他送去了大批的金银珠宝之后，他就屁颠屁颠地跑到唐军的军营，表示愿意做唐军的粮仓，还愿意做人肉导航。

李靖大喜过望，双方举行了热烈的双边会谈之后，又用最原始的方式——歃血为盟，签订了劳务合同。

最困难的粮草问题终于解决了，唐军一个个磨刀霍霍，就等着一声令下，大干一场。

但可惜的是，唐军第一战，竟然被打得大败亏输。

拓跋赤辞刚刚回到自己的部落，发表完唐党一家亲的宣言，大唐的赤水道行军总管、李世民的堂弟李道彦就率军奔了过去。

党项人还以为唐军是来搞联谊的，所以就没有做任何防备，结果李道彦不知道哪根神经出了毛病，竟然擅自行动，模仿起当年李靖打东突厥时那个一边和谈、一边进攻的绝招。

但是李道彦打仗的水平却非常菜，一次偷袭竟然只抓到了几千只羊。当唐军正准备把羊宰了当干粮的时候，幼小心灵受到严重暴击的拓跋赤辞彻底怒了，他带着人封锁了李道彦的退路，并斩杀了数万唐军。

李靖听到战报之后，大怒不已，偷袭你是我们的错，但是你竟敢还手？那就连你一起收拾了吧！

于是，李靖迅速改变策略，开启了走到哪、杀到哪、吃到哪的血腥劫掠模式。

第一胜：四月二十三日（农历闰四月，相当于阳历6月），李靖手下大将薛孤吴儿在曼头山大败吐谷浑，得到大批牲畜，唐军粮草得以补充。

第二胜：四月二十八日，李靖亲自率军在牛心堆大败吐谷浑。

第三胜：随后，李靖又马不停蹄地在赤水源大败吐谷浑。

第四胜：几天之后，唐军大将李大亮在蜀浑山再次大败吐谷浑，俘获其将领二十人。

第五胜：唐军大将执失思力（渭水之盟时到长安城里对着李世民吹牛的那个突厥人）在居茹川再次大败吐谷浑。

当年段志玄在青藏高原溜达了一个多月，也没有找到的吐谷浑军队，李靖竟然在粮草奇缺的情况下，短时间内就找到了他们，并且五战五胜。除了感叹一句天纵奇才之外，真是无话可说。

不过，五战五胜之后的唐军，也迎来了开战以来的最大挑战。

李靖的先锋薛万均和薛万彻两兄弟，带着一千多名骑兵追逐吐谷浑军的时候，吐谷浑的天柱王也在盯着他们。作为吐谷浑的宰相，天柱王已经逃出去至少一千里，再跑下去"天柱"估计就要变成"天猪"了。

于是，天柱王纠集了大批吐谷浑军，在赤水河畔埋伏起来，决定给唐军一点儿颜色瞧瞧。悲哀的是，薛家兄弟竟然对此毫无防备，直接跳进了埋伏圈中。

天柱王大喜过望，立刻对唐军发起了全面进攻。没过多久，唐军便死伤大半，薛家两兄弟也都受了枪伤，跌落马下。第一次获胜的吐谷浑军忍不住嗷嗷大叫，快速围上来，准备结果他们的性命。

这时候，令人震惊的一幕发生了，两兄弟虽然没有了战马，但竟然一个比一个生猛，只见他们拿起武器且走且战，竟然打得吐谷浑骑兵无法近身。

就在这最危急的时刻，跟在后面的大唐左领军将军契苾何力（少数民族铁勒的一位可汗，唐初名将）终于得知了他们被围的消息。于是，他二话不说，带着几百名骑兵就向吐谷浑的数千名骑兵冲了过去。

天柱王不愧为吐谷浑的宰相，看到唐朝援军前来，竟然没有主动撤军，相反，还对契苾何力进行了反冲锋。不过，他很快就尝到了后悔的滋味，因为他遇到的这位此后打高昌、灭龟兹、平高句丽的猛将，作战时从来都是不要命地往前冲的。

所以，契苾何力根本就没有把数千吐谷浑骑兵放在眼里，直接就杀了进去，一路所向披靡，如入无人之境。一番鏖战之后，天柱王终于绝望了，打伏击都赢不了，还打什么啊。于是，他就真的化身"天猪"，直接向新疆"飞"了过去。

此战之后，李靖所率的北军再也没有遇到任何像样的抵抗，一个多月便扫清了青海湖附近的所有敌军。

就在李靖和吐谷浑军鏖战的时候，侯君集和李道宗所率的南军却正在和大自然进行着激烈的抗争。因为伏允可汗已经被他们打成了"伏跑跑"，看到唐军就一直跑，一直跑。他们只好在后面一直追，一直追，一下子就追了两千多里。

他们经过汉哭山时，竟然天降大雪，冻得唐军一个个龇牙咧嘴。经过破逻真谷时，他们找不到任何水源，又渴得唐军一个个喉咙冒烟。

一直从四月追到了五月，他们才在乌海追上了伏允可汗，然后就是一通猛打。之后，又在星宿川、柏海等地端了"伏跑跑"几脚，一直把他赶往了新疆，才回军和李靖在大非川（今青海东南）胜利会师。

但是，追击战仍然没有结束。

契苾何力听说伏允可汗穿越柴达木盆地，狂逃三千里，跑到了突伦川（今天新疆塔里木河）之后，竟然嚷嚷着要追过去彻底灭了他。

契苾何力的搭档薛万均一听就蒙了，这哪里是打仗，分明就是去送死，如果伏允可汗雄起一次，打个阻击，唐军肯定全军覆没，不是疯子绝对想不出来这馊主意。

但是，很多时候，疯子和天才只有一念之差。

契苾何力根本没有理会薛万均的意见，他挑选一千多名精锐骑兵就向着沙漠冲了过去。薛万均连骂带喊，只好带着一部分士兵，跟在契苾何力的后面，以防有失。

这三千多里路，唐军走得极其艰难，因为途中的河流湖泊实在太少，最后都到了抽饮马血的地步。

但是，尽管如此，唐军仍然没有一个人想着后退，因为他们的心中只有一个信念——"犯我强汉者，虽远必诛。"

经过几十天的魔鬼式行军，这群已经撑到极限的唐军，终于在塔里木河附近发现了伏允可汗的踪迹。他们就像一个个饥饿的野兽一般，第一时间就发起了进攻。

伏允可汗瞬间惊呆了，他根本没有料到唐军会追上来，所以，没有做任何抵抗，带着一千多人，又向塔克拉玛干沙漠的深处跑了过去。

此战，唐军再次大获全胜，俘虏了伏允可汗的妻子儿女，斩杀数千名突厥骑兵，并得到了二十多万头牲畜。

十几天之后，跑了至少四五千里的伏允可汗再也跑不动了，他身边的人也不想跟着他跑了。于是，这群人就将他的脑袋砍下来，送到了唐军的军营。

慕容顺（就是当年入隋的人质）看到老爹已死，也顺手杀掉了宰相天柱王，举部投降了唐朝。

不过，李世民并没有将吐谷浑这个政权从地图上抹掉，很快他就恢复了吐谷浑，让慕容顺当了西平郡王。这个名字真是挺损的，灭了人家的政权，竟然封人家为"西平"郡王，不知道慕容顺听到"西平"两个字的时候会做何感想。不过，失败者的感想，也没有人会在乎。

从此之后，这个在西晋时期（313年）就已经建立的政权，在绵延了三百多年之后，再也没有泛起任何波浪，一直到三十年后被吐蕃所灭。

从三月正式出征，到五月凯旋，李靖以六十四岁的高龄，在粮草断绝、极其不利的情况下，只用了四个月的时间（有闰四月），就又一次灭了一个政权。绝对是厥功至伟，无以复加，用什么样的语言来赞美他都绝不为过。

但是，李靖回朝之后，竟然又一次遇到了凯旋后的危机。岷州都督高甑生因为在打吐谷浑时延误军期而被李靖弹劾，从此便心生怨恨，反咬李靖谋反。

以李世民的聪明，他绝对知道这是诬告。因为后来李世民征高句丽时，有人诬告房玄龄谋反，李世民连问都没问，就直接把诬告的人斩了。事后，他还告诉房玄龄，如果再遇到类似的人，直接斩就行，不必禀告。

但是，面对高甑生的诬告，李世民却下令进行调查。虽然最后查出了事情的真相，把高甑生流放到了边疆，但这件事再次敲打了李靖——别翘尾巴，你的性命始终掌握在我的手里。

于是，本就小心翼翼的李靖更加如履薄冰，从此之后，他便关门谢客，不问世事，连亲属都不能随意上门，彻底过上了退休老干部的安居生活。

看到李靖如此识趣，李世民也放下戒心，在随后的十几年里，对李靖进行了一系列的安抚。

贞观十一年（637年），李世民改封李靖为卫国公。

贞观十四年（640年），李靖的妻子去世，李世民下令依照汉代卫青、霍去病的旧例，把她的坟墓修筑成突厥势力范围内的铁山、吐谷浑势力范围内的积石山的形状，以此表彰李靖厥功至伟的战绩。

贞观十七年（643年）二月二十八日，李世民又命人画二十四功臣图于凌烟阁，李靖位居第八位。

贞观十八年（644年），李世民准备亲征高句丽时，又把李靖叫到皇宫里，问他要不要一起去打高句丽。这位七十多岁的老头，虽然腿脚都不利索了，但仍然坚持要跟着一起去。不过，李世民觉得他年龄太大，最后也没有让他去。但他在后方一直关注着前方的战事，准备随时出谋划策。

这一段君臣和谐的历史却被《隋唐嘉话》写得特别有意思。

大概意思是说，李世民要亲征高句丽，便想让李靖一起去，但李靖却说自己一身的病，恐怕会死在路上，连累李世民。

李世民笑了笑摸着李靖的背表示，司马懿当年也是病得不行，但仍然给曹家立了大功。李靖一听，吓出一身冷汗，表示自己腰不酸腿不疼了，耳也不聋了，跟着唐军出征了。但是大军到达相州的时候，李靖因为病情过重，就没有到前线。

这只是小说家的描述，大家图个乐就行，千万不要当真。

其实李世民和李靖的君臣关系，在这一段时间里还是很和谐的。贞观二十三年，在李靖去世前夕，李世民还拖着病重的身体去看望了他一次。

649年四月二十三日，也就是李世民去世前一周，李靖在家中因病去世，享年七十九岁。李世民册封他为司徒、并州都督，陪葬昭陵，赐谥号"景武"。

李靖，大概是继韩信之后，唯一的你根本不知道他战斗力到底有多强的军神级人物。无论是水军还是骑兵，无论是江南还是荒漠，只要他出场，就能把本来要历尽艰险还不一定能够取胜的战役，打成单方面的屠杀。

第一次用水军，他在两个月内连用三计，就平定了拥兵四十万的枭雄萧铣，其过程就跟上军事理论课一样，一切都在他的预料之中。

第一次北伐，大规模指挥骑兵，他连用两计，追击两千里，在三个月内就灭了四年前还打到大唐首都长安的东突厥。曾经不可一世的颉利可汗，在他的手下完全变成了"颉利跑跑"。

第一次西征青藏高原，他一个计策都没有使用，在粮草奇缺的情况下，横扫几千里，直接灭了一个建立三百余年的政权。

如此伟大的战功，由于每一仗都打得太过顺利，而且没有项羽那样神一般的对手来衬托，这位本来应该是大器晚成的典型代表，本来应该有无数传说的战地英雄，本来应该和韩信齐名的赫赫名将，只能以浪漫爱情故事《红拂夜奔》中的"隔壁老王"的身份闻名于后世。

不过，这也不能怪文人墨客不愿意写你，只能怪你自己太优秀了，大家写你时实在是无从下笔。

什么样的名人、什么样的战争最容易广泛流传于后世？

要有大起大落的转折，能让人看到草根逆袭的艰辛、人生一世的不易，如刘邦、刘备。

要有大砍大杀的刺激，能让人看罢荷尔蒙大爆发，感叹一句英雄啊，如白起、项羽。

最好再加上一个家破人亡，能使六月飞雪的大悲剧，这样能够直击所有人内心的柔软，对世界产生一丝丝悲观的念头，如岳飞，文天祥。

可是你李靖，除了五十岁以前生活得有点儿压抑，能引起大家的共鸣之外，后面就完全变成了神仙打架，极其无聊。

你一个偷袭、一个计策就灭了一个政权。群众喜闻乐见的美人计、反间计、空城计你竟然一个都不使用。立了功高盖主的不世之功，你竟然功成身退，安享晚年，这实在太不合常理了。

如何评价李靖的一生呢？我们不需要太煽情，只能用李白《侠客行》中的句子给他写下霸气的挽联：

十步杀一人，千里不留行。事了拂衣去，深藏身与名。

四十六　平定西域三十部，此去长安九千九百里

当大唐把吐谷浑给灭了之后，很自然地就将目光投向了西域各部的倒爷们。不是李世民好战，而是不打真的不行了。

一来，这叫收复故土，这里自汉朝以来就是中国国土。

二来，西域各部当时是西突厥的附庸，大唐要想灭了西突厥，就必须"断匈奴之右臂"。

三来，西域在当时，也很欠打，因为那边特有钱，但武力却很菜。

西域有多富呢？

每个部都是个大型收费站，丝绸、瓷器想运到中亚去，你就得按路程和重量交过路费和保护费。用司马光老爷子的话，这叫"天下称，富庶者无如陇右（今甘肃、新疆大部分地区和青海湖以东地区）"。

武力有多菜呢？

这一次要打的高昌，属于比较大的政权，横八百里，纵五百里，共有二十一座城。虽看着挺唬人，但《新唐书》记载"胜兵且万人"！而焉耆和龟兹，根据

《隋书》记载，一个是"胜兵千余人"，一个是"胜兵者数千"！

三个大部，加起来两万兵，怎么可能不成为各个政权轮番蹂躏的对象。

草原人民想去吃瓜了，他们就得免费给。藏区人民想下山玩玩了，他们也得用好酒好肉招待。只有中原王朝比较有礼貌，揍他们之前还会先念一番"之乎者也"，揍完之后，还会让老百姓安居乐业。

但是，中原王朝去揍他们却比较困难。至于原因嘛，当然还是因为西域的地理位置。

从玉门到伊吾（哈密），中间的河流极少，大概有一千里的戈壁沙漠。从伊吾（哈密）到高昌（吐鲁番），中间的河流也很少，大概有八百里的戈壁沙漠。

这一千八百里路走起来，用俗话来说就是——硌脚、辣脸。用文艺青年大唐边塞诗人岑参的话来说，叫"十日过沙碛，终朝风不休。马走碎石中，四蹄皆血流"。

但是，过了高昌之后，路就变得好走了。无论是北上到乌鲁木齐、伊犁，还是南下到焉耆、龟兹、喀什，沿途的河流都比较多。

所以，想要征服西域全境，伊吾和高昌就是关键中的关键，有了这两个中途补给站，再灭其他政权就容易得多了。

幸运的是，628年，西突厥发生了内乱，对西域各部的控制力开始减弱。630年，在灭了东突厥之后，伊吾就直接归附了唐朝。之后，李世民在此设置了西伊州。

高昌看见伊吾归附了大唐，知道下一个灭的就是它。所以，其首领麴（qū）文泰（汉人，唐僧的拜把子兄弟）就带着他的后妈兼大老婆宇文氏（隋朝嫁过去的国戚）跑到长安，给李世民献上了几条拂菻狗（东罗马的狗，有点儿像哈巴狗，又小又可爱）。

李世民第一次见到这种狗，很是高兴，就给麴文泰的大老婆宇文氏赐了李姓，封为常乐公主。但是，幸福的生活也就维持了两年多，之后高昌就和大唐闹了点小矛盾。

从汉朝到唐朝，丝绸之路通过玉门之后往西走只有三条路：

第一条是北路，玉门—伊吾（今哈密）—高昌（今吐鲁番）—乌鲁木齐—伊犁。

第二条是中路，玉门—敦煌—楼兰—焉耆—伊犁。

第三条是南路，玉门—敦煌—楼兰—且末—于阗（今和田）—疏勒（今喀什）。

但是，在630年，因为环境变化，楼兰收费站突然消失了。于是，唐朝就关闭了中路的收费站，焉耆收费站也跟着成了半个摆设。

632年，已经两年没收到过路费的焉耆王龙突骑支终于受不了了。于是，他就跑到长安朝拜，希望李世民能够重新开放中路。

李世民很爽快地就答应了，但是麴文泰却是一个"死道友不死贫道"的邻居，他极其不希望中路再次开通，因为这会影响他们家收费站的生意。所以，他就不断派出骑兵，到中路去袭击焉耆的商队和使者。

龙突骑支看了看"胜兵千余人"的自己和"胜兵且万人"的高昌，只好又跑到长安告状去了。

李世民听说后，虽然很不高兴，但也忍了，因为当时大唐正准备去揍吐谷浑，没工夫管这些破事。

635年，大唐在灭了吐谷浑之后，才又一次把目光投向了西域。但是，因为刚刚经历了一场战争，所以李世民并没有着急出兵。

然而，麴文泰是一个很自大的人，他竟然把李世民的容忍当成了自己放肆的资本。

638年，他和西突厥勾搭到一起，不仅开始堵截西域各部到长安进贡的使者，而且还发兵攻打了大唐的边境重镇伊吾。

李世民大怒，便让麴文泰派其大臣阿史那矩（西突厥派过去的监国）和宰相曲雍到长安给个解释。麴文泰嘴很硬，表示自己不想派。

随后这两人便隔着整整五千里打了两年的嘴仗。

李世民：隋末动乱，不少百姓跑到你们那里了，你现在给我送回来。

麴文泰：没看见、不清楚、不了解。

李世民：你怎么又派兵打我的小弟焉耆了？

麴文泰：鹰在天上飞，鸡在草中窜，各走各的，你管我干啥？

李世民：你口气倒不小，再不来长安，我明年就派兵打你。

麴文泰：哎哟，痔疮疼，骑不了马，去不了。

李世民：侯君集、薛万均、契苾何力，你们带几万骑兵去招呼招呼他。

麴文泰：想打我？来得多了，你粮草不够；低于三万，我弄死你。

最后一句话，把所有唐军都逗笑了，大唐自建国二十多年以来，就从来没有见过这么不知天高地厚的主。

640 年八月，侯君集、薛万均、契苾何力等人率领数万骑兵，很顺利地穿越了一千八百里沙漠，真的就赶到了高昌县的边境。

嘴硬了几年的麴文泰这才意识到，原来李世民不是在干嘴仗，而是玩真的。于是，他赶紧派人向盟友西突厥求援。西突厥立刻派出了援军，但是这些援军刚刚看到唐军的影子，还没有正式开打，就拍拍屁股往西狂逃了一千多里。

然后，麴文泰就被活活吓死了（及闻唐兵临碛口，忧惧不知所为，发疾卒）。

唐军士兵听说后，个个欢欣鼓舞，纷纷要求快速进军，在麴文泰出殡的当天，赶去送一份大礼。

但是，侯君集却认为这样做有点儿不地道，慢慢进军也挺好。于是，唐军就一面敲鼓，一面进军，整得跟游行示威似的。

即便如此轻敌，唐军仍然在第二天就攻下了田地城，俘虏七千多人。第三天，就攻到了高昌的都城。投石车一番招呼，麹文泰的儿子麹智盛就举城投降了。随后，侯君集分兵几路，连续攻下高昌二十二座城池，俘获八千多户，共一万七千七百人，顺利凯旋。

历经一百三十四年的高昌就这么简简单单地没了。

后来，李世民将高昌的豪门贵族都迁到了中原，给麹智盛安排了个左武卫将军的工作，改高昌所在地为西州，并设置了安西都护府，由郭孝恪担任安西都护。

郭孝恪到任之后，内能安抚百姓、大搞经济建设，外能上阵杀敌、注重以刀服人。经过几年的苦心经营，大唐终于把西域各部灭得七七八八，彻底在此站稳了脚跟。

644年，焉耆王龙突骑支勾结西突厥起兵造反，郭孝恪率领三千步骑兵连夜偷袭，一战就灭了他。

648年十二月，喜欢用木板把脑袋夹成扁平状的龟兹，换了新王。

龟兹开始不断派兵骚扰大唐的小弟。李世民大怒，便派阿史那社尔（东突厥贵族、唐初名将）、契苾何力、郭孝恪等人率领十万联合部队，把龟兹也灭了。

因为龟兹背后的靠山西突厥早已日薄西山，所以灭龟兹的过程也是一边倒的碾压之势，只是郭孝恪一时大意，在一次战斗中被人偷袭而亡。

龟兹灭亡之后，整个西域震惊不已。连汉人都佩服其脑瓜子灵活的于阗人直接投降了大唐。西突厥和安国（位于今乌兹别克斯坦境内）被吓得向大唐进贡了一大批骆驼、马匹和军粮。

649年一月，龟兹王被押送到了长安，李世民给他安排了个左武卫中郎将的工作。随后，便将安西都护府迁到了原龟兹都城，统领于阗（今和田）、碎叶

（今吉尔吉斯斯坦首都比什凯克附近）、疏勒（今喀什），号称"安西四镇"。

中原王朝在时隔四百多年之后，终于又一次将西域全境纳入了中国的版图。与大汉西域都护府相比，它的势力范围还史无前例地扩展到了中亚深处，与强大的阿拉伯帝国接壤。

在随后一百多年的时间里，各国使者和商人，在历任安西都护的保护之下，将西方的珍禽异兽、珠宝香料源源不断地传入了大唐，又将东方的特产、文化、技术源源不断地带回了西方。

在这些伟大的碰撞之中，大唐的威名也随着商人们的口口相传以及军人们的兵戈刀锋，传向了世界的每一个角落。唐人终于像汉人一样，成为世界对中华儿女的又一称呼。

一百多年后，这里还将上演大唐最后的骄傲与辉煌。

此去长安九千九百里，一支由青丝熬到白发的孤军，以其坚韧不拔的毅力和忠肝义胆的爱国之心，在没有任何援军的情况下，仍然在安西四镇坚守了整整五十载。

他们用生命和鲜血告诉整个世界，这里曾经是中国，未来也还会是中国。

四十七　李世民亲征高句丽（一）：辽西通道多难走

从626年登基起，不知不觉间，李世民已经完成了三个五年计划。没错，李世民虽然没有制定过五年计划，但他真的是按五年计划一路走过来的。

第一个五年，他休养生息四年（626—629年），在630年灭了东突厥。

第二个五年，他休养生息四年（631—634年），在635年灭了吐谷浑。

第三个五年，他又休养生息四年（636—639年），在640年打服了西域。

第四个五年，他依旧休养生息四年（641—644年），准备在645年拿下高句丽。只是与前几次不同，这一次，已经十几年没有上阵砍人的他选择了亲征。

不是因为他觉得高句丽很难打，放心不下李勣的指挥水平，而是因为这五年他过得实在是太郁闷了，必须找些事大肆发泄一下。

643年，李世民的第五子李祐谋反，为此他伤心不已，一边痛哭一边写下了"往是吾子，今为国仇……汝生为贼臣，死为逆鬼"的感人诏书。

可不承想，诏书刚写完，他又查出了太子李承乾也在准备谋反的消息。李承乾的背后又牵扯出自己的弟弟李元昌、大臣侯君集、杜如晦的儿子兼驸马杜荷等人。

刚处理完李承乾的事，四儿子李泰与太子李承乾夺嫡的事也败露了。

三个儿子、一个弟弟，如此胡搞，让李世民极为郁闷，他实在没有想到"玄武门之变"差一点儿在自己的身上第二次上演，只不过这一次他变成了李渊，他的孩子们变成了自己和李建成、李元吉。

所以，李世民伤心欲绝，一度想砍了自己，幸好被大臣们拦住了。正在李世民的愤怒像火山一样，准备大爆发的时候。高句丽的宰相渊盖苏文正好凑了上来——大哥，要不咱俩练练？

618年，杨广在江南驾崩的时候，他的死对头高句丽国王高元也挂了，而高元同父异母的弟弟高成（曾用名高建武、高武）继承了他的王位。

高成一上台就蒙了，因为家里实在是太穷了。虽说隋朝三征高句丽都是大败而归，但高句丽也是损失惨重。所以，高成一改之前与中原王朝敌对的政策，派人到长安表达了睦邻友好的愿望。李渊将他封为上柱国、辽东郡王、高句丽王。

631年，看李世民灭了东突厥，高句丽也被吓得不轻。趁此机会，李世民又派人跑到高句丽，把隋末打高句丽时留下的隋朝士兵们的尸骨埋了，并把高句丽为炫耀武功而做的"京观"给毁了。

高成大惊失色，以为唐朝下一步就要拿自己开刀。于是，他就在唐高边境修了一条长达一千多里的长城。再之后，唐高关系日益恶化，高句丽开始阻挠新罗到长安朝贡。

面对高句丽的挑衅，李世民选择了忍让，而这一忍就是十几年。

642年十月，高成见唐朝并没有打自己的意思，便想找点儿事干，把自己的宰相渊盖苏文宰了。

渊盖苏文出身于权贵世家，老爹也是宰相，他当上宰相之后，特别飞扬跋扈，每次出行身上都带着五把刀，所以人们叫他"五把刀先生"。

"五把刀"的耳目众多，很快就得知了高成的小心思。于是，他搞了一个鸿门宴，反把高成杀了，而且手段极为残忍——分尸，还把朝中的一百多名大臣也捎带上。再之后，"五把刀"便立了高成的侄子高藏为王，而自己则总揽了内外的一切大权。

643年年初，李世民终于听说了这事。那时候李世民的几个儿子还没有谋反，他的脾气还没有那么暴躁。所以，尽管李世民很生气，最后还是采用了长孙无忌提出的"欲使其灭亡，必先使其疯狂"的策略，派使者封高藏为上柱国、辽东郡王、高句丽王。

643年九月，李祐、李承乾谋反刚刚被揭露，位于朝鲜半岛的新罗国王就跑来告状，说百济和高句丽联合攻打了他们的四十多座城池，请大哥李世民给他做主。

李世民大怒不已，便让司农寺丞相里玄奖（相里是姓，玄奖是名，此人和唐僧玄奘无关）去警告"五把刀"，再不撤兵，明年就过去揍你。

"五把刀"也是个硬骨头，没有被吓着，反而摆事实、讲道理，表示以前隋朝打高句丽的时候，新罗在背后阴了高句丽五百里的土地。如果新罗把这些土地还给高句丽，他一定撤兵。

站在现在的角度看，这话说得的确很有道理，如果是一般人听了，估计当场就蒙了。但玄奖是个小机灵鬼，他当即就放了大招：辽东各城自古以来就是中国领土，我大唐都没有问你要土地，你咋能这么不讲理，去打新罗？

"五把刀"一下子就蒙了，憋了半天也不知道说啥好，但态度仍然死硬，反正撤兵是不可能的。

644年二月，相里玄奖从平壤回到长安，说明了情况。李世民大怒，立刻下达了亲征的命令。

在随后的几个月里，大唐全国各地的粮草、船只以及十万唐军，数万突厥军、契丹军开始往幽州（今北京）与莱州（今山东）集结。

644年七月二十三日，李世民令营州都督张俭（李渊从外孙）率领幽州、营州两个都督府的兵马以及契丹、奚族等士兵，先去攻打辽东，刺探敌情。

十一月二十四日，所有大军集结完毕，李世民便令太子李治监国，坐镇定州（今河北定州），房玄龄留守长安，萧瑀留守洛阳，他自己则御驾亲征，兵分两路对高句丽发动了总攻。

第一路，由刑部尚书张亮为平壤道行军大总管，率领江、淮、岭、峡四州兵马四万多人，战舰五百艘，从莱州渡海直逼卑沙城（今辽宁大连）。

第二路，由自己和左卫率大将军李勣，率领步骑兵六万人以及兰、河二州投降的胡族兵马进逼辽东。

645年三月，李勣作为先锋部队，从幽州顺利到达了柳城（今辽宁朝阳市，当年曹操征乌桓时，乌桓的大本营）。唐征高句丽第一战正式拉开了序幕。

但是，在开打之前，还有一个问题要解决，不然很多人弄不明白，以前动不动就灭了别的国家的李世民，为什么这一次没有直接灭了高句丽。

我们现在从北京去东北，沿着渤海湾的京哈高速，踩一脚油门就到了，沿途平坦无比，还可以一边开车一边看海。但是在南宋以前，这条路是基本没法走的，想从华北到东北，必须翻山越岭走山路。

自古以来，从华北到东北只有四条路，我们按时间顺序说一下：

从商周到唐朝，主要走中间的卢龙道，就是从河北卢龙县出发，经滦河到承德，从承德走两百里山路到平刚（凌源），然后顺着大凌河到柳城。

燕国大将秦开打东胡，西汉霍去病拿下匈奴左贤王庭，曹操北征乌桓，隋炀帝三征高句丽，还有现在的李世民亲征，都是走的这条道。

现在走高速公路，全程共一千里稍多一点。在古代，如果不能遇水搭桥，逢山开路，估计得有一千五百里远。

古代的运粮效率非常低下，千里运粮，一百斤粮草，只能送到前线五斤，也就是《孙子兵法》里所说的"食敌一盅，当吾二十盅"。隋炀帝三征高句丽为什么把国家搞崩了，很大一部分原因就是庞大的后勤把人民拖累破产了。

不过，这条路尽管不好走，但沿途的河水还不少，比征讨吐谷浑、西域时的那些沙漠地区强太多了。只有曹操征乌桓时不知道什么原因，出现了两百里找不到水的情况。很有可能是走错道了，或者是史官用了春秋笔法，把行军写得苦不堪言，以便凸显曹操最后的胜利是天命所归。

宋辽时期，主要走最西边的古北道，就是从北京沿潮河到古北口，再走一段陆路到滦平，再沿滦河到承德，再到平刚（凌源），再沿老哈河北上到辽的中都大定府（今赤峰）。

不过，这条路兴起时间不长，辽被金灭了之后，这条路就从主干道变成了辅路。

从南宋（金）到元明清，才开始走最东边的傍海道，也就是现在的京哈高速。这条路很早之前就有，但是南宋之前走起来就跟过草地差不多，海水一涨潮，就会把这条路淹个七七八八，别说大车不能通行，人走在上面都危险。

另外，好不容易走到辽东时，你还会发现，路的尽头还有一个"南北千余里，东西二百里"的大辽泽在那里杵着。等你再深一脚浅一脚地渡过大辽泽，不用开打，就可以和黑白无常"斗地主"去了。

后来，金为了加强对华北地区的统治，这才下了血本，不断地修缮傍海道，这条路才真正成为辽西走廊的"扛把子"，一直延续到了今天。明清之后，大辽泽慢慢地消失了，傍海道就成了绝对的主干道。

第四条路是一条很少人走的路，名叫无终道，就是从无终（河北玉田县）出发，经卢龙沿青龙河—大凌河北上到白狼城，然后再到柳城。

因为青龙河下游跟猪大肠一样，曲曲折折特别难走，所以这条路虽然从商朝开始就存在，但一直没起过大作用。

李勣率领先锋部队到达柳城之后，就遇到了第一个难题：怎么打？

他的前面有宽两百里、长一千里的辽泽，而辽泽后面高句丽还修了条长一千里的长城。如果从正面进攻打怀远（今辽中），距离虽近了，但等唐军一瘸一拐地走到长城边的时候，高军站在长城上往下放箭就可以解决他们。

但如果想绕过辽泽，唐军得往北再跑四百里去打通定（今辽宁新民），可是通定肯定也有大批高军驻守，万一攻不下来，粮草将会更加紧缺。

面对如此棘手的难题，李勣只用了一个小小的计策就解决了。他在辽泽西侧大造声势，到处宣扬要渡过辽泽攻打怀远镇。高军竟然信以为真，急忙将南北两侧的部队通过长城调往怀远。

李勣大喜过望，随即兵分两路：

一路由自己率领，向北狂奔了四百里地，出其不意攻打通定城。

一路由张俭带领胡族士兵，向南狂奔四百里渡过辽泽，直攻建安城（今营口）。

不出所料，两路大军很快就获得了胜利：

四月一日，李勣拿下通定，强渡辽东，直接杀到了玄菟（今沈阳）。

四月五日，张俭渡过辽泽，在建安城下大败高句丽军，斩首数千人。

高句丽花费巨资修建的长城，就这么瞬间成了"马奇诺防线"。之后唐军一路势如破竹，连续攻下高句丽多座城池。

四月二十六日，李勣、李道宗顺利攻下盖牟城，俘虏两万多人，得到粮食十多万石。

五月二日，张亮率领水军从莱州渡海，夜袭卑沙城（今大连），俘获八千人。

五月五日，李世民亲率后续大军到达辽泽，令将作大匠阎立德（大画家阎立本的哥）日夜不停大搞土木工程，遇泽垫土，遇水搭桥。短短五天之内，数万大军便渡过了两百里沼泽地。

　　随后，李世民决定背水一战，下令拆除刚刚搭建好的桥梁，率领大军，和李勣的先锋部队一北一西，向辽东城扑去。

　　当年隋炀帝三征高句丽，百万大军都没能拿下的辽东城，即将再次面对中原王朝的征伐。

四十八 李世民亲征高句丽（二）：二十年后战狼再现

二十年前，大唐将士在李世民的带领下，无论是平薛仁杲，揍宋金刚，灭王世充、窦建德，我们都能看到，无论敌军有多少，无论对方有多猛，都会像疯子一样，冲上去就厮杀起来，其他的事留到以后再说。

但是，李世民当上皇帝之后，这群人在李靖、侯君集等人的带领下却变了。虽然打起仗来依然勇猛，动不动就追敌几千里，灭东突厥，平吐谷浑，定西域几十个政权，依旧非常生猛。

但已经很少再有几百人硬杠几千人，几千人硬杠几万人，几万人硬杠十几万人的战斗作风了。

不一样的将领，总是差那么点儿意思。

如今整整二十年过去了，李世民已经从那个英姿勃发的少年，变成了老成持重的雄主。

当年那群跟着他南征北战的士兵，大部分已经退伍，留在军营里的，要么已经成了兵油子，要么成了将领。总之，都已经人到中年，有家有室，少了一些冲动，多了一些顾虑。

如今这群中老年人又聚集到了一起，他们还能像年少时那样，血气方刚、无惧生死地拼命搏杀吗？

事实证明，会的。真的会有那么一些人，出去半生，归来依旧是少年！

下面请欣赏，时隔二十年的第一场"战狼真人秀"。

就在唐朝六万多大军兵分两路杀向辽东城的时候，高句丽也派出四万多步骑兵紧急救援辽东。很快，李勣、李道宗的先锋部队，就在辽东城外与这群敌军相遇了。

此时唐军的先锋部队不仅人数远少于敌军（预计一万人），而且已经至少行军三千多里，连续作战一个多月了。所以不少将士建议坚守不出，等待李世民率大军前来，再做打算。

但是，四十三岁的江夏王李道宗（李世民堂弟）却断然拒绝了这种保守的意见。在他看来，敌军虽然人数众多，但也是远道而来，狭路相逢勇者胜。尤其是作为先锋部队，更应该敢于亮剑，无惧生死。

五十一岁的李勣听罢大喜过望，本着谁出主意谁干活的原则，便给了李道宗四千骑兵，让他去挡住这四万多高军的去路。

一对十，以寡敌众，这明显就是找死的节奏。但是，李道宗二话不说，就带着人出发了。

更猛的是，刚刚见到敌军，李道宗手下的果毅都尉马文举便主动请战，大声喊着"不遇敌，何以显壮士"的口号，向十倍于自己的敌军发动了猛烈的进攻。

将领如此勇猛，其他骑兵顿时士气大振，一个个奋勇向前，挥舞着陌刀，见人就砍，所向披靡。看来疯劲儿真会传染，正常人哪里能干出这种不要命的事？

但是，他们显然低估了高句丽军的实力。这四万多人哪怕都是文盲，人家也能看得出来谁多谁少、谁弱谁强啊。所以，高军在经历了最初的慌乱之后，很快就组织起一轮又一轮的反攻。

一番激战之后，已经豁出去性命的唐军硬是被敌军顶了回来。更可怕的是，行军总管张君乂竟然被打得一退再退，毫无还手之力。于是，唐军阵营越来越乱，不少士兵开始四散而逃。

在后方压阵的李道宗见状大怒，于是，他立刻叫住了后退的几十名骑兵，带着他们转过头就跑到附近的山坡上。在这里，他观察高军的阵营，终于发现了破绽。原来高军只顾着追击，把自己的阵形也给搞乱了。

于是，李道宗带着身边的几十名骑兵，向着敌军最乱的地方冲了过去。这群人一面冲一面砍，左冲右突，如入无人之境。

后面五十一岁的李勣看到唐军后撤，也急红了眼，他顾不得作为三军主帅的安危，带着剩下的几千人一股脑地扑上来，拼命地砍杀。

仗已经打到这份上，主帅、副帅全冲了上去，将军、王爷全都不要命了，唐军士兵们岂能不玩命杀敌？于是，战场形势瞬间出现了大逆转，在这群疯子不要命的攻击下，高军终于崩溃了，开始调转马头往辽东城内逃窜。李勣、李道宗在后面拼了命地追，直到斩杀一千多人，才撤了回去。

从此以后，这四万多高军便龟缩在辽东城内，任凭唐军叫骂再也不敢出战。

几天后，李世民率领后续大军终于抵达辽东城下。当听说这群中老年人竟然如此生猛，完美复制了自己当年的神话后，他大喜过望，重赏了李道宗，破格提拔了马文举。另外，又斩杀了后退的行军总管张君乂。

在大军出发之前，四十六岁的李世民曾指着身上的战袍对太子李治许下诺言："下次见你之前，绝不换下此袍。"刚刚渡过辽水，李世民便下令拆除后撤的浮桥；刚刚抵达前线，李世民就斩杀了一员后退的大将。

我们都听过有桀骜不驯的儿子对老子发誓，不混出个人样，绝不回来；可谁听过有老子对儿子承诺，打不赢这一仗，老子绝不换战袍？这种意气风发的拼劲儿和杀伐决断的狠劲儿，还真没有几个年近半百的人能具备。

第二天一大早，李世民又做出了惊人的举动，他亲自率领数百名骑兵，像二十年前一样，到前线视察敌情去了。

战鼓隆隆，战马嘶鸣，空气中到处弥漫着前一天大战留下的血腥味，那种熟悉的味道，终于又回来了。李世民真心希望此刻高军统帅能像当年的王世充一样，看准机会带着数千名骑兵杀出城来，将他团团围住，然后让他再当一回"战狼"。

只是很可惜，李世民围着辽东城溜达了一圈，高军竟然没有任何反应。于是，李世民只好另辟蹊径。这位九五之尊，在看到唐军士兵一个个正在大汗淋漓地背着黄土填埋护城河之后，一时间气血上涌，竟然也提起了麻袋，倒起了土。

"皇帝当民工"，这条劲爆消息很快就成了当时最大的新闻，唐军士兵们血液里的狼性又一次被彻底激活了。他们又一次像发疯了一样对辽东城发起最为猛烈的进攻。

可惜的是，人再狠也是血肉之躯，石头砸下来，就能让人非死即残。辽东城城高墙厚，唐军昼夜不停地连续攻打了十二天，竟然寸步难行。

就在唐军疲惫不堪的时候，机会终于来了。五月十七日晚上，突然之间，南风大作，尘沙遮天蔽日，刚刚还洒满月光的夜空变得伸手不见五指。

李世民见状，顿时想到了一句俗语：月黑杀人夜，风高放火天。

于是，他挑选了数十名精锐士兵，趁着夜色悄悄地爬上城墙，一把火点燃了辽东城西南方向的角楼。

刹那之间，风借火势、火助风威，整个辽东城一下子就变成了大型烧烤现场，高军士兵顿时乱作一团，根本无心抵抗。

李世民趁机率军再次对辽东城发起了猛攻。几个时辰之后，那个隋炀帝百万大军都没有攻破的辽东城，竟然就这么轻而易举地落入唐军手中。此战，高军被杀一万多人，被俘一万多人，百姓被俘四万多人。随即，李世民将辽东城改名为辽州。

唐军在此休整了十天，五月二十八日，李世民和李勣率军又向附近的白岩城杀了过去。第二场"战狼真人秀"，又要来了。

唐朝大军还没有到达白岩城下，白岩城守将孙代音就举起了投降的大旗。李世民大喜，随即便马不停蹄地跑去受降。

但是当唐军火急火燎地赶到白岩城下的时候，孙代音竟然变卦了。从来都是自己骗别人，这次竟然被别人骗了，李世民的心灵受到了严重的伤害。大怒之下，他下达了一道自征战以来最为残酷的命令：城破之日，城中男女不分老幼、财物不分公私，全部赏给士兵。

这是史书上美化过的句子，其实原意是：城破之日，纵兵抢掠，男人为奴，女人为娼。

此话一出，唐军士气大振。随后，李世民令右卫大将军李思摩（原名阿史那思摩，东突厥贵族，被赐李姓）为先锋，对白岩城发起了猛攻。

双方一直从早上砍到了晚上，眼看白岩城就要被攻下，却出现了意外。一支流箭正好射中了李思摩，无奈之下，唐军只好撤了下来。更加不幸的是，高句丽从乌骨城（今辽宁凤城）派出的一万多名援兵，已经距离白岩城不远了。

李世民看到重伤的李思摩痛苦不已，顿时心中大火。为奖励他的勇敢，同时也为鼓舞士气，他竟然趴在李思摩的伤口上，用嘴将伤口的瘀血硬生生地吸了出来。

皇帝如此对待臣子，谁还能不给他卖命？所以，前方战士听说之后，很快就恢复了士气，对白岩城发起了猛攻。

而大将契苾何力（狂追吐谷浑三千里的那位猛将）听说之后更为激动，天可汗对待胡人如此舍身，作为胡人的他只能选择以命相报。于是，他率领八百名骑兵，就向那一万多援军杀了过去。

和李道宗、马文举一样，契苾何力也是二话不说，见到敌人就开始猛冲猛打。当然，结果也和李道宗等人一样，虽然他已经拼了命，前期还是被敌军干趴了下来。更悲摧的是，契苾何力在大战之中，还被敌军的长矛刺中了腰部。

眼看敌军越来越多，自己马上就要命丧黄泉，唐军中又一位"战狼"杀了出来。薛万彻的弟弟薛万备看到将军有难，大喝一声，单枪匹马就杀到了高军之中，他左砍右杀，终于在万军丛中将契苾何力救了出来。

但是，战斗还远远没有结束。

契苾何力被救之后，并没有像大多数死里逃生的人一样如释重负；相反，他却更为激愤，刚刚包扎完伤口，他便顾不得别人的劝阻，又率兵冲向了敌军。

将领们一个个不顾生死往前冲，其他人哪里还能不拼命。于是这八百唐军又一次创造了奇迹，竟然将一万多高句丽军打得满街乱窜，后来又狂追几十里，杀死一千多人，直到天黑了才收兵。

猛，真猛。除了"猛"字，你还能说啥？

契苾何力这一把绝对秀出了新高度，不过，他的伤势也加重了。本来是轻伤，硬是整成了重伤，差一点就挂了。

李世民听说爱将这么生猛，又是感动又是心疼，赶紧跑过来亲自为他敷药，对他进行心理安慰。并且还下大力气，活捉了刺伤契苾何力的高句丽军人高突勃，让契苾何力亲手剐了他，以报仇雪恨。

契苾何力虽然没啥文化，却很懂得大义，他拒绝了李世民的这份好意，并表示，高突勃是为了自己的君主才冒着生命危险刺伤自己的，此乃忠义之士。然后就把高突勃放了回去。

两天之后的六月一日，唐军对白岩城发起了最后的猛攻。李勣攻打白岩城西南，李世民亲临城西北。一番激战之后，敌将孙代音看到一万多援军被打残，自己守城无望，只得举城投降。

不过，李世民并没有像之前说的那样纵兵抢掠，让男人为奴、女人为娼。他动了恻隐之心，用大唐府库里的钱财封赏了所有攻城的士兵，平息了大家抢粮、抢钱、抢女人的劫匪冲动。最后，他将白岩城改名为岩州，任命孙代音为刺史。

在白岩城经过十天的休养，六月十一日，李世民留下一万多人驻守刚刚攻下来的几座城池，自己率领五万左右兵马，向辽东最后一座坚城安市城杀了过去。

六月二十日，唐军到达安市城下，随后便对安市城发起了猛攻。六月二十一日，高句丽北部酋长高延寿、高惠真率领十五万援军，也向安市城杀了过来。

五万对十五万，李世民一声冷笑。李勣、李道宗、契苾何力，你们都已经表演过了，这次终于轮到朕了。

四十九　李世民亲征高句丽（三）：三万横扫十五万

看到高延寿率领十五万援军前来，李世民当即给他算了一卦。

摆在高延寿面前的只有三条路：

上策是与安市城互为犄角，占据要地坚守不出，再派骑兵抢掠我们的粮道；

中策是带着安市城的百姓赶紧跑；

下策是不自量力，和咱们硬杠。

结论是：高延寿肯定会按下策出牌，成为咱们的俘虏。

大臣们赶紧纷纷鼓掌，表示皇上英明神武、说的都对。但其实你细品，这些全是废话。人家带了十五万大军，你只有五万人，凭什么认为人家会坚守不出，正常人会这么干？

另外，这又不是公款辽东七日游，人家十五万大军千里迢迢来了，一仗不打就带着城里的百姓往鸭绿江里跑？

所以说白了，李世民就是想在大臣们面前装个样子，大臣们也明白他的意思，都配合得相当好。

看到效果不错，几天之后，李世民就又表演了一次。当高延寿的十五万大军距离安市城四十里的时候，他开始嘀咕了：愁啊，万一这十五万人怕咱们的五万人，不过来打咋办？不行，我得找人把他们引过来。

于是，李世民又让左卫大将军阿史那社尔（突厥王族）率领一千多名突厥骑兵去挑衅高句丽军，而且还特别吩咐，一旦交战，就佯装败退。

结果可想而知，你就算不去打人家，人家也肯定会来的嘛。

看到高句丽军越来越近，李世民又把所有的将领叫到一起，开始了第三次表演。

"大家说说，有啥破敌良策？"

江夏王李道宗气势汹汹地出了一个馊主意："高句丽倾国来战，平壤必然空虚，给我五千精兵，就可直捣黄龙。"

为什么说这是馊主意呢？因为后来李勣、薛仁贵趁着高句丽内乱，率领数万大军打了一个多月，才将平壤拿下，你五千人怎么可能攻下平壤城，所以李世民当场就拒了。

宰相长孙无忌见状，赶紧出来拍马屁："大家都别浪，咱老大年轻的时候打仗，都是自己出谋划策，其他人照着做就行了。今天这一仗，还得听陛下的。"

还是长孙无忌有文化啊，一句话就说到了李世民的心坎上。李世民哈哈大笑，也不谦虚，转身就和长孙无忌等人，率领数百名骑兵冲出了营寨，到前线登高望远、观察地形，制定作战计划去了。

第二天一大早，高延寿看到唐军人数稀少，就准备吓一吓李世民。他率领的十五万大军，列阵长达四十里，在唐军面前耀武扬威起来。

这个场景和当年窦建德在虎牢关前排兵布阵简直一模一样，唯一的区别是，李世民当年只有三千精锐，而如今却有五万雄兵。

遇此良机，如果放在二十年前，估计李世民带着兵就冲过去砍人了。但是，现在李世民已是皇帝，不能这么以身犯险。所以，他准备再玩个计策。

他派出一位使者向高延寿表示自己很害怕，并且让使者"一不小心"透露了唐军粮草不济的"秘密"，如果高句丽也愿意派出使者，让两国修好，唐军就会撤兵，归还所有城池。

高延寿大喜过望，昨天唐军前锋阿史那社尔被自己狂追了几十里，今天自己的十五万大军刚刚列阵，就把李世民吓成这样，看来唐军也不过如此嘛。所以，高延寿不仅相信了这段"鬼话"，而且还放下了所有戒备。

看来这位老哥在出征之前，根本就没有做一点儿功课，但凡了解过李世民打过的任何一仗，也不会醉成这个样子。

大鱼就这么简单容易地上钩了，六月二十二日一大早，李世民便下达了总攻的命令：

第一，两万人留守大营，防备安市城的敌军过来偷袭。

第二，李勣率领一万五千名步骑兵在西岭布阵。

第三，长孙无忌率领一万一千名精锐，从山的北面迂回包抄到高句丽军的背后。

第四，自己率领四千步骑兵登上北岭，指挥战斗加侧面袭击。

第五，各路军马听见战鼓声响起之后，必须同时出兵，从三面夹击。

唐军这么大的动静，这边的高延寿却浑然不觉，还在做着自己的春秋大梦。他看见李勣带着一万多人在前方布阵，牙都快笑掉了。便命令所有士兵集结，要让李勣看看什么是十人打一人的群殴。

高句丽军刚刚集结完毕，长孙无忌率领的一万一千名精锐唐军就已经绕到了他们的身后。李世民在山上看到长孙无忌已经杀了过去，就立刻下达了总攻的命令。一时之间，擂鼓声、号角声、呐喊声响彻战场，前面、后面、侧面全都是冲过来的唐军。

　　高延寿这时候梦才惊醒，立刻下令分兵三路，分别从三个方向阻挡唐军的进攻。只是很可惜，命令还没下达完毕，高军的阵形就已经乱了套，兵找不到将，将找不到兵，根本没法组织起有效的反击。

　　更加可悲的是，突然之间阴云密布、雷电交加、天降大雨，本就慌乱的高军还以为唐军会法术，彻底乱成了一锅粥。

　　正在这时，黑压压的唐军中，出现了一位身披金甲圣衣的少年，哦不对，应该是身着奇装异服的三十一岁青年男子。只见他一边大喊大叫，一边抡起大砍刀就冲进了高军之中。

　　这种怪诞的行为虽然非常辣眼睛，但是效果却出奇的好，高军士兵见到他，还以为遇到了妖怪，没反应过来，便被送上了西天。

　　不久之后，站在山顶观战的李世民也注意到了他，急忙让左右去打探这位奇装异服爱好者是谁。不一会儿，前方来报，此人只是一个小兵，姓薛，名礼，字仁贵。

　　从此之后，李世民便牢牢地记住了这个名字。看来，想引起领导的注意，还是得用点儿非常手段啊。

　　在奇装异服爱好者薛仁贵的带领下，唐军越战越勇，所向披靡。高句丽士兵在这种肉体和精神的双重打击下，终于扛不住了，四散而逃。唐军在后面一通猛打，最终砍杀了两万多人，缴获五万匹马、五万头牛、一万领铁甲、一万件其他兵器，大胜而归。

　　随后，高延寿率领三万多残兵败将，依山固守准备玩持久战。李世民便命令手下的三万人，将高军的三万多人围了起来，并拆掉周围所有的桥梁，断了他们的归路。

　　第二天，高延寿的精神就崩溃了，这仗打得实在是太丢人了，十五万人被三万人打得只剩下三万多人不说，这剩下的三万多人，竟然还能被三万人围起来。这事要是传出去，孙子他老人家，估计都会从地下爬出来，在《孙子兵法》里的"十倍围之"后面加上一句"对方是猪头者除外"。

于是，高延寿越想越崩溃，带着人就冲到了唐军的营寨门口，扑通一声双膝跪下，一边跪着往前挪，一边磕头谢罪。

李世民见状哈哈大笑，用极其轻蔑的口吻给他们下了一个至今看起来都挺中肯的评语："东夷少年，海边跳梁小丑。摧坚决胜，怎及大唐老人？"

随后，李世民又在这三万多名俘虏中挑选出三千五百名酋长，把他们迁居到了内地，而其他三万多高军，则全部放了回去。

但是，对于一起被俘的三千三百名靺鞨士兵，李世民却出人意料地把他们全部活埋了。

一边是仁慈的放生，一边是残酷的活埋，李世民看起来像是人格分裂了，但其实他这样做有三个目的：

第一，三千五百名酋长都是各乡各村的地头蛇，把这群人带回中原，相当于让他们当了人质。以后再来打高句丽，哪个村的兵敢反抗，就派酋长的人去劝降，不降的就杀了对应的酋长。

第二，那三万多高军，养肯定是养不起的，放回去之后，还能宣传大唐优待俘虏的政策，可以瓦解高句丽的军心。

第三，靺鞨兵和高句丽军不一样，他们原本是站在大唐这一边的，后来又把屁股挪到了高句丽那边。

由于此战打得太过漂亮，处理完这些战俘之后，李世民依然十分激动，下了马就开始拜天谢地。随后又把经过的山改成了驻跸山（皇帝驻扎的地方叫驻跸），还跟小孩子一样，连续给后方的太子李治、太傅兼妻舅高士廉发了两封信吹牛皮，其中第二封信就简简单单的七个字："朕为将如此，何如？"

但是，李世民很快就发现，牛皮吹得有点早了。没了十五万援军的安市城，唐军猛攻了个把月，竟然没有攻下来。

不仅如此，安市守军还故意挑衅唐军，只要看见李世民的旗子经过，他们就在城楼上大喊大叫、擂鼓蹦迪，搞得李世民大怒不已。李勣见老大如此生气，随即就下了道非常残酷的命令：攻下安市，全城不分男女老幼全部活埋。

可惜这道命令听起来很解气，效果却适得其反，在随后的几天里，安市城里的高句丽军进行了更加顽强的抵抗。甚至趁着唐军疲惫，他们还精心策划了一场夜袭。

只是高军的阴谋刚刚实施，就被一群鸡和猪泄密了。嗯，真的是鸡和猪泄的密。

当天傍晚，李世民正在前线巡防，突然听到安市城中鸡鸣猪叫格外惨烈，他立刻就意识到大事不妙，急忙给李勣下达了一道严加防范的命令。原因很简单，围城已久，城里人饭都快吃不上了，如今却在杀鸡宰猪，那肯定就是在犒劳士兵，想要搞夜袭了。

事实果然如此，当天深夜，高句丽几百人顺着绳索偷偷地溜出了城外。在夜色的掩护下，他们很顺利地向前走了……几十步，然后就进入了唐军的包围圈——李世民早已亲自领军等候多时了。

于是，这几百名敢死队就变成了"干尸队"，丢下几十具尸体，狼狈不堪地逃了回去，再也不敢出城了。

随后，唐军和高军就再次陷入了长时间的攻防战之中。

唐军用冲车撞开了城墙，高军就用木栅栏堵住缺口。唐军准备挖地道进去，高军就在城里挖条深沟挡住。

迫不得已，李世民终于放出了大绝招——土木工程。他让江夏王李道宗在安市城的东南角修筑了一座土山，准备步步逼近城墙，然后从土山之上攻入城内。

高句丽军见状，便左手拿砍刀，右手拿瓦刀，一边打仗，一边砌墙，风格极为和谐。但是砌墙毕竟没有倒上快，唐军在昼夜不停地修了两个月的上山之后，终于修到了距离安市城墙只有几丈远的地方。

在城下待了几个月的唐军，终于可以居高临下，一边在山上喝茶聊天，一边向下吐痰射箭了。

胜利，终于近在咫尺了。

但是，就在这个关键的时刻，李道宗的脚受了伤，于是他便让手下的果毅都尉傅伏爱领军驻守山顶，自己回去养伤了。李世民为了鼓舞士气，又干起了医生的行当，跑去给李道宗的脚扎针灸了。

恰好在这个时候，土山突然崩塌，直接压倒了安市城的城墙。山上的唐军大喜过望，大喊大叫着准备冲进城去，夺得首功。可是，他们一转身却发现老大傅伏爱不见了，这哥们儿也不知道是尿急还是怎么着，竟然擅自离开了军营。

这下该轮到高句丽士兵高兴了，立刻就从城墙的缺口冲出来几百人，把没有领导人的唐军赶下了土山。

李世民听说之后，大怒不已，谁能想到他一会儿不在前线，扎个针灸就会出现这么大的意外。所以，他立刻将傅伏爱绑了起来，斩首示众。然后命令众将迅速组织力量，趁着高句丽军立足未稳之时拿下土山。

只是很可惜，有些机会一旦错过，就是永远。唐军连续攻打了三天三夜，高句丽军竟然死死守住了最后的防线。

这时候，时间已经来到了农历九月（大概阳历10月），老天爷的天平，开始倒向了高句丽，辽东的最低气温迅速降到了零度附近。再打下去，恐怕只能是凶多吉少了。

于是，李世民只好无奈地召开了最后一次前敌会议，商讨下一步的作战计划。

刚刚投降过来的高延寿等人，发挥了丰富的想象力表示："可以绕过安市，直接打乌骨城（今凤城），然后再一鼓作气，拿下平壤。"

其他大臣也纷纷附和，认为可以让张亮的四万水军前来集合，十万大军合兵一处，长途奔袭乌骨，然后再直取平壤。

一向英明的李世民听后竟然有了点小心动，他突然觉得可以试一试。好在长孙无忌是个明白人，一把就将他放飞的思想给薅了回来：安市和建安还有十万高军，万一出来偷袭你的粮道咋办？

被长孙无忌这么一提醒，李世民这才迅速地冷静下来。当年杨广首征高句丽时，不听宇文述的劝告，非要跳过辽东城打平壤，结果三十万大军只回来了几千人。这才过去多少年，那些隋军将士的尸骨还有好多躺在辽泽之中呢，自己咋就能忘了呢？

九月十八日，李世民只好极其不情愿地下令大军班师还朝。临行之前，他赐给安市城城主一百匹绸缎，以奖励他能够坚守城池。

幸好大军撤得及时，十月一日，唐军刚刚到达了渤错水（辽河下游），就赶上天降暴雪，冻死了数百人，如果再晚撤几天，恐怕后果难以想象。

十月十一日，唐军终于回到了唐朝的边防重镇柳城。在这里，李世民盘点了一下此次征战的收获与损失。

收获：

第一，攻克玄菟、横山、盖牟等十座城池。

第二，迁徙辽、盖、岩三州百姓约七万人。

第三，新城、建安、驻跸三次大战，共斩杀高句丽士兵四万多人。

第四，获马五万匹以上、牛五万头以上。

损失：

第一，战马损失十有七八。

第二，唐朝将士死亡近两千人，其中陆军一千多人，而张亮的水军渡海时被淹死七百多人。

如此优异的成绩，如此小的战损比，无论放在谁身上，估计都能吹几辈子。但是，对于拿惯了一百多分的李世民来说，他却为没能拿一百分而懊恼不已，不断感叹："如果魏徵还活着，绝不会同意我此番出兵啊！"

于是，他便命人昼夜兼程赶回京城，祭祀魏徵，重新竖起了当年自己毁坏的魏徵墓碑（后面再讲为什么毁坏他的墓碑）。

随后，他又将辽东阵亡士兵的尸骨埋在柳城东南，亲自写文章祭奠亡灵，还在灵堂之上痛哭不已。

我一定会为你们报仇的，一定！

五十　北灭薛延陀

　　645年十二月，当李世民率领东征高句丽的大军回到定州（今河北定州）的时候，老天爷跟他开了个天大的玩笑。

　　这位在战场上生龙活虎的雄主，背上突然长了一个大毒疮。

　　这种病放到现在，做个小手术基本就没事了，但在古代基本就是绝症。

　　因为古代医疗条件有限，不把里面的脓挤出来，细菌就会扩散到全身，必死无疑。要是把脓挤出来，伤口很深，再加上脓里的细菌进一步繁殖，伤口很容易感染，死亡率也极高。历史上就有好几个这样的例子。

　　项羽的亚父范增就是因为项羽的猜忌，一怒之下辞官回家，半路上"疽发背而死"。

　　三国引狼入室的典型代表刘璋的亲爹刘焉，因为两个儿子谋反被朝廷杀了，伤心过度之后"疽发背卒"。

　　三国曹操的千里驹曹休，因为在石亭之战中大败亏输，愧疚不已，然后"痈发背薨"。

这几个人得病的原因基本类似，都是在重压之下，心情不好憋的。

只有李世民是在大胜之后，回到中原才得病的。所以，有不少人抓住这一点，说李世民征高句丽是大败而归的。韩国的史学家更是直接说李世民在安市城下，被杨万春射瞎了一只眼。

其实李世民背上长疮，大概有三个原因：

第一，他本身患有家族遗传的糖尿病，糖尿病患者因为抵抗力比较差，背部的确很容易长疮。

第二，人一旦高度紧张，就特别容易生病，要么是最紧张的时候生病，要么是闲下来之后生病。比如有人一面临大考就拉肚子，也有人忙过之后就生病。

现代医学给的解释是，长时间紧张后，突然放松下来，肾上腺素的分泌会失去平衡，从而导致免疫力下降。

在瞬息万变的战场上，李世民纵然是军事天才，神经也肯定是长时间高度紧张的。查看地形亲自去，出谋划策亲自来，鸡鸣猪叫防止偷袭这种小事，都要亲自带人去处理。四十六岁的人，已经二十年没有上战场了，连续半年这么高强度工作，肯定很容易生病。

第三，李世民本人不太注意身体健康。

出征之前，李世民曾向太子李治承诺，不再见到李治绝不换战袍。所以到了辽东之后，夏天大汗淋漓，他忍着；秋天秋风萧瑟，他忍着；冬天过辽泽下暴雪，冻得直哆嗦，他依然忍着。一件战袍整整穿了半年之久，这种搞法看起来特爷们，特血气方刚，但实际上很不利于身体健康。

以上三个条件一叠加，李世民简直就成了细菌培养皿，要是不得病才怪呢。没过几天时间，原本生龙活虎的李世民，就被这个疮弄得快驾崩了。宰相刘洎到病房中探望完，出来后就对大臣们直摇头："疾势如此，圣躬可忧！"

眼看老爹一天天不行了，熟知历史的太子李治一狠心，就学起了当年的汉景帝，两眼一闭，趴到老爹背上就把疮里的脓一大口一大口地吸了出来。

为什么必须是李治亲自吸，别人不能吸呢？这里还牵扯到了一段历史。

当年汉文帝长疮时，刚开始是邓通给吸的。汉文帝很感动，觉得邓通是最爱他的人，于是就问了：小邓啊，你觉得世界上谁是最爱我的人啊？

邓通这个小机灵鬼，也不敢说是自己，就拍了太子刘启的马屁，那肯定是太子最爱您呐。

没想到，这一拍拍到了马蹄上。汉文帝觉得，既然太子最爱我，那下一次该吸脓时，就让太子吸吧。我倒要看看，儿子和邓通到底谁爱我更深。

这把刘启恶心得直想吐，但是仍然给吸了。后来，刘启上台之后就把邓通革职查办了，最后，这位一度富可敌国的邓通竟然饿死在了街头。

从此以后，儿子给老子吸脓就成了"潜规划"，尤其是身兼太子之职的儿子。不吸，你就是不孝，而别人谁敢吸，谁就是下一个邓通。

多亏李世民的身体素质好，李治没有白吸，几天之后，他竟然慢慢好了起来。不过，从此之后，李世民便埋下了病根，需要经常吃药调养。转过年的二月，就把所有军国大事交给了太子李治。

但是，李世民毕竟是位不安分的雄主，刚刚歇了小半年，就觉得自己又行了，又想亲征高句丽了。大臣们一看，皇帝这是不要命的节奏，就赶紧把他劝住了：在您生病的这段时间，北边的薛延陀被灭了，要不您先到灵州安抚一下薛延陀？

拥兵二十万的薛延陀，怎么一转眼就被灭了？我们得把时间往前推几年，好好说。

薛延陀，北方游牧民族之一，原来是东突厥的附庸，后来受到东突厥的压迫，便投奔了西突厥。628年，西突厥爆发了内乱，薛延陀的酋长夷男带领着七万多户回到了老东家东突厥。

没想到，东突厥还是本性不改，依然压迫他们。于是，夷男就单方面宣布独立了。东突厥老大颉利可汗很生气，就派出大军去镇压，结果却吃了瘪。

李世民一看夷男这小伙子武力值还不错，就采取了远交近攻的策略，派人去册封夷男为珍珠毗伽可汗，还赐给他一把水果刀，鼓励他为民族解放事业而继续奋斗。

抱住了大唐的大腿，夷男顿时底气十足，当年就建立了薛延陀汗国，在今天的蒙古杭爱山附近成立了第一代领导班子，天天带着人和东突厥的颉利可汗打群架。

630年，唐朝灭东突厥之后，把大多数东突厥人迁到了中原，于是草原上就出现了权力真空的状态，薛延陀趁机迅速坐大，抢占了东突厥的大部分地盘，不久之后，他便拥兵二十万，进入了全盛时期。

641年，李世民见薛延陀越做越大，已经成了北方小霸王，于是，为了牵制薛延陀，他又让东突厥复兴了。

李世民将颉利可汗的族人李思摩（曾用名阿史那思摩，就是征高句丽时，李世民给吸瘀血的那位）立为新的可汗，并给了李思摩大量军事援助：

东突厥旧部三万多户（约十五万人）；

东突厥兵四万人；

战马九万匹。

哪知道，李思摩是个彻底的尿包，他带着人跑到边境之后，说啥也不走了，还给李世民写了一封特别有意思的信，大概意思是说：

老大啊，你让我当东突厥的首领，是真看得起我。但我想告诉你的是，我只想当条狗，一条看守大唐北大门的狗。你可千万别不让我当狗啊。如果薛延陀打过来，我咬不过人家，你可一定得让我回来啊。

李世民看到信后直接就蒙了，自己当初三万兵起家，几年就统一了全中国。

给了他四万兵，一仗还没打，他竟然就要当狗了。

可是，李世民已经立了他为可汗，也没有办法再换人，只好哭笑不得地给薛延陀下了个命令：东突厥是我大唐的小弟，现在要复兴了，你敢碰他试试。

薛延陀的老大夷男说：试试就试试。

641年十一月，夷男便让他的儿子大度设率兵二十万，杀向了李思摩。李思摩见状，大喝一声、骑上战马，连敌人的面都没有看见，就窜到了长城以南。八百里加急上报李世民——打狗队来了。

十一月十六日，李世民收到战报，立刻兵分五路对薛延陀发起了反攻。

第一路由四十七岁的兵部尚书李勣为朔州道行军总管，率六万大军作为主力，直接迎击大度设。

其他四路作为辅攻，分别由营州都督张俭、右卫大将军李大亮、右屯卫大将军张士贵、凉州都督李袭誉等人率军，从今天的北京、宁夏、山西、甘肃等地全面出击。

考虑到对方有二十万大军，出征之前，李世民还特意给这些大将制定了详细的作战计划：草原咱已经烧了，薛延陀奔袭数千里，已经没粮草了。所以你们（指李勣一众）应该与李思摩互成犄角，不必速战速决，等到敌人准备撤退的时候，再狠狠踹他们一脚，一定会大获全胜的。

不得不说，李世民虽远在千里之外，但对前线的敌情却了如指掌，按照他的战略，唐军必胜无疑，只是消耗会大一些。

但是，李勣根本就没把李世民的话放到心上。什么互成犄角，什么不必速战速决，什么二十万大军，在他眼里，不打得惊天地泣鬼神，哪怕是赢了此战，对于他的人生而言也是失败的。

因为在过去的几十年里，李勣已经受够了失败和活在别人的阴影之下。

十几岁时，他便开始跟着翟让当土匪，结果数万人被隋将张须陀带着一万人打得满河南乱窜，以至于听见张须陀的名字就两腿发软、赶紧开溜。

二十来岁时，他终于遇到了第一任好老板李密，在李密的带领下，他的打仗水平有了飞速的进步，开始所向披靡，一路高升，最后成了右武候大将军，驻守黎阳，独当一面。

连续不断的胜利，让他一度以为自己就是除了李密之外，最能打的将军。可惜的是，这个美梦只做了短短两年。李密这个隋末第一妖股竟然一夜之间被王世充打得退市了，他一下子便从公司董事变成了下岗职工。

后来，他跟随李密投降了李渊，不仅被李渊赐了国姓，还再次成了独当一面的封疆大吏。他以为在大唐的支持下，自己就能像在李密的手下一样，从一个胜利走向另一个胜利。

但是，没过几个月，他的梦想就又一次破灭了。他竟然被表面上看起来和和气气的老头窦建德打得满地找牙，连老爹都成了俘虏。为了老爹的性命，他只好也投降了窦建德。

后来，他想再找个机会，阴窦建德一把，结果却失败了，自己只好落荒而逃。

等到王世充、窦建德被李世民消灭之后，无论是从知名度上看，还是从战绩上看，他终于成了山东地区的扛把子。于是，李渊又一次让他镇守河北重镇黎阳。所有人都认为，有他在，河北就不会大乱，他自己也是这么认为的。

可是，几个月后，半路上杀出了一个刘黑闼。不仅河北大乱了，而且他竟然也被刘黑闼打得全军覆没，仅以身免。

耻辱，史无前例的耻辱啊。被张须陀打败时，他可以给自己找理由，刚出道，太年轻，装备也不行。被窦建德打败时，他也可以给自己找理由，当时李密刚刚被打败，自己兵微将寡，人心思乱。

可是被刘黑闼打败时，他一点儿理由也找不到了。论资历、论兵力、论民心他统统占据优势，却被史无前例地打得全军覆没。

难道我李勣的一生就这样了吗？只有跟着像李密、李世民这样的不世之猛将才能立下不世之功吗？李勣对自己的能力产生了严重的怀疑。

而后来的事实证明，他的怀疑是正确的，起码在未来二十年里是这样的。后来，他跟着李世民打败了刘黑闼，跟着李靖打败了辅公祏、消灭了东突厥。然后，在并州（山西）一待就是十六年。

在这十六年里，李靖当了宰相，没有他什么事；侯君集当了兵部尚书，也没有他什么事。他只能驻守边疆，看着已经被李靖消灭得没有了敌人的荒凉草原。

不过，这十六年他也没有白熬，在追随李靖横扫东突厥的时候，他终于从李靖的身上学到了打仗的精髓——出其不意，千里奔袭。

消灭东突厥之后，他将李靖的打法在脑海中过了一遍又一遍，在实战中又演练了一遍又一遍。都说百炼成钢，而他已经练了整整十六年。

如今，李靖终于退休了，自己刚刚被提拔为兵部尚书，薛延陀的二十万大军又给了自己一次实战的机会。

所以，此战他必须胜利，而且还必须是秋风扫落叶般的大胜。他要向世人证明，这十几年他没有白熬，他不是那些不世名将的小跟班，他自己就是不世名将。

来吧，是名垂千古，还是由于违抗君令而大败被斩，在此一举了。

李勣率领六万大军到达朔州前线的时候，大度设正站在城墙上骂李思摩呢。没错，的确是在骂他，不是打。

为啥骂呢？因为李思摩一听说大度设要来，就往南跑，大度设留下大部队，带着三万骑兵追了李思摩几百里，结果连李思摩的影子都没看见。所以，等追到大唐边境的时候，他气得直跺脚，登上城楼对着李思摩逃跑的方向就是一顿骂。对李思摩有没有伤害无所谓，先出一口恶气再说。

可是，就在他骂人的时候，远处的地平线上突然之间炸起一排排尘沙，遮天蔽日，像海啸一样扑了过来。

刚刚还在骂别人只会逃跑的大度设急忙跳下城楼，骑上战马，调转马头就往回跑。一边跑一边喊，唐军来了。

李勣见状，立刻从六万人马中挑选出六千骑兵追了上去。不过，大度设真能跑啊，几天几夜狂奔了五百里，一直跑到今天内蒙古的大青山附近才停住了脚步。

不是大度设跑不动了，而是他在这里与主力会合了，主力大概有七八万人。

三万人被六千人狂追了五百里已经够丢人的了，七八万人要是还跑，就不用回去见人了。于是，他便在大青山下的诺真水岸将大军一字排开，横亘长达十里，要和唐军决一死战。

641年十二月十七日，内蒙古高原上的天气格外寒冷，但战场上的薛延陀军和唐军士兵却热血沸腾，一方终于不用再跑了，一方终于不用再追了。

面对七八万的强敌，李勣知道自己的六千人若是固守迟早会被消灭，唯有出其不意地进攻，才有胜利的希望。于是，李勣命令三千名突厥骑兵迅速展开了第一轮攻击。

可是，当这群突厥骑兵挥舞着战刀，冲到薛延陀的大军面前时，却发现同样是游牧民族的骑兵兄弟，打起仗来和自己想象的完全不一样。这群人玩的不是骑兵对冲，而是全部下马搞起了步兵方阵。

具体来说是五人一队，一人负责看马，另外四人下马组成方队进行步战。对方骑兵来了，就用强弩射回去，之后再骑上战马追击。以前薛延陀无论是打西突厥还是东突厥，都是用的这一招，而且每战必胜。

这一次他们看到唐军手下的突厥骑兵冲过来时，也用了这一招。不出意外，薛延陀仍然大获全胜。没过一会儿，突厥骑兵就一路狂奔，逃回了唐军阵营。

李勣大怒，急忙亲率唐军骑兵顶了上去。可惜的是，唐军骑兵也是血肉之躯啊，薛延陀军万箭齐发，还没有抵达敌军阵前，唐军战马就已经死伤了无数。

此刻，唐军已经到了最危急的关头，如果再被薛延陀军狂射一波，必然全军覆没。小跟班的标签，恐怕就要永远地贴在李勣的身上了。

不能输，绝对不能输。

李勣大喝一声，命令所有士兵下马，手执长槊，拿起盾牌，往前直冲。既然想玩步战，那就让玩了千百年步战的汉军教教你们什么才是真正的步战吧。

大度设根本就没把唐军放在眼里。你才有三千步兵，我有七八万雄兵，这仗看你怎么打。所以，他也大声吆喝着，命令薛延陀军和唐军展开了步兵对冲。

很快，两军就混战到了一起，打得天昏地暗，血流成河。就在双方胶着在一起难舍难分的时候，薛延陀的后方出现一阵骚乱。

原来，李勣早已命副总管薛万彻率领一千多骑兵绕到了薛延陀军的身后，不砍别人，专挑那些牵着马的敌军猛砍。

看马的敌军正在当吃瓜群众，看前方打得正酣，哪里能想到唐军会来这么一招。于是，他们根本就没有抵抗，撒丫子，不对，应该是抬起人腿，扔下战马就往后狂逃。

一时之间，薛延陀的战马嘶鸣不已，纷纷四散而逃。正在前方作战的薛延陀士兵见状，哪里还有心思再战。这些战马是他们追击时的坐骑，也是逃跑时的命根啊，如今被这么一砍，他们还怎么逃命？

于是，他们也顾不得前面的唐军了，每个人都转过身去营救自己的战马或者骑上别人的战马狂逃而去。

唐兵则士气大振，在后面一通猛追猛砍，当场便斩杀了三千多敌人，俘虏了五万多人。不过，大度设到底是大度设，竟然又一次成功逃跑了。

六千唐军，狂追五百里，在极其不利的情况下，打赢了至少七八万敌军。

李勣凭借超高的指挥水平和不可思议的勇猛，不仅赢得了这场战争，还赢得了人生。

纵观李勣的前半生，的确只属于二、三流名将的行列。在他单独领兵的情况下，打史书上只提两句的小喽啰或小军阀时，他能够逢战必胜。但是只要遇到史书上多提几段的"大人物"时，他大多数情况逢战必败。

但是从这一仗开始，再也没有人敢怀疑他的能力。以往所有的失败和所有的不堪，在这一刻都化为了胜利的垫脚石。

他用事实证明了自己不是名将们的小跟班，而是名副其实的大将。他不是李靖第二，而是能和李靖一样名垂千古的英雄。他的兵部尚书一职实至名归。

他也用事实证明了，一时的失败并不可怕。只要你愿意坚持，你所流出的每一滴汗水，都是成功的积累；你所付出的每一分努力，都会有意想不到的回报。

642年九月十日，被打得只剩下裤衩的薛延陀老大夷男，让他叔赶着三千匹马，驮着三万八千张貂皮和一把玛瑙制成的镜子，给李世民送聘礼来了。

大佬，打不过你，做你的女婿行吗？

五十一　贝加尔湖入大唐

面对薛延陀老大夷男的求亲，李世民有点儿犹豫，因为李勣已经成了一代名将，按照他那种秋风扫落叶的打法，再扫薛延陀两次，这个政权肯定就从地球上消失了。

可是就在李世民犹豫不决的时候，夷男他叔提到了一个人，李世民就一边哭，一边同意和亲了。

这个人就是李靖打吐谷浑时，狂飙三千里，把伏允可汗从青海追到新疆的那位猛将；也就是李世民打高句丽时腰部中枪，包扎一下继续砍人的那位铁勒族兄弟——契苾何力。

632年，契苾何力带着一千多户族人归附唐朝之后，李世民在京城给他安排了个左领军将军的工作，把他的族人安置在了甘肃搞西部大开发。

此后，契苾何力便跟着大唐的军队南征北战，立下赫赫战功，成了李世民的爱将。

642年，李世民给契苾何力放了长假，让他回老家看看他妈。结果，他衣锦还乡后，却惊讶地发现他妈跟他弟跑到了薛延陀那里，而且他的那一千户族人也在收拾行李准备开溜。

这群人为啥跑，史书上说是因为薛延陀势大，这群人要抱大腿，但这明显有点儿扯。因为641年十二月，李勣的六千人刚把薛延陀打了一顿，这群人又不傻，怎么可能这时候去投奔薛延陀？

所以，大概率是当地的地方官欺负了他们，或者拉了偏架。李世民派契苾何力回家看娘，也有安抚本族兄弟们的意思。

契苾何力赶紧拉着族人们的腿往回扯，唐朝对咱这么好，你们咋能跑呢？

可是那群人却是王八吃秤砣——铁了心要跑，他们一拥而上，就把契苾何力绑了，还把他带到薛延陀老大夷男的帐下请功。

夷男早就听说过契苾何力勇猛无比，所以大喜过望，赶紧让人给他松了绑。

哪知道，接下来却发生了非常血腥的一幕，契苾何力趁夷男不注意，猛地一下拔出佩刀，揪起自己的左耳朵，硬生生地给割了下来。一边割还一边大喊：我大唐忠烈之士，岂能受你等污辱！

夷男被溅了一脸血，看着地上还神经跳动的耳朵，心里一阵蒙。等反应过来之后，他便恼羞成怒、抄起大砍刀就准备把契苾何力剁了——太吓人了。

关键时刻，幸好夷男的老婆没被吓傻，把他拦了下来：这么忠烈的人你要给砍了，李世民不剁了你才怪！

唐朝这边听说契苾何力被绑到了薛延陀那里，就一直在打听消息，但是啥也没打听到。于是，就有不少人跑到李世民身边落井下石，什么夷狄狼子野心，契苾何力肯定是跟着夷男混了等话全都出来了。

幸好李世民坚决不信，表示契苾何力心如铁石，肯定不会辜负自己。

就在大家等着看李世民的笑话时，夷男他叔就把契苾何力割耳朵的事讲了出来。李世民刚听完，就感动得痛哭流涕。

什么叫爷们儿，什么叫忠义，君不负我，我不负君啊。能把这么忠烈的人换回来，嫁个女儿算什么呢。

于是，唐薛双方一下子便从敌对关系，变成了准老丈人和准女婿一家亲。

643年六月，薛延陀准时把契苾何力送了回来，并答应再送给大唐五万匹马、十万只羊、一万头牛和一万匹骆驼当彩礼。李世民也准备让第十四个女儿新兴公主收拾行装嫁过去。

可是，就在这个关键的时刻，契苾何力却不干了。不仅是他觉得有愧于李世民，而且因为在薛延陀吃牢饭的那几个月里，他已经通过各种途径，了解到薛延陀致命的弱点。于是，他便给李世民提出了一系列阴损的计划。

第一，自古以来，想娶老婆，必须接亲。陛下可让夷男到灵州接亲，他肯定不敢来。

第二，夷男这人性格暴躁，被我们如此捉弄，一两年内必死无疑。

第三，夷男的两个儿子不和，在他死后必会自相残杀、争夺王位，到时候我们只要在旁边加油助威，便能一举将他们消灭。

李世民顿时茅塞顿开、大喜过望，也顾不得什么君子不君子的了，便决定按照这个计划执行。可惜的是，计划刚开始执行，第一步就卡壳了。

因为夷男虽然有一百个不情愿，但也不敢再得罪大唐。所以，他老人家最后还真的就赶着十几万头牲畜，声势浩大地来接亲了。

李世民顿时尴尬了，无奈之下，他只好带着女儿往灵州赶，在半路上还连续派出三批使者去接收这些牲畜。

契苾何力也蒙了，好主意竟然变成了馊主意。于是，很快他又练就了一身鸡蛋里挑骨头的功夫，在李世民面前天天叨叨：

"夷男没诚意，十来万头牲畜少了快一半。他说因为跑了一万里路，在沙漠里渴死、累死了一半，但是这话不能信，肯定是忽悠咱的！"

"夷男违约了，这都到接亲日期了，他怎么还没来？他说路途太远，随后就到，但这明显就是看不起咱！"

李世民本来就不想嫁女儿，被他这么一叨叨，越想越觉得窝囊，然后就真的把已经到大唐国境线上的夷男怼了回去——你小子违约了，老子不嫁闺女了！

被悔婚的夷男大怒不已，但是，因实力弱，他只好打碎了牙往肚子里吞，赶着剩下的几万头牲畜回去了，估计在路上又得死一半。

于是，薛延陀和大唐的关系一下子跌回了冰点。

两年后（645年），夷男还真的像契苾何力所说的那样郁闷死了，而且他的两个儿子也真的开始搞内斗了。

这兄弟俩刚把老爹埋了，庶出的长子大度设就把嫡生的拔灼宰了，夺得了大权。

接下来，这位仁兄就干了一件糊涂事。他竟然又打起唐朝的主意，完全忘了当初自己率领的七八万人是怎么被李勣的六千兵狂虐的。

他趁着李世民打高句丽的时候，又率军攻打了唐朝。结果，和上次一样，他又被唐朝大将执失思力（突厥人）打得大败亏输，逃窜了六百多里。

大度设觉得很丢人，回去后紧接着发动了第二波进攻，结果又被唐军顶了回去。

646年，刚从高句丽回到国内的李世民还在病床上，就对薛延陀发起了四次进攻。

这四轮进攻具体是怎么打的，我们无从得知，总之结果就五个字：薛延陀被灭。

第一次进攻：当年一月，右领军大将军执失思力主动出击，俘虏薛延陀两千多人。

第二次进攻：当年六月，唐朝兵分四路对其发动了全面总攻。薛延陀的小弟回纥也趁机叛乱，直接把大度设宰了。

薛延陀残部七万多人逃到如今的蒙古，拥立了夷男的侄子咄摩支为新一任可汗。

第三次进攻：当年七月，李世民让李勣率军追到了蒙古，斩杀了薛延陀五千多人，俘虏了三万多人。刚刚当上可汗的咄摩支屁股还没坐热，就成了俘虏。

第四次进攻：当年八月，江夏王李道宗带着兵马到蒙古大草原上溜达，正好遇到了被李勣打散的那几万薛延陀人。李道宗上去就是一顿猛砍，狂追两百多里，又斩了一千多人。

原来归附薛延陀的少数民族看到薛延陀被打成了半身不遂，他们中有能力的就痛打落水狗，继续追击薛延陀残部；没能力的就赶紧改换门庭，抱住唐朝的大腿。

至此，曾经纵横几千里、拥兵二十万的薛延陀，就这么简简单单被灭了。没有一点儿惊心动魄，没有一点儿坎坷曲折。

由于这几仗打得太顺利了，不仅我们很意外，李世民也很意外。听说薛延陀被灭之后，本来准备再打高句丽的他，一转身就溜达到灵州耀武扬威去了。在灵州，他又是祭天、又是拜地，还作了一首霸气十足的小诗：

雪耻酬百王，除凶报千古。

昔乘匹马去，今驱万乘来。

李世民的确有资格骄傲，因为这是中原王朝第一次将漠北纳入自己的统治范围，也为后来的中原王朝树立了榜样。

不要小看了榜样的力量，对于信奉祖宗崇拜的中国人来说，这个榜样的力量是世代相传、生生不息的。

无论时隔百年或是千年，只要中国人还在这个星球上，当他们捧起厚重的历史书的时候，当他们被外族欺凌侮辱的时候，内心深处都会传来一声遥远的呐喊——那里曾是中国领土。

当呼喊声越来越强的时候，那些不愿屈服的中国人就会站起来反抗，当站起来的人越来越多的时候，中华民族也就站了起来。

"朕聊命偏师，遂擒颉利可汗；始弘庙略，已灭延陀……混元降，殊未前闻。"这一史无前例的伟大历史瞬间属于李世民。

647年，李世民在漠北设置了燕然都护府，将归附的少数民族划分为六个都督、七个州，由中央任命都护府都护，由原扬州都督府司马李素立统一管辖。

663年，燕然都护府更名为瀚海都护府，统辖今天的蒙古以及俄罗斯叶尼塞河上游和贝加尔湖周围地区。

薛延陀被灭之后，放眼整个大唐周边，只剩下了三个还在顽强抵抗的政权。一个是中亚的西突厥，他们是心有余而力不足，这些年一直在搞内乱，对唐朝基本没啥威胁。

另外两个政权对大唐的威胁则要大得多，一个是东北的高句丽，一个是西南的吐蕃。647年，李世民身体又恢复了一些，便准备同时对这两个政权下手了。

东北，李世民令李勣为辽东道行军大总管，领兵三千人不断骚扰高句丽，使高句丽百姓疲于奔命，无暇种地。

西南，李世民令王玄策率领三十人出使天竺（今印度北部），准备远交近攻、交好天竺，为后续消灭吐蕃做准备。

贞观时期的最后一仗终于来了。

五十二　王玄策的"外交"神话

在隋末到唐朝的那段时间，全球气温升高了将近1℃，原来寒冷的青藏高原开始变得湿润多雨，于是，吐蕃开始崛起了。

638年，吐蕃老大松赞干布想当李世民的女婿，李世民觉得他不够格就拒了。松赞干布恼羞成怒，就打了唐朝的小弟吐谷浑，并一直打到了唐朝的边境松州（今四川松潘），松州都督韩威率军出战，结果被吐蕃打得大败亏输。

李世民知道后大怒，就调集了五万重兵，让侯君集率军出征。结果侯君集还没有到前线，唐军前锋就利用夜袭把吐蕃打败了。

松赞干布撤军之后，派出使者到长安谢罪，并再次请求赐婚。李世民就把宗室的文成公主嫁了过去。

此后，唐吐两家虽然迎来了和平，但李世民多精啊，他一直想着远交近攻，为以后的唐吐之战做准备。

于是，643年，李世民便让李义表为大使、王玄策为副使第一次出使天竺。双方就两国关系的和谐共处达成了初步共识。

同年，玄奘从天竺回国时，戒日王也派出使者跟着玄奘到了长安。

647年，李世民又让王玄策为大使、蒋师仁为副手第二次出使天竺。

王玄策，生卒日期不详，河南洛阳人，以前干过啥事，不详。蒋师仁，生卒日期不详，哪里人不详，以前和之后干过啥不详。李世民派这两个人去，可见是多么不重视天竺。

结果他们还没有走到天竺，戒日王就死了，天竺国内出现骚乱，戒日王手下的大臣阿罗那顺自立为王了。

这本来和唐朝没啥关系，但是阿罗那顺脑子抽风，竟然派兵打了王玄策一顿，王玄策带的三十多位随从全部被擒，只有他和副手蒋师仁跑到了吐蕃。

回到吐蕃后，王玄策越想越生气，觉得被天竺人打，实在是丢人。

于是，王玄策就利用大使的身份向吐蕃借了一千两百名精兵，向尼婆国（今尼泊尔）借了七千多名骑兵，带着两国联军就杀了回去。

648年五月，王玄策率军攻打阿罗那顺所在的茶镈和罗城，双方激战三天，天竺军被杀三千多人，溺亡近一万人，阿罗那顺弃城逃跑。

王玄策副手蒋师仁率军在后面一通猛踹，阿罗那顺收集残余力量回军再战，结果被蒋师仁打得大败，并遭生擒。

阿罗那顺的老婆和孩子带着剩下的天竺军继续跑，蒋师仁在后面继续追。在乾陀卫江双方再次发生激战，蒋师仁再次大败天竺军，生擒了阿罗那顺的老婆和孩子，抓了一万两千多名俘虏，让他们一家人在狱中团聚了。

于是，天竺国内大惊，共有五百八十多个城邑和部落先后投降。

随后，王玄策把阿罗那顺一家人押到长安受审。李世民大为高兴，但又觉得打个天竺也不算什么大功，只让王玄策做了个从五品的朝散大夫。

这场战争有啥影响呢？

对唐朝，没啥影响，因为远交天竺近攻吐蕃根本不现实，天竺人的战斗力不是一般的弱，几千年来，从来都是被人欺负，从未进入过青藏高原。

对吐蕃，也没啥影响。当时吐蕃正属于扩张期，也没把天竺放在眼里，天竺也不是大唐的威胁。毕竟骑着大象上青藏高原，天竺人也干不出来啊。

但对天竺的影响，就比较大了，天竺北部从此乱了五百年。即使不是王玄策大败阿罗那顺，天竺北部估计也会乱，但乱五百年应该比较难。

所以，王玄策"一人灭一国"难不难呢？

从以上的分析看，难度不大。因为天竺这个国家的武力值，在亚洲就是垫底的存在。

汉朝揍匈奴，匈奴揍大月氏，大月氏揍天竺，大月氏在天竺建立了贵霜帝国。

唐朝揍突厥，突厥揍天竺，突厥在天竺建立了德里苏丹国。

明朝揍蒙古，蒙古揍天竺，蒙古在天竺建立了莫卧儿帝国。

王玄策在武德充沛的唐朝揍一次天竺，也不算什么。另外，尼婆国借给他七千多骑兵，这个应该是取胜的关键。

但是，王玄策的勇气和谋略绝对是值得钦佩的。

他能在落荒而逃的情况下，选择报仇雪恨，而不是回国保命，仅此一点，就已秒杀了无数人。

吐蕃、尼婆国在他狼狈不堪的时候，还愿意借给他军队，这里面虽然有大唐的背书，但王玄策的个人魅力和外交能力也绝对一流。更何况，两战擒国王，三战灭一国，即便是那些入侵天竺的北方游牧民族，也没有几个人做得到。

而且，当时天竺根本就不记载历史，谁也不知道天竺那么好打。令我们恐惧的永远不是已知的恐惧，而是未知的恐惧。王玄策面对未知，能够置生死于度外，这种无畏的勇气，在千百年后也一直激励着中华儿女砥砺前行。

五十三　连战三十年，唐朝越打越强的秘密

大唐从618年建国，到648年顺手揍天竺，已经整整三十年了。武德、贞观两代人几乎年年都在打仗，终于将晋阳的一城之地，打到了此去长安九千九百里，盛极一时。

我们前面详细地讲述了每一仗，现在是时候看一下李渊和李世民父子是怎么让这个国家如此强盛的了。

治理国家这种事，做起来非常难，但如果只耍嘴皮子的话，其实还是挺简单的，无非就是解决三个问题：怎么管理老百姓；怎么管理军队；怎么管理官员。

得益于隋文帝几十年如一日的辛勤工作，他外甥李渊在解决这三件事的时候基本没费什么心思，只是将文帝治国的方法稍微改进了一点点。

比如管理老百姓用的是均田制、租庸调；管理军队用的是府兵制；管理官员用的是三省六部制和科举制。

下面咱就把这些名词掰开揉碎讲一讲，看看能不能找出大唐强大的原因。

均田制

"饿上三天歹心生"，天下大乱的时候，你想让人跟你干，就必须先管饭。从古至今，管饭主要有两种渠道。

第一种是到处抢粮抢钱，也就是土匪、流氓型。这种不得民心，不是主流，所以不是我们谈论的重点。

第二种是自己动手、丰衣足食，把土地分给大家，然后收租。能成大事者肯定都采用这一种。

不过要注意，分给大家的土地一定要是无主之地，也就是战乱的时候，死去的那几千万人的土地。对当地土豪、富农（小地主）、中农的土地，你是不能随随便便分的。

政治就是团结大多数，打击极少数，你要是敢把这些人的土地都分了，他们就会和你拼命，再教你怎么做人。

别听历史上那些农民起义军天天吆喝着平分土地，这样喊的人就没有成功过一次。另外，他们这样喊也就是骗骗文盲，先把大家骗进去再说，最后也不会真的分给你。

就拿中国历史上农民起义的巅峰太平天国来说吧，虽然颁布的《天朝天亩制度》里面清清楚楚地写着"平分田地，照人口，不论男妇，好丑各一半"，但是，起义了十四年，根本就没实施过。

那么，什么时候才能分有主的土地呢？

第一，最好在国家统一之后，没有了外患，即使出点内乱也能轻松搞定。

第二，中央的武器和那些地方土豪的武器得有很大的代差。

这些无主之地怎么分给老百姓？各朝各代做法不太一样，但归纳起来也就有三种。

　　第一种办法是把这些土地直接分给老百姓，作为他们的私人财产，这一代人死后，还可以传给下一代人。这就是秦汉时期的授田制，也就是清朝的更名田。

　　第二种办法是这些土地的所有权都归中央，只是租给老百姓种。他们死后，是不能传给下一代的。这就是曹魏时期的屯田制。

　　曹操这人比较狠，老百姓的收成他要分走六成。不过，他的后代更加不是人，最后竟然分走了八成。

　　第三种办法是前两种的融合。皇帝分给老百姓一百亩土地（大概为现在的八十七亩，朝代不同，分给农民的土地数量也不同）：二十亩是百姓自己的，只能种桑麻，可以传给下一代；八十亩是政府租给农民的，只能种粮食，农民死了之后，政府要收回。这就是从北魏到唐朝的均田制。

　　这三种制度，大家觉得哪一种更先进？

　　答案是没有更先进，只有更合适。土地私有的秦汉很强大，土地公有的曹魏也不弱，土地公私结合的唐朝也厉害。都符合当时的实际情况，也都有利于经济恢复。

　　当然，这三种制度也都存在一个大弊端——解决不了土地兼并的问题。虽然在宋朝之前，政府都在严厉打击土地兼并，但是都没起什么作用。

　　根据帕累托法则（也称二八定律），无论你怎么打击土地兼并，几十年后，土地必然往那百分之二十的人手里跑。两百年左右，人多地少的矛盾就必然越演越烈，爆发大规模农民起义。大家打打杀杀，先死三分之二的人，剩下的三分之一人再重新分土地。

　　两千多年封建社会都是这么过来的，如果不出意外，未来也会是这样。但是，意外终于发生了。

　　如今科技大发展，十八亿亩土地，就能把十几亿人养得白白胖胖。种地不赚钱了，没人愿意种地了，土地兼并问题就解决了。

为什么说科技是第一生产力？原因就在此。两千多年一直解决不了的问题，科技一发展就给解决了。

相信经过这么一通分析，大家应该看出来了。不用均田制，一个王朝也能够强大。用了均田制，别的王朝存在的土地兼并问题，它也解决不了。

所以，均田制不是使唐朝强大的原因，至少不是主要原因。

租庸调

土地终于分完了，国家就该向你收税了。唐朝采取的是租庸调，这个特别好理解。

租，就是田租。国家给你分了田，你应该交田租。唐朝收得也不多，每年每个男丁（二十至六十岁）收两石租，大概为现在的二百二十六斤。

种八十亩粮食，交二百二十六斤粮，说实话真不多，现在随便一亩地，就能轻轻松松收一千多斤粮。

但是，古代的亩产量实在是太低了。这八十亩地，也就勉勉强强够一家人维持生活，稍微出现点意外，家就没了。

古代是没有化肥的，全都是人工肥（发酵过的屎和尿），人工肥不仅产量低，而且氮磷钾含量更低，所以古代的土地是需要轮耕的，基本上是种一年、休一年。

八十亩地一年只能种四十亩左右，唐朝亩产大概为一石（一百一十三斤），每家每年种四十亩地，只能收四千五百二十斤粮。

因为每天都要干重体力活，所以，古代成年男子一天大概要吃二斤七两粮，一年就得吃九百八十六斤。平均每家五口人，小孩子和妇女的饭量都按成年男子的百分之六十算，他们也要吃两千三百六十六斤。

也就是说，全家人一共需要吃三千三百五十二斤粮，上交国家二百二十六斤粮后，大概只能留下九百四十二斤粮。

这样看，似乎留下的粮食还挺多，够一个成年男子吃一年了。但是先别急，做饭得买盐吧？一年不得吃几顿肉？下地干活难道不穿衣服？天天干活难道不生病？

所以，农民拼死拼活一年下来，根本剩不下多少东西了。

其实这个很好理解，给农民分多少地合适，肯定是政府里的高人精细计算出来的。这就跟有些公司的KPI一样，绝对保证你一年到头、拼死拼活才能干得完，没有太多心思和力气去接私活、瞎折腾，不浪费一点儿人力资源。

庸通佣，就是干活的意思。

哪有什么岁月静好，不过是有人在替你负重前行。你在家里老婆孩子热炕头、豆腐花生喝点儿酒，那是因为有人天天在前线砍人，保证了你的安全。

所以，每年你是不是得给国家干点活儿？唐朝规定得也不多，只有短短的二十天。

但是，路上的时间可不算哦，路上所需的住宿费、餐饮费也都是你自己出哦。

在平地上走路，一个人一天大概只能走八十里，跨河越山得减去一半。所以，别看只干二十天活，加上路上耗费的时间，往往就得几个月。

调是户调，你成家立业，小两口过得和和美美，国家还给了你二十亩地让你种桑和麻，那你老婆是不是也得给国家作点儿贡献？

国家要的也不多，也就两丈绢、三两绵。一个人多长时间能织完这些布，不好估算。但按照上面的估计，肯定也要一年到头忙得晕头转向才能完成任务。

而且，以上的租庸调只是名义上收这么点儿，实际上要比这多得多，各种苛捐杂税一大堆。反正古代的政府绝对不会让老百姓闲着，人闲是非多，不用白不用。真的是兴，百姓苦；亡，百姓苦；各有各的苦。

有人可能会问了，粮食会坏，布会烂，既不容易储存，又不容易运输。古人为什么那么傻，不统一收钱呢？

因为没钱可收。

我国古代的钱用铜、银、金等金属制成，其中金、银的产量都特别低，主要用铜钱。但是铜的产量也不高，加上咱们中国人又特别爱存钱，当时还没有银行，都在自家存着，所以在市面上流通的钱就更少了。

宋朝的时候，政府里有高人，觉得征税收粮食和布匹很费事，于是，就换成了钱，结果就造成了铜荒和钱荒。

宋朝又不得不制定了"铜禁"和"钱禁"的法律。

规定私人不得买卖和使用铜器，只能政府去收铜。你要是带着一贯铜钱到国外溜达一圈，回来可直接判死刑。但是，这样做的效果依然很差，后来的王安石变法中有一条就是废除"钱禁"。

元明清时期也经常出现钱荒。元朝规定"金银铜铁货皆不许下海"，到明朝干脆来了个海禁闭关锁国。一直等到信用货币，也就是纸币大规模流通之后，才没有了钱荒这一说。

另外，再讲个小知识点，唐初是按人头征收租庸调的。不管你家有多少地，收税只看人，你家有一个成年男子，那就按一个人收，有两个就按两个人收。

虽然现在看起来很不公平，但其实那些制定政策的人简直就是猴精！

每个朝代创立之初，由于战争，人死了一大半，肯定人少地多。按人头收税，不按财产收，你就有动力去开荒，多开一亩荒地，挣的粮食就全是自己的。

但是，政府在后面等着你呢。等老百姓把能开垦的土地都开得差不多了，等人多地少了，他们就该按土地数量去收税了。

例如唐德宗建中元年（780年），宰相杨炎提出的"两税法"。

不过，不要觉得唐朝政府太奸诈，其实哪朝哪代都一样。明朝张居正的一条鞭法中规定了"将赋归于地，计亩征收"；清朝雍正皇帝时期施行了"摊丁入亩"制度，土地多的多交，土地少的少交，没土地的不交，都是一个道理。

历史课本上把"摊丁入亩"的意义写得特别重大，比如结束了中国几千年的人头税，促进了经济发展等。

其实这话也对也不对，对的是它真的结束了几千年的人头税，不对的是雍正的动机并没那么伟大。这背后的原理其实都是为了多收税——土地兼并严重了，按人头收不上来税了，荒地开完了，按照土地收能收更多税了。

所以，这个租庸调是不是唐朝强大的原因呢？肯定也不是，和历朝历代一个样，百姓不会因为它过得有多好，政府不会因为它收的税更多。

府兵制

我国古代管理军队和管理百姓的方法一样，也是分为三种。

第一，征兵制，盛行于秦朝和西汉。只要是男丁，无论贵贱，到了十七岁以上就得到部队服役两年。第一年练习骑射，第二年有仗打仗，没仗戍边。

第二，募兵制，就是政府出钱，招人当兵。盛行于东汉、唐朝中后期、宋朝、元朝、明朝后期、清朝后期。

第三，兵农合一制，平时拿犁耕地，战时当兵杀敌。北魏到唐中期的府兵制、明朝前期的卫所制、清朝前期的八旗制都是基于这种制度建立的。

这三种制度也是各有优点和缺点。

征兵制，在需要兵的时候能够迅速集结一批质量比较高的军队。因为平常大家都受过训练，集结之后基本不用再练。

缺点是，在古代那种条件下，光花在路上就得几个月，肯定要影响农时，加重农民负担。

募兵制可以减轻农民的兵役负担，节省往来路途的消耗，职业兵的战斗力也比较强悍。

缺点是，不管哪个将领去募兵，肯定优先招亲戚和同乡，这群人聚集在一起，只要中央权威下降，他们就容易演变成私人部队，最后导致军阀割据情况出现。为什么唐朝、明朝和清朝都是到中后期才施行募兵制，就是这个原因。

兵农合一制，唐朝的规定是平常大家种地，打仗时衣服、粮食、陌刀自己备，马匹、槊、弩、盔甲这些重型装备国家统一发放。在建国初期，由于人口减少，生产力不足，平时为农、战时为兵的确有利于经济发展，也能减轻国家负担。

缺点是，王朝中后期土地兼并严重，这种制度很容易就会被瓦解。所以它才会流行于一个王朝的前期，例如唐朝、明朝和清朝。

另外，还要特别注意，各个朝代也不是说用哪一种兵制，就真的只用那一种兵制。咱中国人向来讲究两个字——实用。

例如秦朝的规定是十七岁以上的男子当兵，但是长平之战时，把秦昭王逼急了，河内十五岁以上的男子，全都得上战场。李世民打高句丽，用的也不都是府兵，还有很多是招募来的新兵蛋子。

再例如，每个王朝衰落期都喜欢"抓壮丁"。管你什么兵制，先把数量凑够了再说。

综上所述，府兵制肯定也不是唐朝强大的原因，秦汉实行征兵制也强大。虽然宋朝搞募兵制不太行，但是现在好多国家搞募兵制也强大。

既然说到宋，那就再多说两句吧。历史课上有讲过，宋朝积弱的一个原因是兵不识将、将不识兵、强干弱枝。

其实，唐朝也是兵不识将、将不识兵、强干弱枝。唐朝在全国设置了六百多个折冲府，一府大概有一千名士兵，全国总兵力六十多万人。

其中关内有二百八十九个府，约二十九万人；河东有一百六十六个府，河南有七十三个府，其他地方有一百多个府，完全可以"举关中之众以临四方"。

另外，唐朝的将领也不是天天和士兵们待在一起，哪个皇帝也不敢这么放任将领。

唐朝时期也是在打仗的时候，皇帝才把将领派出去，打完仗之后，兵散于府，将归于朝，以防止将领拥兵自重。

所以，府兵制也不是唐朝强大的原因。哪一种兵制都能建立一个强大的王朝，哪一种兵制也都能使一个王朝灭亡。

在讲隋朝的文章里，我们曾经讲清楚了科举制的必备条件：

第一，强大的中央集权。改革必然触动既得利益集团的利益，你得有能力让反对派统统闭嘴。

第二，统一的思想文化。你得统一文字，你得筛选教材，让大家愿意学，学了之后还有利于你的统治。

第三，便宜快捷的传播媒介。必须等到纸张变得廉价，普通人能看得起书，否则参加考试的都是官二代，没有啥意义。

不过说实话，隋朝实行的科举和唐朝以后的科举完全就是两码事。因为在隋朝，你要想参加科举，必须得有五品以上官员的推荐才行。这其实很不容易，李渊没起兵之前，作为隋文帝的外甥，才官至四品。

所以，所谓隋炀帝搞科举是为了打击关陇贵族，这绝对就是胡说。

且不说关陇贵族这个团体天天内斗得不行，你让五品以上的官员所推荐的人去打击五品以上的官员，本身就是想太多了。

科举是到了唐朝之后，才有了一点点打击老贵族的意思。因为在622年的时候，李渊下诏令底层群众可以通过"投碟自应"参加科举考试。投碟自应也就是毛遂自荐的意思。

为什么说只是打击了一点点呢？了解唐朝的整个科举制，你就明白了。

　　假如你是皇亲国戚，国之重臣的孩子，恭喜你，你不用和那些考生一起参加科举考试，朝廷会单独给你开辟绿色通道。你先在弘文馆、崇文馆学习几年，再参加一个百分之百通过率的毕业考试，就等于参加完科举考试了，然后你就可以当官了。

　　假如你是七品以上官员的孩子，也要恭喜你，你只要满了十四岁，就可以到长安或者洛阳的两所国子监里学习。这是中央开办的两所国立大学，毕业生叫作生徒，一毕业就可以直接参加科举考试。

　　不过，国子监里也是等级分明的，根据学生他爹官位的大小，又分了好几个学院。

　　第一级，爹是三品及以上官员的，可以到国子学上课。

　　第二级，爹是五品及以上官员的，可以到太学上课。

　　第三级，爹是七品以上官员的，只能到四门学上课。

　　参加科举考试，国子监里的学生，如果能考中秀才，那么恭喜你，你可以横着走路了。

　　因为秀才在唐朝全部都是皇帝钦点的，含金量非常高，每年通过考试的人只有一两个，甚至一个也没有。

　　不过，由于考秀才的难度实在太大，一群官二代年年考不过，被打击几十年后，大家就达成了共识——不考了。到唐高宗的时候，朝廷不得不把秀才科废了。

　　秀才下面是明经和进士，相当于现在的文科和理科。明经要靠死记硬背，进士要靠融会贯通。理科鄙视文科的毛病，估计就是从这时候发端的，整个唐朝的进士们都把明经鄙视死了。

　　如果你就是不善于学习，啥也考不中咋办呢？

　　不要紧，唐朝是很推崇素质教育的，从来不会一考定终生。只要你爹有能耐，你便可以直接到中央或者地方的各部门实习一年半载，在实习期内只要领导满意，你也是可以做官的。

但如果你是普通人家的孩子，想毛遂自荐参加科举考试就比较难了，具体来说有两条路：

一条路是自己本身极其优秀再加天降大运、祖坟冒烟，通过州里的推荐，可以到国子监的四门学和县令的儿子们一起上课，毕业之后就能参加科举。这种人多半也是当地权贵，或者是被权贵们预定的女婿。不然，每个州仅有一至三个推荐名额，人家凭什么推荐你。

另一条路是大部分普通人走的路，科举前州里也会举办考试，通过者便能到京城参加科举考试，这种人叫作乡贡。

参加了科举考试，只是万里长征走了第一步。科举考试的内容是非常难的，即便是可以死记硬背的明经也非常难。具体有多难呢，就是你们省或市的高考状元有点儿希望，其他人嘛，全都是陪练。

整个唐朝二百八十九年的历史，一共开科二百七十三次，取士合计八千四百五十五人，平均每年录取二十九个人。中国现在有三十四个省级地区，平均每个省级地区不到一个人。

这二十九个人里呢，大概有百分之七十是士族子弟，普通人家的孩子只占百分之三十。也就是说，平均每年录取八到九个普通人。

士族子弟的录取率之所以这么高，有两个原因：

首先，古代能读得起书的基本是有钱人家。我们在介绍均田制时算过，一个普通人家辛辛苦苦工作一辈子，基本都是辈光族（不是月光，而是辈光），根本没有时间、精力、金钱供孩子们读书学习。

其次，唐朝的考卷是不密封的，改卷的老师能直接看到考生的名字。你想想，你要是批卷老师，你是录取领导家的孩子呢，还是不知名的乡村里的孩子？

而且，中举之后也不能直接当官，还需要到吏部面试。

长得太丑，不好意思，不能当官，长得丑不是你的错，但出来吓人是不行的。

不会说话，不好意思，不能当官，不会说话等于情商低，情商低就没人敢用。

字写得太丑，不好意思，不能当官，字如其人，字丑人丑。

面试、口试都通过了，恭喜你，终于可以当个八、九品的小官了，这才到了万里长征的第二步。

想从一个八、九品的小官晋及达官显贵，大家觉得需要哪些能力？

其实主要看八个字——三分才能，七分关系。

跟对了人，即使你才能平庸，也能步步高升。站错了队，即使你能力出众，不好意思，一朝天子一朝臣。

所以，大才的发挥，是需要建立在大运之上的。历史悠悠，有多少才子，都被淹没在历史的长河之中。能在史书上崭露头角的人，哪一个不是撞上了祖坟冒青烟的大运。

现在大家应该明白，为什么唐朝的科举只能打击到一小部分贵族了吧。人家贵族根本就不陪你底层的人一起玩，对于他们来说，有无数条上升渠道，无论什么时候都是寒门难出贵子。

当然，这里并不是要批评唐朝的科举，其实，制定唐朝科举制度的人，简直可以说是天才级别的人物。

用现在的眼光看，这个制度给了官二代太多特权，他们可以直接上最好的学校，考不上也能当官，既不公平也不公正。

但我们仔细想一下，什么样的制度才是好制度？

有利于社会公平的制度就是好制度吗？不一定！

被称为"历史穿越者"的王莽，实行王田法，将天下土地收归国有，再平分给老百姓，确实很公平。但结果就是根本实行不下去，闹得天下大乱，死了几千万人。

所以，公平不代表先进，特权也不意味着落后。只有既能推动社会进步，又能执行下去的制度才是好的制度。

我们之前说过，权力来自共识，皇帝的权力来自地主阶层的共识。假如李渊、李世民不给官员们特权，直接对所有人一视同仁，那么结果很可能就是李唐根本无法得到贵族们的支持，天下也不会是他李家的天下。

这种给官员们以特权，正是唐朝科举制的高明之处。温水煮青蛙，凡事慢慢来。当时它也许不公平，但只要种下公平的种子，经过数百年、上千年的发展，它终将越来越公平。

不过高明归高明，科举制度仍然不是唐初越打越强的原因。文臣房玄龄、杜如晦、魏徵、长孙无忌、褚遂良、刘洎、岑文本，武将李靖、李勣、侯君集、李道宗等，没有一个是科举出身的。

那么究竟什么才是唐初越打越强的原因呢？

可以总结为一句话：唐初的辉煌，来自历史的进程和李世民的自我奋斗。

任何事情都有两面性，天下大乱也是如此。每一次天下大乱，对于当时的人来说都是彻头彻尾的悲剧，正所谓宁做太平狗不做乱世人。但是，如果战后能够恢复和平，就会迎来一个盛世。因为战争有三个意想不到的副作用。

第一，大战之后整个社会会变得更加年轻。

隋末大乱死了三千多万人，每个年龄段的人死的数量并不是一样的。这其中绝大部分都是老弱病残，能活下来的大部分都是身强力壮的年轻人。

没有了老弱病残，社会负担便减轻了，经济就会进入高增长通道。老年人只消耗、不产出，而且还很容易生病，得一次重病就可能让一个中产家庭破产，而且治好之后，往往也活不了多少年。这里并不是在贬低弱势群体，只是做客观的表述。

第二，战争能缓解社会矛盾。

侵略战争可以缓解社会矛盾，转移群众的注意力。内部战争虽然不能直接缓解社会矛盾，但也可以间接缓解。

内战结束之后，自带战争权威的领导人可以毫无顾虑地对社会制度中的顽疾进行大刀阔斧的改革。

另外，大战之后，由于人少地多，大家可以把蛋糕越做越大，而不必在内卷的世界里抢夺资源，人民就会看到更多希望，统治者与被统治者之间的矛盾就会得到缓解，社会就会加速前进。

第三，丛林法则能够筛选出最顶级的人才。

时势造英雄，英雄也能造时势。真正的大才，绝不是隐匿于笔墨之间，而是来自刀光剑影之下。什么样的试卷，也考不出以命相搏的精彩。

天下大乱，能够割据一方的人本身就是高人一筹的枭雄，而能把这些枭雄收拾得服服帖帖，可以重缝九州的人，更是数百年不出的奇才。在这些奇才的治理之下，每个王朝的前期都会呈现一片盛世繁华。

唐初的辉煌，正是建立在这种"大乱之后必有大治"的趋势之上的。若没有隋炀帝这位败家子的瞎折腾，就不会有李世民这种天才的腾空出世。

但是，李世民的厉害之处在于，相较于其他王朝，他以最少的人口干出了最伟大、最辉煌的业绩。

西汉初年一千三百多万人，东汉初年两千一百多万人，北宋初年三千多万人，明朝初年五千多万人，而唐朝初年只有一千两百多万人。

在百业凋敝的王朝初期，只用一千两百万人，打遍天下无敌手，中国上下五千年的历史中，除了李世民再无他人。唐初这么厉害，能天天揍人，国力却越来越强盛的主要原因有三个。

第一，唐初虽然不停地打仗，但是每一仗用时都特别短。

618年，李世民打薛仁杲，从出兵到灭西秦只用了三个月。

619年，李世民打宋金刚、刘武周仅用了六个月。

620年，李世民一战擒双王，平定整个山东才用了十个月。

621年，李世民打刘黑闼，从长安出发到打下河北只用了三个多月。

另外，唐初还有一个天才——李靖。李靖灭萧铣，只用了两个月。这些战绩有多么惊人，我们可以拿大家比较熟悉的曹操对比一下。

曹操和三流的吕布断断续续打了四年，还差点被吕布打得投奔袁绍。

曹操和同样三流的张秀打了两次，第一次直接被打哭，第二次又是无功而返。

官渡之战，曹操打了十五个月，而彻底平定河北用了八年，而唐朝一统天下只用了七年。

李世民为什么说曹操"一将之智有余，万乘之才不足"？他是真有资格这么说的。

我们再拿李世民和朱元璋对比一下。

从1356年拿下南京，或者从1359年拥兵十万开始算，到1368年收复燕云十六州，朱元璋用了十来年的时间，还是没有李世民厉害。

再看李世民登基之后的战争，基本上是五年打一次，而且别人几辈子都不一定能干成的事，大唐干成就没有超过半年。

630年，李靖灭东突厥只用了三个月。635年，李靖灭吐谷浑只用了四个月。640年，侯君集灭高昌，行军用了半年，打仗不超过一个月。645年，李世民亲征高句丽只用了半年。

每一战都是速战速决，这意味着不用耽误太多的农时，不会浪费太多的粮草，自然而然就有财力发动更多战争了。

第二，唐军总是以少胜多。

打突厥李世民虽调集了十万大军，但是冲在前面砍人的满打满算也就一万人。第一次奔袭，李靖只带了三千人。第二次奔袭，李靖和李勣各带了五千人。

剩下的几路人马，柴绍和李道宗各守株待兔了一次，其他几万人，则全是看领导干活，然后鼓掌的吃瓜群众。

关于打吐谷浑，史书上没记载用了多少人，但最后追击三千里把伏允可汗从青藏高原端到新疆的也就契苾何力、薛万彻所带的一支人马，按照唐军的编制，最多也就有五千人。

打薛延陀，虽然李世民调集了五路大军，但是李勣只用六千人就搞定了。

只有打高句丽，是真正调动了十万大军，冲在前面的也是十万人，但敌军有二三十万，仍然是以少胜多。

《孙子兵法》有云："十则围之，五则攻之，倍则战之……不若则能避之。"

唐军经常"不若"，却敢和对方硬杠，而且每次还都能杠赢，简直就是改写《孙子兵法》小能手。他们到底是怎么打的，李世民揭秘过，但是大家听完之后，也没几个人能复制出来。

每次观察完敌军阵势，朕就知道敌军的强弱。

用我弱旅抵挡其强兵，用我强师揍其弱旅。

敌军打我弱旅，咱的弱旅不过后退几百步。我军攻其弱旅，一定要"突至其阵后"，乘势反击，就能一战而胜。

蒙不？蒙吧！

你观察完敌军，就知道人家的强弱，是从哪里判断的？

敌军强兵打你弱旅，你弱旅咋就能抵挡得住？

你强兵揍人家弱旅，怎样迂回到后方而不被敌军发现？

这完全就是天才般的操作嘛，一般人还真学不来。

第三，以战养战、舍得给钱。

历史上的大部分战争都是"匪过如梳，兵过如蓖"，唐军在对外战争中也是如此。

李靖打完东突厥，萧瑀就弹劾他纵兵抢掠，虽然李世民没有治李靖的罪，但这事肯定是真的。若没有实锤，萧瑀也不敢弹劾他啊。

即便纵兵抢掠了，李靖在上交的报表里，还有十来万俘虏，牲畜几十万头。

打吐谷浑时，伏允可汗刚开始就把草原都烧了，然后李靖带人俘获了大批牲畜。最后，千里追杀伏允可汗时，契苾何力和薛万彻的几千人，又俘获了二十多万头牲畜。

打高句丽，李世民迁徙七万多人到中原，又俘获了五万匹马、五万头牛，攻下了十座城，城里的东西去哪了倒是没说。

所以，唐军的基本作战原则就是，出门不抢点儿钱，就是赔钱。我打你，你不给我精神损失费，就是没礼貌。军费就是这么赚来的。

那咋看出唐军特别舍得分钱呢？有两个间接证据。

李勣每一次出去打仗，业绩都非常与众不同，只有战俘，没有牲畜。

打东突厥时，李靖逮了几十万头牲畜，可是李勣一头没逮，就逮了五万俘虏。打薛延陀，李勣又俘虏了五万多人，一头牲畜也没有。

难道真的没有俘获牲畜？难道李勣手下士兵素质那么高，只顾着逮人，对满山遍野的牛、羊、马无动于衷？很明显，东西都被李勣分了。

几十年后，痛扁高句丽、百济和倭国（日本）的名将刘仁轨也说过，贞观时期，李世民特别舍得给钱给官，士兵打仗牺牲了，李世民会派使者吊唁祭奠、追封官爵，比如打高句丽时，士兵全都被赐勋一级。

每战必胜，还舍得分红，这样的老板，谁不喜欢？谁又会干活不积极？

李世民征高句丽时，史书上记载老百姓都踊跃去当兵，征百得千，征千得万，很多人说这是假的。但这真是假的吗？

你的邻居去打了东突厥，几个月回来后，牵了几只羊。

你的兄弟去打了吐谷浑，几个月回来后，牵了一头牛。

你的亲戚去打了薛延陀，几个月回来后，牵了一匹马。

现在听说，皇帝要亲自去打高句丽了，你说你心动不心动？

打仗时间短，领导带头冲，收获特别丰，出去几个月，顶上几年功，大老爷们哪有不愿意干的。如此这般，唐军不强，天理难容啊！

军事、政治两朵花，讲完了为什么唐朝的军事很强，按照一般的节奏，接下来该分析一下李世民在内政上有什么作为了。

可惜的是，《资治通鉴》对这部分的记载只有寥寥数笔。总结成几个词，就是历史课本上经常写的：轻徭薄赋、开源节流、招抚百姓、兴修水利、休养生息。

李世民在制度上没有什么创新，全是抄隋朝的。他最著名的创举就是纳谏，可是史书上记载得又特别分散，基本就是李世民想干啥，一个大臣说不能干，然后李世民就不干了，或者照干不误，但也不处罚这个大臣。一件一件列出来，大家肯定不爱看。前面咱们讲过的"杠精"魏徵进谏，已经是最精彩的故事了。

"房谋杜断"名气特别大，但是房玄龄、杜如晦具体都干了些什么大事，史书上根本没有记载。

砸缸的司马老先生说，这是因为他们不爱邀功，把功劳都给了别人。但其实他俩干的事大概率被删了，因为他俩的儿子都是"坑爹货"。

房玄龄的儿子房遗爱在高宗时期谋反，而杜如晦的儿子杜荷竟然参与了接下来我们要说的惊天大案。

五十四　李承乾谋反（一）：历史为何惊人地相似

自从李世民登基之后，大唐帝国在他的带领之下走上了一个新的台阶。内部人民安居乐业、国库充盈，外部能打的敌人都被痛揍了一个遍，更奇葩的是，这些被痛揍的人还给他送了块"天可汗"的金牌奖章。

此时的李世民是得意的，他创造的辉煌的确史无前例。为此，他还经常表扬与自我表扬：朕为什么这么牛？就因为干了五件事……什么知人善任啦，求贤若渴啦等等一大堆。

但是，李世民也有他的痛苦之处——太子李承乾和嫡次子李泰夺嫡。

一个人的一生是不是幸福，很多时候不是由你自己决定的，而是取决于别人。

少年时期看父母，父母关系和谐，你就会天真无邪；中年时期看另一半，不出轨、能挣钱（或贤惠），家庭就会和和美美；晚年之后看孩子，孩子爱情事业双丰收，你就会心满意足、含饴弄孙。

可惜的是，我们中间有太多太多的人，可以挨过早年的不幸，扛过中年的危机，却总是在晚年的时候，栽在孩子们身上。

不知道大家有没有注意过，生了几个儿子的父母，他们的晚年很多是不幸福的（生了几个女儿的则要好很多）。

只要这几个儿子的水平差不多，无论他们都是穷光蛋、中产抑或是土豪，父母无论怎么做，总会引起儿子，尤其是儿媳的各种比较。

天底下的任何事，只要有比较，就必定有差别，只要有差别，就必然有争斗，要么争财产，要么争口气。

今天这个抱怨父母给那个干活多，明天那个埋怨父母给这个带孩子时间长，基本上就是"父母不死，斗争不止"。

大概只有一种情况，父母才会过得比较幸福。一个儿子有出息，一个儿子很普通，有出息的在外打拼，没有时间照顾父母。很普通的距离父母不远，可以常回家看看。

可惜啊，李世民聪明一世，却在这件事上犯了糊涂，没有让李泰和李承乾拉开距离。

李承乾，619年出生于太极宫承乾殿，也就是李世民当时住的地方。于是，李世民便用大殿的名字给儿子起了名。老实说，这个名字很不好，承乾什么意思？承继皇业，总领乾坤。

当时李建成还是太子呢，李世民就给儿子起了这名字，和刘备给儿子起名刘封、刘禅有啥区别？都是在脑门上挂了一个"我要当皇帝"的招牌。

不过，李承乾还是挺争气的，除了腿脚有点儿毛病外，脑子"特聪慧"。李世民为了培养这个孩子，也是费尽了心思。李承乾五岁时，李世民便找来孔子的第三十一世孙孔颖达和周易"发烧友"陆德明给他当家教。

626年，李世民刚继位，就把七岁的李承乾立为太子。

630年，李世民又把"吹牛大王"兼"太子杀手"，八十三岁的李纲请了出来，当李承乾的老师。

为什么这样评价李纲？

因为他以前还辅佐过杨勇和李建成，结果这两个前太子没一个有好下场。尽管如此，李纲当上李承乾的老师后，还脸不红心不跳地来了句：辅佐小君主，古人觉得难，我认为容易得很呐（托六尺之孤，寄百里之命，古人以为难，纲以为易）。

可不，辅佐一个毁一个，想不容易确实比较难。

但是，十一岁的李承乾估计也不知道这位大爷有这种黑前科，被李纲这么一糊弄，顿时心生无数敬畏，对他毕恭毕敬，又是点头，又是行礼。一年之后，李纲去世，李承乾还给他立了一块碑。

同样是630年，李世民开始着手培养李承乾处理政事的能力，让他经常到尚书省学习房玄龄、杜如晦等人怎么处理政务。等到李承乾十三岁的时候，李世民只要外出旅行，就让李承乾监国。

后来，李承乾得了两次小病，把李世民急的啊，又是请和尚，又是修寺庙，又是大赦囚犯，还从天竺请了位高僧。反正李世民把能想到的法子全都给用上，终于把李承乾给治好了。

李承乾病好之后，李世民怕学习累坏了他，又开始给他减压减负，对他进行了一系列素质教育。

李承乾呢，也不负所望。635年李渊去世，李世民服丧期间，让十六岁的李承乾再次监国，李承乾做得有声有色，李世民服完丧后，还特意下令"细务仍委太子"。

由此可见，李世民对李承乾不可谓不宠爱，李承乾也不可谓不懂事，如果李世民这时候驾崩了，李承乾接任后没准也是一位明君。

但是，问题就在于李世民不仅没驾崩，而且还和他爹李渊一样，对他的三个嫡子都非常宠爱，尤其是嫡次子李泰，更是宠到了没边没际的地步。

李泰，620年生，只比李承乾小一岁。李泰八岁时便被封为越王、扬州大都督、督十六州诸军事。十四岁时，李世民又让他兼领了左武候大将军、雍州牧。

636年，李世民突发奇想，想让十六岁的李泰搬到皇宫里居住，而且就住在李元吉当年所住的武德殿。幸好魏徵据理力争，李世民才打消了这个念头。但是，李世民还是不死心，又把李泰的长子李欣接到宫中，当亲儿子一样抚养。

别笑，李唐王朝在人伦关系上的确比较不合常理，李世民还算是好的，后来真有好几个皇帝直接把孙子"提拔"成了儿子，让孙子管儿子叫哥。

接着，李世民又让李泰办文化辅导班，即在魏王府中办起了文学馆，引招天下学士。

这么一弄，李承乾就彻底蒙了，因为历史教训实在是太吓人了：

第一，杨勇是长子，杨广是次子。李建成是长子，李世民是次子。往上数两代，都是长子虽不错，但次子更"优秀"，最后次子取代了长子。

第二，杨广当年是扬州总管，李泰现在是扬州大都督。

第三，李世民当年是雍州牧，李泰现在是雍州牧。

第四，杨勇的太子洗马是李纲，李建成的太子少保是李纲，李承乾的太子少师是李纲。

第五，李世民当年在秦王府开设文学馆，广招天下学士。李泰现在在魏王府开设文学馆，广招天下学士。

第六，杨广当年夺嫡走的是父母亲情路线，把老婆送到宫中，天天哄老妈开心。李泰现在走的也是父母亲情路线，把长子送到宫中，天天哄父母开心。

杨坚当年犯的错，李渊接着犯，李渊当年犯的错，李世民又接着犯。

无论谁坐在李承乾那个位置，这时候都得蒙。

为什么总说历史惊人地相似？其实不是历史像，而是人性像，而且人性的选择还极其有限。

历史上为什么总出现外戚专权，皇帝们不会吃一堑、长一智？因为皇帝们真的没得选，孩子太小，不让自己人辅佐，能让谁辅佐呢？亲妈、亲舅不可信，谁还可信啊？

历史上为什么总是有太监乱政，皇帝们不会吃一堑、长一智？因为皇帝们也没得选，太监们因为没有孩子，又是皇帝的附庸，所以他们的利益和皇帝的利益往往是一致的，他们再乱，大部分时间也是保皇党。

可大臣们就不一样了，历史上篡位的大臣比比皆是，但是篡位的太监却没有一个，哪怕太监把皇帝废了，他自己也不能当皇帝。

历史上为什么总有皇帝少年英武，晚年昏庸？因为老年人的内心其实是很孤独的，他们知道自己时日无多，他们不再需要什么功名利禄、皇图霸业，他们只需要把一辈子积累的权力和金钱统统换成情绪价值，谁能让我开心，我就给谁权力，给谁功名。

可惜啊，正人君子们羞于拍马屁，孝顺的孩子们也不愿意哄父母，这才给了小人们可乘之机。假如正人君子和孩子们懂得老年人的这种心态，哪里还会有小人们的机会？

历史上为什么总有那么多夺嫡之争，因为"可怜天下父母心，对小儿子的情更深"，这是人之常情，很难改变的。

大儿子的生存策略是生活，小儿子的生活策略是生存。大儿子出生时，父母只有这一个孩子，往往对其疼爱有加，导致他没有眼色。

小儿子出生后，因为前面有几个兄弟，他就得想方设法从兄弟那里"虎口夺食"，吸引父母更多的注意力。

所以，父母每一次批评大儿子犯的错时，小儿子都会默默记在心里，坚持不犯这个错，甚至还经常刻意地反着来。

谁家如果有两个儿子，你可以细心观察一下。如果大儿子挑食，小儿子大概率吃啥啥香。如果大儿子很调皮，小儿子大概率是乖宝宝。小孩子看着很天真，啥也不懂，但其实聪明得很，从小就知道看父母的眼色行事。

老大因为前面没有参考，所以不知道该怎么办，于是，就很容易变成父母的出气筒。

老大要想改变这种局面，唯一的办法就是处处模仿老爹或老娘，让老二没有可乘之机。可惜的是，没有几个老大明白这个道理，因为他们从小就没有养成看眼色行事的习惯，李承乾就是如此。

所以，在接下来的夺嫡之争中，我们就会看到李承乾昏招频出，而李泰则步步为营。这次夺嫡已不是李承乾和李泰的拉锯战，而演变成了李泰对李承乾单方面的大屠杀。

五十五　李承乾谋反（二）：他为什么会性情大变

面对李泰的夺嫡，李承乾是怎么应对的呢？

应该说，刚开始李承乾应对得还不错。635年李渊去世的时候，他监国还得到了李世民的表扬。但是，636年之后，李承乾便逐渐从一个人见人爱的三好青年，堕落成一个啥刺激就玩啥的恶棍流氓。

他先是开起了"小偷公司"，私下招聘了不少逃犯，去别人家偷牛摸马。当他的手下把牛马偷到东宫之后，他又当起了大厨，亲自宰杀牛马，用巨鼎烹饪，再和这些逃犯一起喝酒吃肉。

酒喝到高兴的时候，他又开始玩起了角色扮演，将自己打扮成突厥可汗，学习突厥人吃饭、喝酒、说话，甚至还模仿起了可汗的葬礼，让手下人围着他号啕大哭。

这还没完，他又和自己的叔叔汉王李元昌勾搭起来，玩起了真人CS。

总之，怎么荒唐怎么来，怎么作死怎么干，简直就是李元吉2.0。唯一与李元吉不同的是，他不贪恋女色，而是贪恋男色，在一次听完戏之后，他就把一个名叫称心的乐童包养了，两个人吃同桌、睡同床……

李世民听说后，一口老血差点儿喷出来，将李承乾叫去大骂了一通，然后就把称心杀了。可是没想到，李承乾不仅死性不改，还耍起了小性子，干脆几个月不上朝，在东宫给称心修了一座坟，白天烧纸，晚上祭奠，哭哭啼啼，比死了亲爹都难受。

李世民既痛心又无奈，这样的人显然已经不适合当太子了，但是当年玄武门之变的场景还历历在目。不到万不得已，李世民真的不愿废掉太子。一方面是可怜这个儿子；另一方面是他们老李家总不能连续两代都有废太子吧。

于是，李世民就给了李承乾足够的忍耐，相继派出于志宁、杜正伦、孔颖达、张玄素等名臣去教育他，希望他能改邪归正。

刚开始，李承乾还会假装听一下，但是越到后面他越不听，最后，他竟然派人在月黑风高夜把张玄素揍了一顿，而且后来还要暗杀于志宁和张玄素。

原本还是"特聪慧"的好孩子，怎么突然就变得像一个疯子了呢？史书上对此没有定论，但我们不难分析，这主要有以下两个原因。

第一，李承乾有病。

不是李承乾的脑子有病，而是他的脚疾比较严重。

《旧唐书》中写道：承乾先患足，行甚艰难。《新唐书》中写道：承乾病足，不良行。

这"脚疾"是什么时候得的，为什么得的，我们不得而知。有人猜测是李承乾从马上掉下来摔的，但是他的"脚疾"并不是摔伤那么简单，更有可能是一种越来越严重的慢性病。

首先，633年，李承乾得过一场大病，康复之后，李世民很担心他的身体健康，所以特别准许他不用读太多书。

如果只是摔断了脚，养一段时间后，虽然脚不一定会好，但体力肯定是会恢复的。这并不影响读书，李世民没必要下达不用多读书的命令。

其次，李承乾的性格变化实在是太大了，简直到了匪夷所思的地步。如果不是这"脚疾"越来越严重，他不至于会变得那么疯狂。

由于他们家有遗传的糖尿病，所以，这"脚疾"很有可能是"糖尿病足"。

不要觉得惊讶，十几岁的孩子的确是会得"糖尿病足"的，而且这病还极其变态，刚开始只是长了些水疱，但是随着病情加重，整只脚就跟被泼上了硫酸一样，慢慢地腐烂，连骨头都能变成蜂窝状。

所以李承乾极有可能就是因为患上了这种疾病，备受折磨，才会做出那些荒唐事。

第二，李承乾的母亲长孙皇后死了。

636年，以温柔、漂亮、博学、贤惠而闻名的传奇家庭主妇长孙皇后去世了，年仅三十五岁。

长孙皇后出生于601年，是隋朝著名外交家长孙晟的小女儿。她和李世民从相识、相知、相爱到相互扶持，都非常具有传奇色彩。

李世民他妈窦氏，是北周武帝宇文邕的亲外甥女。小时候，她便被宇文邕接到宫中居住。有一次，宇文邕和突厥籍老婆闹离婚，当时才六七岁的窦氏竟然劝她舅舅以大局为重，不要得罪老婆。

长孙晟的哥哥长孙炽，眼光极为毒辣，听说这事后，他就觉得这小姑娘不简单，便劝说他的弟弟长孙晟赶紧和李渊家定娃娃亲。

就这样，李世民和长孙妹妹成了标准的青梅竹马。

609年，长孙晟去世以后，年仅八岁的长孙妹妹和哥哥长孙无忌被同父异母的哥哥长孙安业轰出了家门。

幸好孩子们的舅舅高士廉是个重情重义的爷们，不仅将他们接了回去，还格外地疼爱他们。

613 年，高士廉便将十二岁的长孙妹妹嫁给了十四岁的李世民，小夫妻俩从此就开始了恩恩爱爱的生活。

李世民和李建成夺嫡时，长孙王妃想方设法跑到皇宫拍李渊和各位小妈的马屁，为李世民捞回了不少政治资本。

李世民发动玄武门之变时，她跟在李世民的身后，给将士们发放盔甲，寸步不离。

李世民当上皇帝之后，按道理讲，她该过上清闲无忧的生活了。但是，她仍然时时刻刻地关心着国家大事。

李世民不想听劝谏的时候她劝着，李世民想杀人的时候她拦着，李世民受苦受累的时候她疼着。

李世民几次三番要让她的哥哥长孙无忌当宰相，她却坚决不同意，并把吕后这尊"大神"搬了出来吓唬人。

当年把她赶出家门的长孙安业，因为参与谋反要被斩了，她不但没有痛打落水狗，还以德报怨、痛哭流涕，跪下来为长孙安业求情，让李世民免他一死。

自己心爱的女儿出嫁时，魏徵这个"杠精"说给的嫁妆太多，她不但不生气，还嘉奖了魏徵，并在以后的岁月里，多次为魏徵求情。

最著名的就是那次，李世民被魏徵气得大喊大叫要宰了这个"乡巴佬"，她二话不说，回到内室换上朝服对着李世民就是一通拜：君主开明，臣下才正直，魏徵敢直言，说明您开明啊。

多么好的女人，多么好的妻子，多么好的皇后。可惜，苍天无眼啊，636 年，她就卧病不起了。

李承乾要求赦免一些罪人，再请一些道士、和尚给她祈福。

长孙皇后却说，生死有命，非人力所及。赦免罪人是国家大事，岂能因一妇人而害国病民。如果你一定要做，那就让我赶紧死吧。

当年独孤皇后因为高颎说了"一妇人"就开始百般刁难他，搞得整个隋朝鸡飞狗跳，如今长孙皇后却以"一妇人"自居，同样是女人，同样是皇后，两者对比，高下立判。

直到生命的最后一刻，长孙皇后还一心为别人着想，而没有考虑自己，她的遗言是这样的：

房玄龄国之重臣，如果没有大错，千万不要不用（当时房玄龄被贬在家）。

妾之兄长孙无忌，因为是外戚才被起用，这叫德不配位，如果陛下想要保全他的子孙，千万不要给他重任（可惜李世民没听）。

妾生时无益于人，死后更不能害人，希望能够借山为陇，不要起坟，不用棺椁，陪葬品用些瓦木就行，不要铺张浪费，这样做就是不忘妾了。

愿陛下亲君子，远小人，纳忠谏……妾虽没于九泉，诚无所恨。

不用让儿女们来看我了，不然他们会伤心的。本来想等陛下走之后，我喝毒药陪您一起去的，没想到妾却要先走了……

说完之后，她安然离去。

千古一后，就这样消逝了。

作为妻子，她与丈夫共存亡、同进退，始终不离不弃，情比金坚。作为皇后，她始终以天下为重，抑外戚、帮大臣、懂分寸，心比天大。

李世民虽然有着钢铁一般的意志，在战场上可以无惧生死，在政治上可以手刃兄弟，但是面对妻子的离世，他再也忍不住悲伤，放声痛哭。大臣们来劝他保重龙体，他却一边哭着，一边对大臣们说：

"我岂不知道皇后之崩乃是天命，可是失去贤妻，朕无论如何也克制不住悲伤啊！"说完之后，他依然痛哭不已。

是啊，这个时候李世民怎么能克制住悲伤呢。这个女人跟随了自己二十多年，在最艰难的岁月里，她不仅跟自己风雨同舟，还坚持以命相随，天天带着毒药，一旦自己遇到不测，便要追随自己而去。

她从来只知道奉献，不知道索取，哪怕是临走之前，心心念念的依旧是自己的事业和江山。

她用她的爱包容了所有人，除了她自己。这样的女人何其伟大，这样的妻子何等难得。李世民又怎能不痛哭？

她生得其名，死得其所，千古流芳！

长孙皇后的死，给了李世民巨大的打击，从此之后，他纳谏的次数就变得少了。但与李世民相比，更加痛苦的还是李承乾。

母亲总是疼爱最弱小的孩子，她瘦弱的肩膀永远是李承乾最大的依靠；她温柔的胸怀，永远是李承乾避风的港湾。

长孙皇后活着的时候，李承乾生病时还有母亲照顾，因为脚疾而自卑时，还有母亲安慰。但现在，他什么都没有了。

虽然他还有父亲，李世民也足够爱他，可是，李世民似乎更爱两个弟弟。二弟李泰的用度已经超越了太子的规格；三弟李治被父亲养在宫中，天天悉心教导。

只有他像孤儿一样被冷落在东宫之中。他为何在东宫里用巨鼎杀牛宰羊？他为何在东宫之中让手下人号啕大哭？他为何在东宫里让手下人拼命厮杀？

他难道不知道，这些荒唐的行为很快就会引起一墙之隔的父亲的注意么？

他知道，他当然知道，但他要的就是引起父亲的注意啊。母亲已经走了，您就多关心我一点吧，父亲！

可是，李世民不知道这可怜的孩子是想要得到自己的关爱啊。他总以为孩子只是缺少贤人的辅助、圣人的教导。于是，他就不断地派人去劝告李承乾，要好好学习，天天向上。

这些书呆子到了之后，也真的劝了李承乾，可他们是怎么劝的呢？

　　于志宁"骂"他是秦二世，孔颖达是逮着什么"骂"什么，张玄素当年"骂"过李世民不如隋炀帝，你想想，这些人"骂"李承乾时怎么会嘴下留情？

　　他周围有一群人，可是从来没有一个人深入他的内心，问问他想要什么。他的"脚疾"越来越严重，他被骂得越来越狠，他的内心也越来越孤独。

　　642年，看到这孩子在歪路上越走越远，李世民终于派自己的撒手锏魏徵去辅佐李承乾。

　　这也许是李世民能想到的最好的办法，魏徵也许是最合适的人选了。但是，魏徵到了，真的能管用吗？

五十六　李承乾谋反（三）：鹬蚌相争，渔人得利

让魏徵当太子太师辅佐李承乾，李世民的用意其实有两个：

第一，安定民心。因为李世民要换太子的谣言，早已传得沸沸扬扬。现在李世民把最信任的大臣魏徵派过去，就是向世人表明，他是不会换太子的。

第二，李世民还抱有最后一丝希望。那么多人不能让太子改邪归正，也许是他们的能力不够。魏徵这剂猛药，李世民亲自尝了几十年，次次都能药到病除，也许对太子也会有效。

站在李世民的角度看，这怎么做都是一番好意。但在李承乾看来，就不是那个意思了。

魏徵是谁？原来辅佐过李建成的人啊，之前派李纲来，现在派魏徵来，老爹你到底啥意思？

所以，李承乾不仅没有改变，估计还被吓得够呛。不过，这时候魏徵已经病入膏肓，转年的一月就死了，时年六十三岁。

李世民给了这面"镜子"最大的哀荣，至少两次亲临其府，每次都痛哭不已

（太宗亲临恸哭），并赐给魏徵最高级别的谥号"文贞"（宋以后是文止），让他陪葬昭陵。

就在李承乾一步一步走向深渊的时候，作为他的对手李泰却在不断获得李世民的欢心。

李泰一方面结交了大批文武大臣，让他们在老爹面前为自己说话；另一方面亲自下场，不断拍老爹的马屁。

李世民最得意的书法是自己的飞白体，李泰就经常模仿李世民的飞白体。

李世民喜欢召集一批文人编写书籍，李泰也召集了一批文人，在文学馆里鼓捣了四年，整出了一本《括地志》。把李世民高兴得将这部书收藏进了皇家的藏书阁。

李世民对老婆长孙皇后一直念念不忘，李泰就在洛阳龙门石窟为母亲开凿了宾阳南北两洞。

当年火遍全国的剪刀手佛像，就是李泰给他妈凿的。

这个举动一下子就戳中了李世民内心最为柔软的地方，佛龛落成之时，李世民特意跑了八百里从长安到龙门石窟，主持了竣工仪式，并让大书法家褚遂良在洞内刻了一个《伊阙佛龛碑》。学书法的人，肯定临摹过这个碑，大家去龙门石窟参观的时候一定要去看看。

连续三个马屁，拍得都如阵阵清风，既无形，又润物细无声，让人挑不出任何毛病。

甚至你都不能说他是在拍马屁。爱书法、爱编书、爱老妈，全都是正义无比的举动，如果不是后来他夺嫡的欲望太明显，我们真不能对他进行任何批评。

这么懂事的孩子，李世民别提多喜欢了。

李泰的苦心付出也得到了巨大的回报，李世民对他的宠爱逐渐达到了史无前例的地步：

李泰太胖，李世民不让他减肥，反倒怕他上朝太辛苦，就让他坐着轿子上朝。

李泰嫌家太小了，李世民就把长安占地三十顷（大概两百万平方米）的大唐芙蓉园赏赐给了他。又在东都洛阳赐给他一座占地面积大概三十万平方米的超级大宅子（北京故宫占地面积才七十二万平方米）。

李泰觉得每个月的生活费有点儿少，李世民就一个劲儿地给，一直给到超过太子李承乾的地步。

李泰觉得三品（宰相）及以上的大臣轻视他，李世民不问青红皂白就把这群人全叫过去大骂了一通，吓得宰相房玄龄都瑟瑟发抖。随后，李世民命令这群大臣以后在大街上见到李泰等亲王时，都要站在马路边毕恭毕敬地行礼，否则就严惩不贷。

礼部尚书王珪认为此举不合礼制，李世民却抛出了一句惊天的暗示：世事难料，万一太子挂了，你们怎么知道各位亲王以后不会是君主？

此话一出，朝堂震惊。大臣们多想，真不能怪大臣们，是你李世民太直白了啊。关键时候，还是魏徵挺身而出，提醒李世民这句话的分量。

虽然李世民最后收回了成命，也多次表示不会废黜李承乾，但是这句话仍然成了压死李承乾的最后一根稻草。已经被逼到绝路的李承乾终于开始反击了。

李承乾本来只是想搞掉弟弟李泰。但是，他派人上书诬告李泰，却发现一点儿用也没有，李世民根本就不信这种事，还下令要抓诬告的人。

一个小计没有成功，按道理讲应该再接再厉，继续发扬鸡蛋缝里挑石头的精神，告李泰奢侈浪费啊，吃饭吃得太多啊，在街上多看了几眼美女啊等毛病，告得多了指不定李世民就相信了。

但是，李承乾已经失去了耐心，开始搞政变逼宫了。

第一个被他拉下水的是东宫保安队长贺兰楚石，然后贺兰楚石又把自己的老丈人吏部尚书侯君集拉下了水。

640年，侯君集率大军灭高昌的时候，贪污了不少宝贝，李世民知道后大怒，就把他关到了狱中。后来，副宰相岑文本为他求情，李世民就借坡下驴把他放了出来。

这本来就是李世民的帝王之术，谁立下大功，他都会先打击一番。对方如果没有怨言，就证明此人忠心可用，以后就敢把大事交付给他。对方若有怨言，证明此人还需要再锻炼。当年李靖灭东突厥那么大的功劳，不也被李世民狠狠骂了一通嘛，李靖忍了，然后李世民就让他做了宰相。

现在的很多领导也喜欢用这一招，如果你原来和老板的关系还挺好，立了大功之后，老板不但没有奖赏，还鸡蛋里挑骨头骂你一通，你一定要暂时先忍着，装作什么事都没有发生一样，过段时间，他大概率会更加重用你。

侯君集就是这种情况，可他根本就没有领会到李世民的意思。出狱之后，一心想着谋反。

但是，侯君集又属于有贼心没贼胆的老头，和李承乾结成同党之后，天天害怕事情败露，整宿整宿地睡不着。为了给自己壮胆，他又决定把时任太子詹事的张亮拉下水。

张亮是谁？当年玄武门之变前，李世民让他去洛阳招兵买马，半路上被李建成搞进监狱百般折磨，这人竟然死不松口，没有透露半点儿秘密。李世民当上皇帝之后，便给了他重任，位居"凌烟阁二十四功臣"第十六位。

他现在虽然为太子詹事，但几年之前可是相州大都督府长史啊，而当时李泰正好遥领相州都督。说白了，张亮正是李泰的人。

所以，张亮知道这个秘密之后，吓得一哆嗦，转过身就把这事告诉了李世民。

但是李世民并没有着急下手，史书上说，李世民是怕侯君集死不认账，所以决定再等等。

还有另一种可能，就是李世民知道张亮是李泰的人，害怕这是在诬告，所以就将这件事冷处理了。643年，评定"凌烟阁二十四功臣"的时候，李世民还把侯君集放了进去，位列第十七名，排在张亮的后面。

在侯君集拉人下水的同时，李承乾也没有闲着。他又将自己的叔叔李元昌、表哥洋州（今汉中）刺史赵节、妹夫杜荷（杜如晦的儿子），以及李世民的保安队长之一、左屯卫中郎将李安俨等人拉下了水。

特别值得一提的是李安俨，他当年曾是李建成的心腹，李建成被杀之后，李安俨拼死抵抗，李世民认为他是个忠臣，就让他当了自己的贴身保镖，哪知道他竟然是标准的"二五仔"。

另外，李承乾还私自招募了一百多名刺客，准备暗杀李泰。

一切准备就绪之后，杜如晦的儿子杜荷给李承乾制定了一个很狗血的计划——装病把李世民骗到东宫，然后起事，尊李世民为太上皇。

为什么说这个计划很狗血？我们可以对比一下玄武门之变。

我们之前分析过，唐初皇帝身边至少有三百多名全副武装的御林军，你手下一百多人又没有盔甲，怎么和这些人打？

政变时不仅要控制李世民，你还得把李泰控制住，不然李泰这群人肯定会奋起反抗，但是你这一百多人怎么控制得了那么多人？

权力来自共识，政变能否成功，控制住老爹和兄弟只是第一步，能不能坐得稳龙椅也非常重要。

当时李承乾的名声已经很臭了，李世民派去教育他的名臣们全都在"骂"他，所以，他不得人心，根本就没有可以震住场子的威望。

另外，房玄龄、长孙无忌、李靖、李勣等一大批跟着李世民打天下的文武大臣还都活着，李世民当年造反前还征询了李靖和李勣的意见，在这两位答应保持中立的情况下，他才开始行动的。

李承乾的造反集团里就一个侯君集是老臣，而侯君集也不可能震得住场子。所以，只要李世民不死，即便是逼迫老爹当了太上皇，李承乾也不可能稳坐皇帝宝座。

很多时候，强是整个体系的强，弱是全方位的弱。能力弱、名声弱、背景弱、实力更弱。在完全不是一个等级的强者面前，弱者其实根本没有主动选择的余地。

虽然弱者可以在临死之前奋起反抗，但在实力悬殊的时候，最好不要主动出击，除非强者内部出现了混乱和漏洞，否则弱者根本没有一丝胜利的机会。

大唐在李世民的治理下政治极其稳定，国力蒸蒸日上，人民安居乐业。李承乾是真的一点儿机会也没有。他最好的策略应该是老爹指哪他打哪，大臣们让他干啥他干啥，以此赢取老爹的信任，而不是走上谋反这条道路。

可惜的是，643年四月，李承乾还是准备动手了。但是，行动还没有开始，千里之外的李祐却把这事提前搞砸了。

李祐是李世民的第五个儿子，出生证明极其狗血。

李祐的母亲是阴德妃，阴德妃的父亲是阴世师，就是当年李渊造反时，刨李渊祖坟、杀李渊儿子，后来又被李渊斩首的那位隋朝忠臣。

当年李渊斩了阴世师之后，就把他的女儿阴氏带到掖庭当奴婢，他的儿子阴弘智因为年纪小，也免于一死。后来，李世民还是秦王的时候，就把阴氏临幸了。

也许在李世民看来，临幸阴氏是对阴家最大的恩惠，不然阴家就要世代为奴了。但在阴德妃的弟弟阴弘智看来，杀其父、淫其姐，这种血海深仇，简直不共戴天。

所以，当外甥李祐懂事之后，阴弘智就不断怂恿他造反，并让自己的大舅哥燕弘亮、燕弘信做了李祐的心腹。

老实说，李世民对李祐还是很不错的，刚刚当上皇帝，他就将李祐封为楚王，后来又改封为燕王和齐王。641年，在李祐二十岁的时候，李世民便让他到齐州（今山东）锻炼去了。

可惜的是，李祐从到达齐州的第一天开始，就大搞腐败，天天和一群小人混在一起游玩打猎。李世民知道后很生气，就把又硬又刚的权万纪派了过去，替自己管教李祐。

权万纪没有辜负李世民的期望，他只要看见李祐不干正经事，当面就是一通训。李祐要是敢不听，他就立刻告诉李世民。被老师和老爹联合教训几次之后，李祐彻底怒了，他找来一群小伙伴，要杀了权万纪。

但是，权万纪也不是吃素的，他早就料到李祐会来这么一出，刺杀行动刚开始，权万纪便把李祐的小伙伴们逮了起来，并向李世民发出了求救信。李世民调查之后大惊失色，命令权万纪和李祐返回京城，说明情况。

事情发展到这里，一切还都有缓和的余地。孩子二十岁左右，正是叛逆的年龄，下手不知道轻重，只要不是太过分，当爹的都能理解。所以，李祐只要老老实实认错，以李世民对儿子们的宠爱程度，完全有可能既往不咎。

但是，李祐接下来却干了一件蠢事，他极其残忍地让燕弘亮等人把权万纪杀害并肢解了。更蠢的是，643年三月，他竟举兵造反了。

李世民大怒，让兵部尚书李勣率领九个州的兵马前去平叛。可是，大军还没有到达齐州，李祐的手下就把他逮了起来，押往了长安。最后，李祐被李世民赐死在太极宫内。

也就是在这个时候，李世民一边流泪一边写下了那段著名的话："背礼违义，天地所不容；弃父无君，神人所共怒。往是吾子，今为国雠（仇）……"

可是这一切又能怪谁呢？杀人父，用其女，难道不背礼违义？难道就为天地所容？你可以不相信报应，你可以不畏惧因果，但是君子不立于危墙之下。既然把有杀父之仇的女人养在身边，那你就得做好承担一切后果的准备。

李世民这边还沉浸在痛苦之中，更加让他痛苦的事情紧接着就来了。643年四月一日，在处理李祐案的过程中，李承乾的卫士纥干承基也被牵扯了进去，为了将功赎罪，他就把李承乾谋反的事全说了出来。

李世民是悲痛欲绝加大怒不已，两个亲生骨肉都要谋反，当年玄武门之变的后果终于报应到了自己的身上。在这一刻，他终于理解了父亲当年的痛苦。

我们可以看一下废李承乾为庶人的诏书，一样感人至深：

"桀跖（jié zhí）不足比其恶行，竹帛不能载其罪名……承乾宜废为庶人。朕受命上帝，为人父母，凡在苍生，皆存抚育，况乎冢嗣，宁不钟心！一旦至此，深增惭叹。"

谋反之罪，按律当诛，可是李世民几天之前，才杀了一个儿子，再杀一个，他无论如何也下不去手。最后，他只是将李元昌、侯君集、杜荷、李安俨等人斩首，而将李承乾废为庶人，流放到了黔州（今四川）。不过，第二年，李承乾便在绝望之中离开了人世。

李承乾被废之后，李世民的嫡子只剩下了两个：二十三岁的李泰和十五岁的李治。

一部分大臣主张将李泰立为太子，无论是按照长幼的顺序还是按照李世民喜欢的程度，李泰都是最佳人选。

但是，李世民的小舅子长孙无忌却执意主张将李治立为太子。原因很简单，李泰此时已经有点儿自以为是了，当年他状告三品以上大员对他不恭，得罪了一大批重臣，这其中就包括长孙无忌。而李治生性懦弱，上台之后必定对长孙无忌这个舅舅言听计从。

李世民非常犹豫。是的，他喜欢李泰，但他也喜欢李治。这孩子从小聪明宽厚，长孙皇后死的时候他才七岁，天天哭得撕心裂肺要找娘，李世民又心疼、又难受，从此便把李治带在身边百般疼爱。

李泰看到父亲一直犹豫不决，就又一次施展了拍马屁神功。在李世民最痛苦的那几天里，他天天跑到宫中又当保姆，又当心理医生，毕恭毕敬地围绕在老爹的身边。

李世民终于又一次被李泰深深地感动了，这个儿子又懂事又孝顺，不立他还能立谁呢。于是，李世民在感动之余，当面表示要将李泰立为太子。

终于赢了，这几年的小心翼翼，这几年的千方百计，这几年的苦心付出，终于有了回报。李泰长舒了一口气。

但是，他仍然不放心，怕父亲反悔。于是，他准备再加一把火，再拍一次老爹的马屁："父亲放心，我只有一个儿子，我死之日，就会把他杀了，然后传位给弟弟李治。"（臣有一子，臣死之日，当为陛下杀之，传位晋王。）

正在感动中的李世民突然一愣，他不敢相信这是李泰所说的话。李泰的儿子李欣四岁进宫，被长孙皇后和自己一手养大，李世民对待李欣如同对待亲生儿子，百般疼爱。现在，李泰竟然说要杀了李欣？虎毒不食子啊，李欣何错之有？

李世民一时之间竟然不知道该怎么办了，他不愿意相信这是李泰说出来的话，他害怕是自己多想了。所以，第二天，李世民便把几个亲近的大臣叫了过去，将李泰的话复述了一遍。

褚遂良一听，便很不客气地戳破李泰的谎言：陛下百年之后，魏王（李泰）占有天下，他怎肯杀死爱子，传位给晋王（李治）？陛下如今要立魏王为太子，对于晋王的人身安全可一定要考虑好啊！

李世民仅存的一点幻想还是被无情的现实戳破了，他哭了，他真的哭了，这几天他已经哭得太多了，但此时此刻他还是忍不住又一次痛哭起来。他怎么会不知道李泰在说谎，可是他实在不愿意相信啊。

几天之内，两个儿子谋逆，现在又有一个儿子不孝，谁能受得了啊。于是，李世民只好一边哭，一边留下四个字"我不能尔"，然后便回到了后宫之中。

消息传出之后，一向聪明的李泰这才意识到大事不妙。为了挽回败局，他又想到了一条狠毒的计策——逼弟弟李治自杀。

他悄悄跑到李治的身边，阴阳怪气地吓唬了李治一番："你与叔叔李元昌关系密切，叔叔谋反未成，已经自杀，你想想你自己吧！"

李治本来就比较胆小懦弱，被这么一吓，顿时脸色苍白，天天闷闷不乐。李世民回到后宫之后，发现儿子天天愁容满面，便感觉十分奇怪。在他的不断逼问之下，李治这才说出了缘由。

李世民终于彻底绝望了，李泰这孩子究竟长了一颗什么心，他若当上皇帝，李承乾、李治必然会被其所杀，当年玄武门之变的悲剧必然重演。

正在此时，被囚禁的李承乾也告了李泰一状，说自己之所以图谋不轨，全是被李泰逼的。

事已至此，还有什么好说的呢。不是路不平，而是你不行啊。

643年四月七日，也就是李承乾谋反案发第六天，李世民便下令遣散李泰的护骑，将其幽禁在北苑；立十五岁的晋王李治为皇太子，大赦天下，饮宴三天。

大唐帝国的第二次夺嫡之争，终于在血腥之中落下了帷幕。辉煌而灿烂的贞观时代即将结束。一向英明神武的李世民，在一系列悲剧的打击之下，开始追求起了长生。

五十七　贞观已去，武后将出

李世民刚把李治立为太子，就又后悔了。原因是这孩子身体素质太差，性格也太懦弱，没有一点儿像自己的地方。

如果李治他妈不是长孙皇后，李世民都会严重怀疑这孩子是不是自己亲生的。

于是，他又想把三儿子李恪立为太子了。李恪，出生于619年，虽然他母亲是隋炀帝的女儿，但是人长得帅、脾气硬，能文能武，很像李世民。所以，从小就受李世民的喜欢。

李世民偷偷把这个想法告诉了长孙无忌，但是再次遭到了强烈的反对。让隋炀帝的外孙当皇帝，万一以后他给姥爷翻案可咋办？朝堂上还有一大群当初反隋的功臣呢。

经过这么个小波折，李世民身心疲惫，彻底安了心。自此以后，李世民对待李治就跟老来得子的土财主一样，捧在手里怕摔了，含在嘴里怕化了。

看见李治吃饭，李世民就对李治说："你要知道农民伯伯的艰辛，懂得爱惜民力，就能经常吃上这口饭了。"

看见李治骑马，李世民就对李治说："你得让马劳逸结合，不能一下子把马骑死，这样你就能经常骑马了。"

看见李治坐船，李世民就对李治说："水能载舟，亦能覆舟，百姓就是水，君主就是船啊。"

总之，无论看见李治干啥事，李世民都在旁边絮絮叨叨不停。幸好李治性格内向，脾气又好，不仅对李世民百依百顺，而且格外懂事。

看见被幽禁的李承乾和李泰很凄惨，李治就主动要求给这两位兄弟送衣服、送外卖，把李世民感动得稀里哗啦的。

看见小儿子这么有胸怀，李世民就把李泰放了出来，撵到均州（今湖北）吃小龙虾去了。后来，他又将李泰重新封了王。一直到李治登基三年之后，李泰才因病去世。

第二年，李世民要去亲征高句丽，李治跟当初死了妈一样，又是连续哭了好几天，李世民又狠狠感动了一把。

李世民到达辽东后，这两人隔着几千里，天天飞信聊个不停，几天收不到李治的飞信，李世民就着急地直念叨："快想死稚奴了（稚奴是李治的小名）。"

李世民从辽东回来时，刚刚到达边境，李治就火急火燎地狂奔几百里要早一天见到爹。

李世民也激动，一听说儿子要来接自己，就气血上涌。四十六岁的人了，带着三千飞骑就往儿子来的路上赶。

回京的途中，李世民背上长了个大疮，李治就亲自用嘴吸。他每天也不骑马，也不坐轿，一直扶着老爹的轿子走了几百里，以方便随时随地照顾老爹。

回到京城之后，李世民需要休养，李治就连续几个月待在皇宫中，衣不解带，天天伺候他。

　　这么孝顺的儿子，谁能不喜欢啊。所以，李世民就彻彻底底黏上了李治，在随后的几年里，无论走到哪，他都想把李治带着。

　　一般情况下，皇帝外出旅游，太子需要坐镇京城监国，以防天下有变。但李世民不同，去灵州时非要带着李治，被大臣们好说歹说才算消停了。

　　不过，这对父子的情是深了，其他几个人就遭了殃。因为李世民越来越害怕自己百年以后有人会夺了懦弱的儿子的大权。

　　所以，为了保证李治能够顺利接班，李世民在最后的几年里，安排了一系列人事变动，并顺手除掉了一些人。

　　李世民先是提拔了一批支持李治的人，例如让长孙无忌当了太子太师，同中书门下三品（相当于宰相）；把褚遂良从没事找事的谏议大夫，直接升为黄门侍郎（门下省二把手，相当于副宰相）；把李治的妻舅柳奭（shì）升为兵部侍郎（兵部二把手）。

　　接着，李世民就开始对老臣以及潜在的威胁对象下手了。

　　643年，尉迟敬德告老还家，从此不问政务，天天在家修仙，不与任何人交往，658年在家中安然去世，享年七十四岁。

　　648年，薛万彻因为骄傲过头，被免了官，流放到象州（今广西）搞西部大开发。

　　房玄龄这个谨小慎微、从来不乱发表意见的老臣，虽然很得李世民的信任，但还是享受了一把坐过山车的刺激，一会儿升一会儿降，直到648年去世，死在了李世民的前面。和房玄龄齐名的杜如晦，早在630年就去世了，不然待遇估计也和房玄龄差不多。

　　只有程咬金为人低调，加上和李世民是儿女亲家，不但没有降职，还在643年转任左屯卫大将军，驻军宫城北门。后来，在李治接班的过程中，他还发挥了重要作用。

秦叔宝则早在638年就去世了，李靖和李勣我们后面再讲。至于薛仁贵和苏定方，他们俩现在的官职很低，根本不在李世民的防备范围之内。

虽然整了这些老臣，但老实说，李世民给他们的待遇，放在任何一个朝代他们都得叩谢隆恩了。不过，以下三位大臣的结局，就真的有点儿惨。

第一，宰相刘洎（jì）之死。

刘洎出生于南阳，原来是萧铣的手下，归降大唐之后，由于敢和李世民当面抬杠而深受他的喜爱和敬重。

经过几年的磨炼，刘洎终于成长为继魏徵这个大"杠精"之后的小"杠精"。当年李世民要看起居注时，被褚遂良怼了回去，刘洎就在旁边为褚遂良呐喊助威。

639年，李世民把他升为黄门侍郎（副宰相）。

643年，李承乾被废之后，刘洎觉得光抬杠不好玩，想玩一下杠杆。于是，他就和另一位宰相岑文本一起，站在了李泰那边，结果被长孙无忌杠飞了。

李治当上太子之后，李世民刚开始并没有因为刘洎和岑文本曾支持李泰而冷落他们；相反，还让他们和褚遂良、马周等名臣，轮流和李治谈论政事。

645年，李世民征高句丽时，还把岑文本带到了身边，但岑文本劳累过度死在了半路上。刘洎则在后方，和李世民的妻舅高士廉等人，辅佐太子监国。临走之前，李世民像往常外出时一样，特意叮嘱他们要好好辅佐太子。

这原本就是一场普通的送别，但是，却出事了。

作为皇亲国戚，又在玄武门之变时立下大功的高士廉还没有说话，刘洎竟然抢在前面来了句："陛下请放心，大臣们要犯了法，我会立刻诛罚的。"

诛罚大臣？李世民很震惊。放在任何一个朝代，诛罚大臣是皇帝才有的权力，你一个臣子怎么敢说出口？

别说是大臣了，就连平民，跟了李世民几十年的房玄龄都不敢轻易诛罚啊。

李世民去打高句丽之后，有人诬告房玄龄谋反，房玄龄连问都不敢问，直接就把这人送到了辽东，听凭李世民处治。

刘洎这么一说，等于给李世民出了一道难题。如果李世民当众笑一笑，什么也不说，那么在其他大臣的眼里，就等于是同意了刘洎拥有"诛罚"大臣的权力。如果李世民当众发怒，还需要他辅佐太子，万一战场上有失，恐怕后方不稳。

所以，李世民尽管很不高兴，但也没有发作，只是旁敲侧击地提醒了他一下，不要乱说话。但这笔账，李世民算是记下了。

半年多以后，李世民在从辽东回来的路上，背上长了一个大疮，一时之间生命垂危。刘洎进去探望之后，一脸悲痛地对大臣们说了八个字："疾势如此，圣躬可忧。"

接下来，史书记载出现了分歧。新、旧唐书中都说，褚遂良诬告刘洎有异心，自称要当伊尹、霍光，辅佐下一任皇帝。但《资治通鉴》却认为，这话不是褚遂良说的，而是另有小人诬告。至于到底是谁说的这话，至今也没有定论。

总之，李世民听了这话之后，就把刘洎杀了。

因为伊尹、霍光虽然是历史名臣，对各自的王朝也是忠心耿耿，但伊尹流放过自己的君主，霍光废掉过自己的皇帝。而刘洎原来支持的是李泰，你要当伊尹、霍光，到底是想干吗？

很多史书认为，杀刘洎是李世民一时糊涂，听信了谗言。但我们仔细想一下，就算没有谗言，刘洎应不应该杀？

皇帝的身体状况，放在任何时候都是国家机密，尤其是皇帝还在外出的路上。李世民为什么只让刘洎这种宰相级别的人看望自己，那是想保密啊。但是，刘洎竟然对其他大臣泄露了国家机密。

万一李世民死在半路，太子又不在京城，李泰或其他在京城的皇子趁机作乱怎么办？

一向聪明的刘洎在李世民征讨高句丽的这段时间里，频频出现问题，如果说他没有私心，别说李世民不信，我们也难以相信。

不过，因为说错了两句话，就杀了当朝宰相，的确有点儿过分。但为了李治能够顺利接班，身在病痛之中的李世民又能怎么做呢？

是的，我一向英明，一向不愿意滥杀无辜，但此时此刻，我已经顾不了那么多了。我不入地狱，谁入地狱，所有的罪恶就让我一个人承担吧。

第二，"凌烟阁二十四功臣"张亮之死。

刘洎被杀之后的两个多月，举报侯君集谋反的张亮也被杀了，原因也是谋反。

关于张亮谋反一事，史书是这么记载的。张亮原来只是一个穷小子，李密造反时，他就投奔了瓦岗寨。瓦岗寨中有人密谋造反，张亮突然得知，就将这事告诉了李密，从此得到了李密的重用。

李密失败之后，他就跟了李世民，在玄武门之变时立下汗马功劳，位列"凌烟阁二十四功臣"。然后，李世民便把他派到了相州（今河南安阳）历练。张亮到达相州之后，疾恶如仇，非常能干，赢得了老百姓们的一致好评。后来，他又转任洛州（今河南洛阳）都督，打高句丽时又担任了四万水军的总指挥。

但是，张亮的私生活却一塌糊涂。他发达之后，就当了"渣男"，把原配老婆休了，娶了一位姓李的女子。

李氏生性放荡，天天在外面和情夫瞎搞，但张亮却对李氏爱得死去活来。为了爱情，他竟然把李氏的情夫收为养子，还取名张慎几。

但这个李氏还是不老实，过了段时间，又迷上了跳大神。张亮爱屋及乌，慢慢也迷上了跳大神。有人就趁机拍张亮的马屁，说他生得一副大富大贵的相貌，还能将老婆与人共享，说明他心胸宽广，以后必能当王。

张亮被忽悠得多了，就真的想谋反，又连续收养了五百义子。

646年二月，有人把张亮要谋反的事抖了出来。李世民就把张亮斩了，并没收了他的全部家产。

从这段史料来看，张亮的确该死。但是，这件事也很蹊跷。因为张亮大概率没有收养五百义子。最主要的是，过了一年多，李世民病好之后，也变相承认了张亮谋反的证据不足。因为他把认为张亮谋反证据不足的李道裕提拔为了刑部尚书。

所以，李世民为什么要杀张亮，恐怕还是和李泰有关。张亮和刘洎原来都是李泰一党。李世民病危时，刘洎是宰相，张亮管着东都洛阳，手里还有四万水军，李泰当时又在湖北。假如李世民真的死在半路，两个人一内一外，拥立李泰为皇帝，那后果就真的不堪设想了。

既然已经杀了刘洎，既然一世英明已经有了瑕疵，那就再多杀一个吧。还是那句话，为了孩子，作为父亲，他只能赌上一生的荣耀。

第三，一个小名引起的血案——李君羡之死。

如果说刘洎和张亮之死，还算是李世民的无奈之举，那么杀死李君羡，就绝对属于李世民为了江山稳固而做的糊涂事了。注意，以下所讲的事，都是记载在新、旧唐书和《资治通鉴》里的，不是笔者在瞎扯。

李君羡，洺州武安（今河北武安）人。刚开始，他跟着李密混江湖，李密失败后，他又跟了王世充。后来，因为看不惯王世充，他就带着手下的一众人马投奔大唐，成为李世民的得力助手。

随后，他跟着李世民南征北战，立下了赫赫战功，被封为武连县公。这份用生命换来的荣耀，本来能成就一段草根逆袭的励志故事。但是人在家中坐，锅从天上来，只因为一句话，李君羡便掉了脑袋。

李世民登基十几年之后，江湖上风云骤起，突然出现了一本《秘记》。这本书虽然不是武林秘籍，但比武林秘籍更可怕的是，里面有这样一句话："唐朝三世之后，将有女主武王取代天下。"

于是，李世民找到了半仙李淳风，就是那本中华第一预言奇书《推背图》的作者之一，问他咋回事。

李淳风掐指一算，大喊不妙："据天象推算，此人已在宫中。从现在开始算起，不过三十年，她就要据有天下，而且还要把唐室子孙诛杀殆尽。"

李世民大惊失色，要求把宫中可疑的人全部杀光。

李淳风却阻止了："天意已定，杀人没用，再过三十年，她的年龄已经大了，心肠也会软一些，即使取代天下，也会手下留情。如果陛下现在把她杀了，上天一定会派一个更年轻的人下来，性情可能更为狠毒。那陛下的子孙也许真会被杀光了。"

李世民认为李半仙说得很有道理，就放弃了杀人的念头。

但是，648年六月，长安城的上空却出现了异象——金星昼现。还记得这个异象不？当年玄武门之变前就出现过一次。大唐的气象专家算了一卦，结论竟然也是"帝传三世，武代李兴"。

李世民听后很不高兴，说巧不巧，有一次，李世民和各位武将聚餐，行酒令让每个人讲一下自己的小名，李君羡的小名正好叫"五娘"。

李君羡是武安人，小名五娘，武代李兴。几个巧合凑在了一起，李世民自然而然地就起了杀心。

皇上有了想法，底下的人就会创造条件实现他的想法。很快，一位御史就弹劾李君羡，说他勾结妖人准备谋反。李世民借坡下驴，就把李君羡斩了，并抄了他的家。

这件事很奇怪，你说不可信吧，李淳风、李君羡真有其人，而且这事还全记在了正史中。你说可信吧，这又明显是在胡扯。金星昼现哪里是异象，它只是一种天文现象，是能够准确预测的。

"帝传三世，武代李兴"，这句话吧，有两种可能性。

一种是幸存者编造，当时可能还有"帝传四世，张代李兴"之类的各种流言，但是就这句话应验了，所以就流传了下来。

另一种，应该是有人在提醒李世民。老李啊，你家小李和小武，趁你生病的时候给你戴了好几顶绿帽子啊，赶紧回去瞧瞧吧。但是，这话没人敢明说啊，说了李世民也不会相信啊！

一向懦弱的儿子，一向孝顺的儿子，竟然在自己生病的时候和小妈私通，打死武媚娘，李世民也不会相信，只会以为你是在学他当年，准备搞玄武门之变。

所以，这段故事听听就行。李君羡被斩，可能与谶语有关，但不至于这么玄乎。最主要的原因，还是身体每况愈下的李世民，绝不允许权力交接时出现任何意外，哪怕发现一点点意外，他都要将其扼杀在萌芽之中。只有这样，他才能安心地离去。

在杀掉李君羡之后不久，李世民也快走到了生命的尽头。此时的他，已经重病缠身。背上那个疮虽然早就好了，但是已经严重破坏了他的免疫系统，再加上高血压的折磨，这位曾经驰骋疆场，让敌人闻风丧胆的帝王，已经越来越扛不住了。

为了能多活一天，他不得不向秦皇汉武学习，吃起了长生药。虽然他知道吃这些药不会长生，但这是没有办法的办法了。所有能吃的药他都吃了，所有能看的名医他都看了，可是自己的身体却一天比一天地不听使唤，天下之大，竟然没有任何一种药、任何一位名医能治愈他的身体。

他才五十岁啊，周围那些七八十岁的老人还有好多呢，为什么偏偏就他不能多活几年？

648年，王玄策在灭了天竺之后，从那里带回来一个方士，自称现年两百岁，懂长生之术。李世民抱着最后一点求生的希望，四处寻药，让他炼丹。几个月后，仙丹练成了。李世民一口气吞下仙丹，奇迹没有发生，身体还是那个样子，没有变好，也没有变坏。

李世民一声叹息，看来自己命已绝矣，只好将方士放还天竺。转年的三月十七日，李世民的病情越发严重。四月一日，他带着李治到秦岭南边的翠微宫开始静心疗养。

五月十五日，李世民意识到大限将至，便把李治叫到了床前，做了他人生中最后一次人事安排，将李勣贬为叠州（今甘肃）都督，并特意叮嘱李治：

"李勣才智有余，可是你对他没有恩德，恐怕他日后不能服你。我现在将他降职，假如他即刻就走，等我死后，你可重用，任命他为宰相，视为亲信；如果他徘徊观望，就立刻杀了他。"

幸好李勣聪明，看到诏书，连家都没回，立刻赴任去了。而另一位名将李靖，则在三天之后病死在了李世民前面，享年七十九岁。

能送走的，都已经送走了；该杀的，都已经杀了；该流放的，都已经流放了；周围的部落及政权也灭得七七八八了。大唐的江山终于可以顺利地交到儿子手中了，李世民也是时候走了。

五月二十六日，奄奄一息的李世民在翠微宫含风殿留下了最后的遗言："无忌、遂良在，汝勿忧天下！"

说完，李世民安然离世，享年五十二岁。

中国历史上最辉煌、最灿烂的贞观时代，就这么悄无声息地结束了。一位数百年不出的天选之子，就这样以一种诡异却又平静的方式走了。我们又该如何评价他呢？

他虽然杀了兄弟，并且遭到了儿孙的报应（自他之后，大唐皇室有样学样，经常杀得你死我活），但他也有他的无奈。他凭一人之力，一次又一次地扭转乾坤，灭薛举、薛仁杲，平宋金刚、刘武周，擒王世充、窦建德，终于将破碎的中华大地重新归一。他立下了史无前例的功劳，却要被他人偷走胜利的果实。这恐怕放在任何人的身上，都会毫无顾忌地绝地反击。

放眼天下，兄弟反目者，层出不穷。争夺十万、数十万家产者比比皆是，更何况是要争夺自己打下的江山。

他虽然没有料到，在他死后，乖儿子李治竟然完全忘掉了"无忌、遂良在，汝勿忧天下！"的遗言，酿成了皇室大乱。

但他已经做到了能做的一切，为李治留下了丰厚的帝国遗产：内有广阔无比的疆域，外无能与大唐抗衡的强敌。长孙无忌、褚遂良不愧为千古名臣，李勣更不愧为不世之名将。李治只要按照李世民的既定方针走下去，就能延续大唐的辉煌与灿烂，保证李家王朝的兴旺与发达。

他虽然有时候也好大喜功，但他绝对是一位尽职尽责的好皇帝。

对外，他平突厥、收西域、揍天竺、灭薛延陀、征吐谷浑、打高句丽，将大唐的武德编入了基因、埋入了骨髓，将大唐帝国的影响力扩散到全世界的各个角落，以至于千途年后，全世界还将中国人称为"唐人"。

百姓们在他的治理下安居乐业，官员们在他的管理下相对清廉。他一生勇于纳谏，可谓前无古人、后无来者。他一生兢兢业业、发奋图强，堪称劳动模范。他一生征战四方又不失仁慈，将四海归于一家，被边民尊为天可汗。

他无愧于司马光所评："太宗文武之才，高出前古。盖三代以还，中国之盛未之有也。"

他虽然走了，但他所创造的史无前例的大唐辉煌，在时隔百年、千年之后，还像一盏不灭的明灯，激励着中华儿女奋勇前行。

五十八　李治真的懦弱吗

649年五月二十六日，李世民在翠微宫含风殿去世之后，二十一岁的太子李治完全没有了主张，抱着他舅舅长孙无忌哭个没完，最后把长孙无忌逼急了，骂他不要像匹夫一样哭哭啼啼，李治这才抹干眼泪开始干正事。

第二天，李治秘不发丧，带着程咬金以及四千御林军，率先回到宫中。长孙无忌则在后面，像什么事也没有发生一样，将李世民的尸体运回了宫。

五月二十九日，李治全面掌握了京城，确定不会出现意外之后，才在太极殿正式发丧，宣布遗诏。六月一日，李治正式即位，大赦天下。

按照通常的理解，现在我们就应该把武则天请出来了，因为在大部分人的印象里，李治就是一个懦弱的皇帝。上台之后，除了干了件把小妈立为皇后的大事之外，其他事都是听武则天的。

但事实上，这种理解是很不准确的。

唐朝虽然很开放，男人可以娶嫂子，女人可以嫁好几回，但并不是随随便便就可以把小妈给娶了。无论放在哪个朝代，对这种事，中原的士大夫们都是极其鄙视的。

李治作为皇帝，要娶小妈，说得轻了，大臣们可以骂他；闹得重了，长孙无忌和褚遂良这两个顾命大臣是可以把他直接废了的。

当初李世民临死之前的遗言，可是给了他们这种权力的："汉武寄霍光，刘备托诸葛，朕之后事，一以委卿。"

霍光干过啥事？废皇帝啊！

所以，刚上台的李治心里是很虚的，就算再急着娶武则天，他也必须先解决自己的权力稳固问题。否则，只要那两人掌握着大权，别说立武则天为后了，就是把她接回宫里，李治都能被大臣们的唾沫星子淹死。

李治当然明白这一点，所以他刚一上台，就连续走了四步妙棋，从这两个顾命大臣的手中夺回了大权。前三步是埋钉子、树形象、立军威，第四步才是利用武则天事件彻底掌握大权。

嗯，没错，武则天事件的背后其实就是权力斗争，而不仅仅是为了爱情，到后面我们会详细说的。现在咱们先看看李治是怎么三步走，把大象给装进冰箱里的。

第一步，埋钉子。

一朝天子一朝臣，按照以往的老规矩，李治登基之后，就应该第一时间按功行赏。

李治的确也是这么做的，他让两位顾命大臣掌握了实权，长孙无忌担任了太尉（虚职）、同中书门下三品。褚遂良仍然是中书令，被封为县公，后来又升为郡公。

至于李勣，只能算半个顾命大臣。经受住考验就是宰相，经受不住考验就被宰掉。幸好他经受住了考验，被李治叫了回来，升为左仆射，同中书门下三品。

估计很多人看到这些官职就蒙了，我们先解释一下，有助于理解以后的政治斗争。

唐朝的官制是三省六部制，三省的老大就是宰相。

尚书省老大叫尚书令，因为权力太大，一般不设，由副职（左、右仆射）主持日常工作。中书省老大是中书令。门下省老大是纳言，到唐朝的时候改成了侍中。以上四个职位都是宰相。

到李世民的时候，他就把四个宰相整成了"群相乱舞制"，门下省和中书省经常不止一个老大。到贞观中后期就更乱了，李世民设置了一个同中书门下三品，只要带这个官职的，就是实质上的宰相。后来，李治设立同中书门下平章事，带这个官职的也是宰相。

设立这么多宰相的好处就是平分了相权，将皇权大大增强了，而坏处就是，皇帝要想整事，谁都拦不住。

李治聪明的地方就在于，他既按照老爹的意思做了，也没有全部照做。他在任用顾命大臣的同时，也留了后手，将老爹的那套群相乱舞系统升级成了加强版。

他刚刚上台，就让另外几个亲信也当了宰相。高季辅兼任中书令（褚遂良还是中书令哦），于志宁、张行成同时担任了侍中。

就这样，三省六部中两省的一把手，都安排了另外一伙人当。尽管这时候仍然是长孙无忌和褚遂良说了算，但是，时间一长，问题就出来了。

大家都是宰相，都是为了皇帝着想，凭什么一直都是你说了算？

今天这个人从长孙无忌手中抠点儿预算权，明天那个人从褚遂良手中抠点儿修工程权，总有一天会把他们的权力抠完。

事实上，这群人就是这么干的。一年以后，就日拱一卒地抠出了不少实权。具体是怎么抠的，史书没有详细记载。只记载了李勣见状，辞去了左仆射的职位。而褚遂良则因为有人诬告他压低收买土地的价格，被贬为同州刺史，一直到两年以后才又回来，担任了同中书门下三品。

于志宁则顶替李勣当了左仆射，张行成升任右仆射、同中书门下三品。李治的另外三个亲信宇文节、妻舅柳奭、来济等人也升为同中书门下三品。

这些人的名字很乱，大家也不用记，只记住一个结论就行了：

那个"懦弱"的李治仅仅用了一年的时间，便以"温水煮青蛙"的方式大大加强了君权。本来只有两个半顾命大臣，现在有八个当朝宰相。

当然，这和长孙无忌、褚遂良两人就没想过要专权有关，但更重要的是，李治的这些安排也非常精妙。

面对这么多宰相，长孙无忌和褚遂良能说啥不？不能，群相制又不是李治发明的，他只是扩招了而已，你要是敢说宰相太多，那你就是想专权。

第二步，树形象。

有句俗语叫"看人下菜碟"，字面的意思就是根据不同的人上不同的菜，引申意思就是势利眼。

这种行为天天被人批判，但老实说，它就是人性的一部分，绝大多数人是这样做的，无非是程度不同而已。

朝堂之上的权贵们也不例外。皇帝强硬一点，他们就软弱起来。皇帝软弱一点，他们就变得强硬。所以，想掌握大权，只"埋钉子"是不够的。最重要的是，你得学会使用"胡萝卜加大棒"的组合拳，该软的时候软，该硬的时候硬。

胡萝卜，让拥护你的人有糖吃，他们就会更加拥护你。

大棒，让反对你的人畏惧你，能消除不少潜在的威胁。

李治在登基之前，总喜欢哭哭啼啼的。爹去出征他哭，爹得病了他哭，爹死了他能哭到被舅舅训。

但是，当上皇帝之后，可没有再这样哭过了。相反，他的"胡萝卜加大棒"组合拳，打得简直不要太漂亮。

他刚一登基，就要求各地的王爷们赶紧回京奔丧，但是，亲哥哥李泰却被排除在外。当年十二月，等到权力稳固之后，他又下诏允许李泰开府，车驾、服饰等日常用品还特别供应。

不让你回京是威，给你恩惠是仁。一推一拉，既展示了自己的权力，也留下了爱护哥哥的好名声。

还有，李世民下葬的时候，契苾何力与阿史那社尔两位少数民族大将要求自杀为李世民殉葬，被李治拒绝了。

但是他拒绝的方法也很有一套，没有直说是自己的命令，而是假传了李世民的遗命。

为什么要这样做？这里面是很有讲究的。

中国早就废除了这种制度，如果李治让他俩殉葬，违背了中国人的礼制，也有点儿残忍，不是明君干的事。

如果以自己的名义不让他俩殉葬，人家少数民族有殉葬的传统，在人家眼里你不仅是皇帝，你也是天可汗啊。臣子要殉葬，这是对先皇表忠心，你不让，那就是对先皇不孝。

另外，契苾何力与阿史那社尔也尴尬。去死吧，舍不得那条命。不去死吧，已经说过要死了，新主子不让死就不死，也显得太没诚意了。

所以，用李世民的名义不让他们去死，既彰显了李治的孝顺，听从了老爹的安排，又给了契苾何力与阿史那社尔台阶下，这两人以后必然会对他忠心耿耿。

事实上也是如此，后来李治立军威的时候，就重用了契苾何力。

在日常工作中，李治也是能打这套组合拳就打，不能打，创造条件也要打。

例如，有个官员监守自盗，李治大怒，就要把他斩了。但是，谏议大夫萧钧说，人家的确犯了法，但罪不至死。李治立刻赦免了这个官员的罪，还好好地夸奖了一番萧钧，简直就是李世民的翻版。

你说李治会不知道这不是死罪吗？作为一个皇帝，他怎么可能不知道。但为什么要唱双簧？立威立恩嘛。

再例如，房玄龄的儿子房遗爱以及老婆高阳公主（李世民的女儿）谋反案，李治也用了这一套组合拳。这件事极其狗血，咱们就多讲两句。

高阳公主是李世民的爱女，但是她简直就是潘金莲、阎婆惜和宋江三个人的魔幻结合体，为人不仅好色、贪财，竟然还想造反。

她和房玄龄的儿子房遗爱结婚后，就彻底打开了潘多拉魔盒。也不知道她有什么癖好，特别喜欢和尚，还喜欢和房遗爱一起搞多人运动。

搞到最后，她就给老公找了两个女人，自己则跟玄奘的助理辩机和尚好上了。

这种男男女女的事，本来是挺隐蔽的。但是房玄龄死后，她又开始撺掇老公房遗爱和哥哥房遗直争夺家产，结果被李世民知道了，就骂了她一通。

说巧不巧，这时候官府又破获了一起盗窃案，在被偷走的物品中发现了一个皇室成员才能用的枕头。小偷说枕头是从辩机那里偷的，辩机说这是高阳公主赏给他的。

这样一来，两人的奸情就泄露了。听到这种丢人的事，李世民的小心脏啊，真是受不了，就把辩机腰斩了。高阳公主从此就恨上了她爹，李世民死的时候，她连一点儿悲伤都没有。

李治登基之后，高阳公主死性不改，又和一个叫智勖（xù）的和尚好上了，并且第二次撺掇老公房遗爱与哥哥房遗直争夺家产。

这一次，把李治给惹怒了，直接把房遗直和房遗爱两兄弟全降了职。

从此，房遗爱和高阳公主这夫妻俩就有了反心，他们和薛万彻、柴绍的儿子柴令武，还有李治的叔叔李元景等人勾搭在一起，准备谋反。

房遗爱和房遗直这两兄弟被贬之后，仍然不死心，又开始第三次争夺家产。

　　一代名相的儿子在公主的撺掇下争家产，李治听了就头大，最后实在忍无可忍，就让长孙无忌好好调查一下这到底是怎么回事。

　　结果长孙无忌在调查的过程中，刚好发现了这对夫妻谋反的证据。

　　房遗爱为了保命，就想学当年纥干承基密告李承乾谋反榜样，为免一死，他就把当初李世民要立为太子的儿子李恪也诬陷了进来。

　　这一下就热闹了。高阳公主是李世民的女儿，李恪是李世民的儿子，房遗爱是驸马兼功臣的儿子，柴令武也是驸马兼功臣的儿子，李元景是李治的叔叔，薛万彻是李世民的妹夫兼功臣，造反的全都是自家人啊。

　　咋办？按律当诛，肯定要杀了呗。但是，李治依葫芦画瓢，学了他爹李世民。还记得李世民当初是怎么为李元昌、侯君集等人求情的吗？

　　李世民问大臣们，他俩都是功臣，能不能不杀啊？大臣们说不能，然后李世民就把他俩杀了。

　　这时候李治也是这样，问左右：李元景是我叔，李恪是我哥，朕不想让他们死，你们看行不行啊？

　　大臣们说不行，然后李治就让他们自尽了。

　　不是我想让你们死，是大臣们想让你们死，不要怪我哦。这手段，真是深得李世民的真传啊。

　　像这样的事情还有一大堆。总之，通过这一系列的事件，大臣们算是明白了一件事：这皇帝是国家一级"胡萝卜大棒拳"运动员，不好惹啊。

　　李勣为什么愿意自动放权，褚遂良为什么被贬后一点儿反抗也没有，除了忠心，除了被分权外，很大一部分原因，也是看到了李治的手段。

　　第三步，立军威。

　　在政治上树立了绝对的权威之后，李治又开始在军事上动手了。

　　651年七月，西突厥按照惯例越过大唐的边境来抢东西，原本归附大唐的处月部落在其老大朱邪孤注的带领下杀了大唐的使者，也跟着反叛了。

对于西突厥来说，李世民死了，李治刚登基一年多，对大唐抢一把应该不是啥大事。

但对于李治来说，这个机会实在是太好了。他刚刚加强了君权，正要准备找个软柿子捏一捏，立一下军威呢，没想到就有人主动找上门来了。

于是，李治大怒，就让左武候大将军梁建方、右骁卫大将军契苾何力等人率领三万唐军，以及五万回纥骑兵，逮着西突厥就是一顿痛扁，在牢山（今山西太原北）大败西突厥，又狂追五百里，斩杀了九千多人，生擒了处月部落老大朱邪孤注，然后才率军返回。

为什么让梁建方和契苾何力去打仗？想都不用想，这两人绝对不会是李勣的心腹。

梁建方具体是谁的人，我们无从得知，但他极有可能是尉迟敬德的心腹，因为在虎牢关之战时，尉迟敬德就是带着他和另一位将领生擒了王世充的侄子。契苾何力不必说，对李世民忠心耿耿，李治又不让他自杀，也是自己人。

所以，李治派他俩打仗的意思很明显，就是让他们去立功，证明一下自己虽然没有亲自上过战场，但是，识人用人的水平还是很高的。没有李勣，他也能打好仗，李勣不要太骄傲。

但是，有一位智商不太高的御史就没有看出李治的心思。

他还以为李治会敲打一下梁建方和契苾何力呢。因为按照李世民的惯例，大将立功回来，就得敲打一下，防止他们的野心膨胀。

于是，这御史就告了梁建方一状，说他追击五百里路程太短，应该像李靖那样追个几千里，一下子把西突厥灭了。

李治一声苦笑，把这御史怼了一通才算完事。

至此，李治完美地走完了以上三步。

直到这个时候，武则天还只是这一系列事件中的配角而已。

650年年底，李勣辞去左仆射一职，褚遂良被贬。几个月之后，李治把武则天接到宫中。

652年三月，梁建方等人建立了军功，五月，李治把武则天封为昭仪。干完以上这几件大事，李治才登基两年多，年仅二十四岁。

看看这时间，看看这效率，我们还能说李治是一个懦弱的皇帝吗？

现在我们再回头看看他以前的种种表现，你也许还会心头一惊，看到他的另一面。

李泰威胁让他自杀时，他天天面露难色，难道真的是因为惊恐？就没有用这种方式故意向李世民告状的意思？

李世民要出征高句丽时，他天天哭哭啼啼要求快马传书，难道真的是不舍得老爹？就没有消除老爹疑虑的意思？

李世民背上长疮，他一路扶着轿子走，李世民在宫中休养几个月，他衣不解带，天天伺候，难道真的是孝顺？就没有等待李世民突然去世，自己能够第一时间接班的意思？

李世民驾崩之后，他痛不欲生，不知所措，难道真的是悲痛？就没有表演给所有人看的意思？

如果真的是懦弱，他怎么敢在老爹病重时和小妈私通？

如果真的是懦弱，他怎么可能在两年之内大权独揽，并且将揽权的过程设计得如此周密？

如果真的是懦弱，他怎么可能在这之后，冒天下之大不韪，将小妈娶到后宫并封为皇后？

如果真的是懦弱，他怎么可能为了武则天，将忠臣一个个流放，甚至逼自己的舅舅自杀？

如果真的是懦弱，他怎么可能在位三十多年，连灭数国，并拓地数千里，将大唐的疆域扩张到最大？

所以，这哪里是懦弱，分明是他在通往权力高峰时的隐忍，是他在"寄人篱下"时的权宜之计，是他在地位还没有稳固时候的掩饰而已啊。

只有理解了以上这些，我们接下来欣赏武则天进宫这出权斗大戏时，才能明白李治的所思所想与其背后不可思议的逻辑。

《三国演义》中说："龙能大能小，能升能隐；大则兴云吐雾，小则隐介藏形；升则飞腾于宇宙之间，隐则潜伏于波涛之内。"

李治的作为，哪里是懦弱天子该有的表现，他完完全全就是一条真龙啊。

五十九　武则天为什么变得心狠手辣

武则天的父亲叫武士彟（yuē），并州文水（今山西文水县）人。

唐宪宗时期的宰相李吉甫让人编了一本书叫《元和姓纂》，元和是唐宪宗的年号，姓纂就是给唐朝那些大姓的脸上贴金，证明人家的祖宗很厉害。

该书中记载，周平王的一个儿子叫姬武，是武姓的原始祖先。西晋的宰相武陔是武士彟的九辈祖宗，北魏的晋阳公武洽，是他的六辈祖宗；北齐的镇远将军武俭是他爷爷，他爹武华曾经当过东都郡丞。

总之，武家从周朝开始就祖坟冒烟，一直冒了一千多年，厉害得不得了。武则天当上皇帝之后，把国号改成了周，就和这个有关系。

但是这本书记载的内容吧，有可信的，比如里面的名字，但里面人物的关系，却不太靠得住。

比如武士彟的第九辈祖宗是西晋的宰相武陔，但是他第八辈、第七辈祖宗是谁，这本书里却没有记载，直接就跳到第六辈祖宗北魏晋阳公武洽。

另外，武士彟他爹武华应该也没有当过东都郡丞。东都郡丞是从四品的高官，而且还管理的是首都。隋唐的时候，商人都属于最不入流的一类人，连参加科举考试的资格都没有。如果武华当过这么高的大官，武士彟是不可能去做生意的，他爹不打断他的腿才怪。

所以，武士彟家世代为官的故事，大家看看就行了，大概率不靠谱，我们还是按《新唐书》所说的，认为武士彟出身商人世家。

古代商人的社会地位虽然比较低，但家庭条件一般比较好，正所谓东方不亮西方亮，武士彟家就是这样的。

所以武士彟小时候就有钱有闲去读书，每次读到忠臣传记的时候，他都会看了一遍又一遍，发誓要向这些忠臣学习，扬名立万。

要说按照这个节奏，他肯定是个忠臣才对。但结果却是，这小伙长着长着就长偏了，后来竟然跟着李渊造反了。也不知道他这样到底算忠臣呢，还是不算忠臣呢？

总之吧，商人加读书人的双重身份，让武士彟比一般的商人多了一些大志，又比一般的读书人多了一些精明。这为他以后既能捞钱，又能做官打下了良好的思想基础。

605年，隋炀帝营建东都洛阳的时候，二十八岁的武士彟敏锐地抓住了这次机会，干起了倒腾木头的生意，狠狠地赚了一大笔钱。

隋末天下大乱，谁都有随时被砍的可能，尤其是家财万贯，又没什么武力值的商人。于是，武士彟顺应时代潮流，用经商赚到的钱，买了个小军官的职位。

615年，李渊到山西平叛的时候，武士彟在当地已经属于土豪级别的人物了。于是，他又一次敏锐地抓住机会，把李渊拉到自己家，每天好吃好喝伺候着，慢慢地，他就和李渊混成了酒肉朋友。

617年，李渊升任太原留守之后，作为回报，就给了武士彟一个超级大肥差，让他负责自己的武器、铠甲、粮草等后勤工作。

李渊起兵之前，副留守王威等人想结果了他，武士彟给他通风报信了两次，所以立下了还算不小的功劳。

武士彟这个人，不光业务能力可以，拍马屁的功夫也是一流的。

他知道李渊有野心，想造反，就一个劲地往李渊心窝子里拍。一会儿说自己听到有人喊"唐公当为天子"，一会儿说自己做梦梦到李渊上天了，一会儿又说梦到李渊打进长安了，等等。

总之，有条件就拍马屁，没条件，他创造条件也要拍马屁。有一句话叫"千穿万穿，马屁不穿"，无数个案例证明，无论用到谁身上，这句话都是颠扑不破的真理。

李渊知道武士彟是在拍马屁吗？当然知道，而且李渊还曾经当面揭穿过他，但是，揭穿的时候那也是笑呵呵的。

李渊当上皇帝之后，就把武士彟封为了义原郡开国公，后来任命他当了工部尚书，并将他列入"太原元谋十七功臣"之一，犯了死罪可以免死一次。

当然，这个免死听听就行了，历朝历代都是忽悠人的。刘文静是可以免死两次的人，结果还不是被一刀杀了。

可能是出身的原因，被封为公爵之后，武士彟很是知道自己有几斤几两。所以，他表现得极为低调，李建成、李世民夺嫡的事他也不参与，只是不断隐忍，并一心一意效忠李渊。

后来，武士彟被安排到了宫中，担任李渊的保镖小队长，按说这种工作吧，很难干出业绩，除了李世民，谁还敢碰李渊啊。但是，武士彟在这个岗位上却做出了成绩。

在他工作期间，他的两个儿子病死了，他忍着，既没有请假也没跟任何人说。他老婆相里氏病死了，他忍着，既没有请假也没有找代班的人顶替一下，仿佛李渊离开他就活不成了一样。

从这两件事就能看出，武士彟这人是一个狠角色，很明显，他是在拿自己的儿子和老婆的性命当血酬，表忠心。

他虽然没有把亲生儿子杀了，献给齐桓公当肉吃的易牙狠毒，但也完全有得一拼。如果老天给他机会，说不定他能当第二个易牙，把李渊整死。

因为把外人看得比亲人还重要，是严重违背人性的。

有所予则必有所图。

别人违背人性，要的是什么？别人愿意给你当狗使，为的是什么？当然是你手中的权力，能让他在其他人面前当大爷的权力啊。

但是，李渊知道这几件事之后，却对他的恪尽职守大加赞叹，回过头就当起了红娘，把隋朝宰相杨达的女儿嫁给了他。

这个杨氏当时已经四十四岁了，她以前天天吃斋念佛，是个不婚主义者。眼看就要年过半百，结果却迎来了人生的春天。在嫁给武士彟之后，她连续生了三个女儿：长女武顺，次女武则天，还有一个不知道叫什么的小女儿。

李世民登基之后，武士彟按照惯例，又开始拍李世民的马屁。他不断怂恿李世民去泰山封禅，把李世民说得心里直痒痒，但是每一次都被魏徵按了下来。

随后，他就被派到地方工作，先后担任了利州都督和荆州都督。635年，武士彟病死在荆州都督任上，武则天当时年仅十二岁。

虽然武士彟是一个比较狠心的人，死了儿子、老婆也不管，但他对武则天母女几个人还是不错的，当然，皇帝赐婚，他也不敢怠慢。

武士彟的死对小小的武则天来说，是一个很大的打击。后来，武则天掌权之后，几次三番追封武士彟，最后还给他送了一顶大周无上孝明皇帝的大帽子。

没有爹的孩子是不幸的，更不幸的是，她堂兄武惟良、武怀运以及同父异母的哥哥武元爽等人，还欺负她们母女。

所以，武士彠刚一死，这群鼠目寸光的人，就开始对武则天她妈杨氏无礼了。

杨氏他爹隋朝时的宰相，堂兄杨恭仁 、杨师道等人，也先后担任了唐朝的宰相。所以，杨氏哪能受这种气，一怒之下就带着三个女儿跑到长安投奔了堂兄。

这段被人欺负的经历，在武则天幼小的心里埋下了刻骨的仇恨——那三个鼠目寸光的家伙，一定要让他们付出惨重的代价。

同时，也让武则天明白了一个道理：这是一个欺软怕硬的世界，如果不想被人欺负，就得让自己不断变强大。

而两年之后，这个让她变强大的机会就来了。

当时，武则天的一位表姐杨氏（原来是李元吉的老婆，将李元吉送走之后，李世民就顺便把这个弟妹也收入后宫了），在636年，也就是长孙皇后死后不久，就怀孕了。她被宠幸的机会自然也就少了，于是，她想到了自己的表妹——十四岁的武则天。

李世民见到武则天，顿时两眼放光，当年十一月，就下旨让她进了宫。

都说一入宫门深似海，进去你就回不来。武则天她妈显然知道这个道理，所以，武则天入宫之前，她就一直哭哭啼啼，伤心不已。

但是十四岁的武则天却感到了莫名的兴奋。两年了，这两年她已经受够了寄人篱下的卑微生活，受够了周围人的冷言冷语。她再也不愿看别人的脸色，再也不想靠祈求别人活着，她要靠自己的努力闯出一片天地。

她相信，凭借自己的美貌和才华，一定能够打败宫中那一群老女人，征服李世民。所以，她对着还在流泪的母亲说："侍奉天子，岂知非福？"

说完之后，她便义无反顾地转过身，走向了那个无数女人向往，但又有无数女人畏惧的宫门。

刚刚入宫的武则天应该是幸运的，她被封为五品才人，赐号"武媚"。

虽然才人的品级不高，上面还有很多女人可以管自己，但是这个职位却很重要，负责记录妃嫔们的日常生活，伺候皇帝的更衣起居。

有时候，她还可以参加一些机密会议，充当一下速记员，帮助皇帝处理一些政务，等等。

应该说，她在这个职位上干得很不错。

有一次，李世民在看马，有一匹外号"狮子骢"的烈马，脾气极其倔强，没人能够驯服。

武则天就指着马对李世民表示，自己能制服它，先用铁鞭抽，它不服，就用铁棍锤，它要还不服，就直接把它宰了。

十几岁的小姑娘，说出这种血淋淋的话，李世民不但没发怒，还好好夸奖了她一番，可见李世民对她十分喜欢。

不久之后，她表姐又生下了一位皇子，叫李明，在她和表姐的双重进攻下，李世民大喜过望，脑子一热，就准备把这个弟妹立为皇后。

可惜的是，半路上又杀出来了一个魏徵，逮着李世民就是一通骂："陛下不可以辰嬴自累。"

这里说的辰嬴是个人名，是秦穆公的女儿，先后嫁给过晋怀公以及晋怀公的伯父晋文公。晋文公死了以后，一派大臣要求立公子雍为新君，另一派大臣要求立晋文公与辰嬴的儿子公子乐为新君，两派闹得不可开交，最后公子乐被另一派给杀了。

魏徵的意思就是说，你把你弟妹立为皇后，不怕你驾崩了，杨家人支持李明当皇帝？

李世民被这么一说，也觉得自己有点儿糊涂，就开始慢慢冷落这位弟妹。最后，李世民又把自己的儿子李明过继给了死去的弟弟李元吉当儿子。

从此以后，真儿子成了假侄子，假弟妹又一次成了真弟妹，天下终于太平了，狗血的剧情也终于结束了。

但是武则天也跟着倒了大霉，在之后的整整十年里，李世民再也没有碰过她一次。

我们不知道武则天这十年具体是怎么过来的，但我们完全可以想象得到她是多么孤独、无助与凄凉。

这十年来，她每天早上肯定都会提前几个小时起床，精心打扮自己，期望那个至高无上的皇帝能够多看自己一眼。

这十年来，她肯定经常看着镜中的自己，为自己的美貌而信心百倍，感觉自己能够俘虏天下所有的男人。但是，随着夜幕的降临，她的信心开始变成失落，失落又开始变成孤独，孤独慢慢地化为怨恨。

她恨武元爽等人欺负她们母女，让她寄人篱下，这才进了深宫。她恨自己刚刚进宫，没有做得更好一些，不能牢牢把握住翻身的机会。

她恨那些所有能陪在李世民身边的女人，如果没有她们，李世民就会宠幸自己。她更恨李世民的儿女们，李世民晚年将心思全部放在了他们的身上，如果没有他们，李世民肯定也会宠幸自己。

她恨这一切，所以她要毁灭一切。她相信，她一定能够做到。

649年，李世民的病情越来越重，这个让她心中挂念的男人终于要走了。作为才人，按照规定，她必须夜以继日地待在李世民的身边，伺候他的起居。同样按照规定，李世民死后，没有子女的嫔妃都要入长安感业寺为尼。

但此时的武则天年仅二十六岁，一种莫名的恐惧扑面而来。

她不甘心在等待了十年之后，得到这样一个结局。她不相信命运的不公，会一次又一次地降临到自己身上。

她突然之间想起了父亲的成功之路。那一年，父亲为了攀上李渊这个高枝，可以赌上身家性命。那一年，父亲为了李渊，可以不顾亲情、不顾家人、出卖人性。

她相信，她也可以做一次父亲这样的人，她还会有最后的机会。

六十　李治为何偏爱武则天

在被冷落了十二年之后，在奄奄一息的李世民的病床前，在即将成为尼姑的最后时刻，武则天终于和李治相遇了。

他俩究竟是怎么勾搭在一起的，我们已不得而知，但大概率是武则天勾引了李治。

一个是卑微到尘埃里的五品才人，一个是即将成为万人仰慕的帝王，让帝王去追求被冷落的才人，这种剧情，只存在于意淫式的小说或电视剧里。

在现实生活中，强者的策略通常跟投资人差不多，不是创业者去挑选投资人，而是投资人在筛选排成长队的创业者。成功男人的身边，从来不缺各式各样的女人，清纯的、妖艳的，应有尽有。

另外，从武则天的性格看，大概率也是她勾引了李治。

当年进宫时，她母亲在哭，她让母亲别哭哭啼啼的。

面对没人能制服的烈马时，她对李世民说用鞭子抽、锤子砸、刀子捅。

以后为了权力，她竟主动杀了女儿（存疑）、儿子、外甥女、侄子、兄弟等无数人。

这种从来不喜欢将主动权交到别人手中的人，在生死存亡的关头，没理由坐以待毙，也不可能干等着天上咔嚓掉下来一个大馅饼。

那么，面对二十六岁的武则天的诱惑，二十二岁的李治为什么就把持不住了呢？

从千年不变的人性看，无非就两个原因：色与权力。

好色是男人的天性，少到十八，老到八十，就没有不好色的，除非挂在了墙上。武则天以美貌闻名，把人迷得神魂颠倒才是正常的，像李世民那样冷落她十几年才是不合常理的。

权力放在男女关系上，就是喜欢挑战世俗常理，和不能勾搭的人乱勾搭。

民间有不少关于叔嫂的俗语，那可不仅是低俗的玩笑，还是对现实生活的深刻总结。

李元昌和李承乾谋反时，还惦记着李世民身边的女人，让李承乾谋反成功后，把那个女人赐给他。

关二哥，那么不近女色的爷们儿，打吕布时还天天念叨着吕布手下大将秦宜禄的老婆。

而武则天呢，刚好就同时满足了李治的这两种需求：

长得好看，这是色。

"李世民"的才人，这是权。

别看李治貌似一个文弱的皇帝，但他对权力的欲望以及内心阴暗的程度，要比我们想象的多不少。

看他以后办的那些事，在亲舅舅、亲儿子明显被人诬告的情况下，他竟然下得去杀手。你说这种人内心不阴暗？谁敢信啊。

所以，李治对武则天的冲动，肯定就源于男人的这两种底色——色和权。

　　不过，除了权色之外，李治对武则大的个人能力，应该也很看重。

　　别忘了，武则天可是个才人，虽然品级不高，但平常可以接触政务，在十几年的耳濡目染之下，武则天恐怕早已成为一个玩弄政治的老手了。

　　颜值只是敲门砖，才华才是试金石啊。

　　但是，再大的才华，也抵挡不住现实的冷酷。两个人也就腻歪了李世民重病时的那几个月。649年五月，李世民驾崩以后，武则天便按照唐朝后宫的规定，和一部分没有子女的嫔妃一起被发配到长安的感业寺当尼姑。

　　五品的才人，变成了凡夫俗子，二十多岁的姑娘，变成了庙里的尼姑，武则天的命运在短暂地看到了希望之后，又一次跌落到了谷底。

　　在很多电视剧中，武则天成为尼姑之后，还一直和李治藕断丝连。一年之后，李治到感业寺时，终于又一次遇到了武则天，两人互诉衷肠，成了眷侣。

　　但现实却要比这个残酷得多，因为李治在刚登基的整整一年时间里，根本就没有想起过武则天。

　　他在干吗呢？他正和萧淑妃打得火热，而且还顺便生了一个娃呢。

　　当时在李治身边的有六个女人：王皇后、萧淑妃、徐婕妤（李世民妃嫔徐惠的妹妹），宫人刘氏、郑氏、杨氏。

　　王皇后出生于628年，和李治同岁，来自世家大族太原王氏，爷爷是西魏的宰相，姑奶奶是李渊的亲妹妹同安公主，这桩婚事还是同安公主亲自向李世民提的。

　　所以，王皇后不仅家世显赫、地位尊贵，还有同安公主和李世民两位大神护身，毫无疑问是后宫中最有分量的一位。

　　但是，王皇后有个致命的缺点——不孕不育。在643年以前，她就嫁给了李治，可是到了649年李治登基，整整六年时间，老中医看了一个又一个，她还是没有生出一儿半女来。

这就给了排行老二的萧淑妃天大的机会。萧淑妃出身于兰陵萧氏，出生年月不详，父母是谁不详，不过她是梁朝皇室的后裔，很有可能是唐初名相萧瑀的亲戚。

她是什么时候成为李治老婆的？我们也不知道，只知道她长得很妖艳，身体也很好，在李治刚刚当上皇帝的时候，她已经生了两个女儿和一个儿子：义阳公主、高安公主和李素节（648年生）。

至于剩下的那四位选手，根本不是这两位的对手。徐婕妤有一定的地位，但也没有生育。宫人刘氏、郑氏、杨氏虽然每个人都给李治生了一个儿子，但从她们的头衔就能看出来，地位太卑贱，卑贱到即使有了儿子，李治竟然也没有给她们封上头衔。

母以子贵，子也以母贵。所以，萧淑妃自然而然地成了李治最宠幸的妃子。

照这样下去，萧淑妃早晚有一天要超越王皇后，坐上后宫之主的位子，所以，王皇后越来越着急。她是妆也化了，耳边风也吹了，就是没有一点儿用。

我们现在来看，此时的王皇后可以有四种选择：

第一种是把妹妹、表妹拉到宫中，结成利益联盟。妹妹们生了儿子之后就过继到自己的膝下，好好善待妹妹和儿子，也好好地善待每一个人，不要小肚鸡肠，也不要争宠，做自己就好。具体案例可参考东汉一代贤后明德。

第二种还是把妹妹、表妹拉到宫中，结成利益联盟，然后再过继一个其他妃子的儿子，顺便把那个妃子杀了。具体案例可参考东汉章德窦皇后。不过，杀人母、养人子这件事缺了大德，而且风险还很大，如果不是汉和帝为人英明，窦皇后死后肯定会被清算，以报杀母之仇。

第三种是把后宫中能生育的妃子全杀了，不过，这得遇到糊涂皇帝，并且你还得得到皇帝的专宠。具体案例可参考汉成帝的老婆赵飞燕与赵合德姐妹。不过，杀人母子更是缺了大德，赵飞燕、赵合德最后惨死也是罪有应得。

最后这一种，王皇后参考不了，因为发生在宋朝。

宋真宗的皇后刘娥，也就是著名戏曲《狸猫换太子》的原型，但是戏曲严重歪曲了刘娥的形象，人家可是一代贤后。刘娥刚开始时很惨，不仅出身低贱，早年靠卖艺生存，而且还是有夫之妇。但人家嫁给宋真宗以后，好好学习、天天向上，不仅帮助宋真宗批阅奏章，还不争宠、不造谣，简直就是机要秘书和知心姐姐的复合体。

努力总会有回报，宋真宗就把她宠上了天。不仅不怪她没有生儿子，还谎称她怀孕了，然后还亲自把自己和宫女生的儿子抱给了她，又不顾所有大臣的反对，把她立为皇后。

不知道大家发现没，这四种方法，无论哪一个，第一目标都是必须赢得皇帝的专宠。至于怎么赢，前三个案例全是姐妹强强联合，第四个是靠才华取胜。

可惜啊，有这么多成功的案例，王皇后不知道参考，偏偏选了第五种——引狼入室。

650年五月，李世民周年祭，李治带着后宫嫔妃以及一众大臣到感业寺给他爹烧香。

武则天听说之后激动不已，她已经在寺里吃斋念佛三百多天了。这三百多天里，她每天都生活在极度的痛苦之中。

白天，她会在那些前来烧香的人群中，反反复复地搜寻李治的身影，尽管她知道，李治不可能微服出巡来见自己，但是她仍然不愿意错过哪怕是千万分之一的机会，她不相信李治会弃她于不顾。

她已经二十七岁了，在那个十四五岁就结婚生子的年代，二十七岁简直就是大龄"剩女"的典型代表。以前，她有着显赫的出身，姣好的容貌，光明的前途，周围人的羡慕，如今却什么都没有了。

父亲早死，她以为跟着母亲到了长安就会过得好一些，可是没有。

寄人篱下，她以为进了后宫，凭借自己的美貌和才华就会过得好一些，可是没有。

冷落后宫，她以为抓住李治这一根救命稻草就会过得好一些，可是仍然没有。

短短二十多年的岁月里，命运已经跟她开了三次玩笑。她不明白自己究竟做错了什么，命运之神要这般惩罚她，一次又一次地将她踩在地上，肆意地踩躏。

几十年的绝望能够摧毁一个人，让这个人从毫无畏惧的战士，变成唯唯诺诺的弱者。

但是几十年的绝望也能武装一个人，让这个人从唯唯诺诺的弱者，变成毫无畏惧的战士。

在一次次的绝望中，武则天终于还是选择了后者，她那颗本就不太柔弱的心，越发坚硬了起来。她终于明白了一个道理：万般皆苦，唯有自渡。

所以，当听说李治要来烧香的时候，她知道自己必须拼尽全力，引起李治的注意，这是她最后的机会了。

我们不知道武则天到底用了什么方法引起李治的注意。但可以想象，在万人簇拥之下，李治能注意到渺小的她，她肯定花费了不少的心思，很有可能是买通了李治身边的人或寺里的人，将她安排在了一个非常显眼的位置。毕竟这么重要的机会，没有人会傻到仅仅寄托在缘分之上。

两人再一次相遇之后，也没有顾忌周围人的看法，就直接在庙里上演了一出"执手相看泪眼，更无语凝噎"的大戏。给你爹烧香，见了你爹的女人，你俩却哭了起来，李治这人啊，无话可说，无话可说。

但是，他俩的感情也仅仅到了这步，没有再进一步发展。李治回去后，继续当他的皇帝；武则天回去后，仍然当她的尼姑。

在正常情况下，武则天能不能二进宫，仍会是一个大大的疑问，因为李治虽然有让武则天进宫的意思，但他也要脸，只敢想想，不敢说出来。

但是，奇迹就在此刻出现了，王皇后听说这么荒唐的事情以后，不但没有生气，反而大喜过望，她突发奇想，觉得要是能把武则天召进宫，就能打击萧淑妃。

这种想法，和当年刘璋把刘备请到四川有啥区别？能打击萧淑妃是不假，但是你自己怎么办？武则天是你妹吗？人家马皇后、窦皇后、赵飞燕全是找自己亲妹妹，你却找一个外人？

可惜王皇后文化水平低，吃了没读过书的亏，自顾自地就干了起来。她一方面密令武则天开始蓄发，另一方面亲自上场不断地替武则天说好话，并不断怂恿李治把武则天召进宫。

李治没几天就同意了王皇后的所有意见。皇帝、皇后都这样了，人家后宫的事，大臣们即便想反对，也不好意思再说什么。

于是，自650年五月起，李治就开始不停地和武则天幽会。后来，武则天就怀孕了。

651年五月，李治孝服期刚满，就赶紧把武则天接到了宫中。不久之后，武则天便生下了她的第一个儿子李弘。

在等待了十几年，经历了一次次暴击之后，命运之神终于向武则天敞开了幸福的大门，一个属于武则天的时代即将来临。但是李治其他老婆和儿子们的噩梦，也由此拉开了序幕。

六十一　李治为什么要立武则天为后

651年五月，武则天还是尼姑的时候，就已经怀上了小宝宝。

这件事情很快在长安的街头巷尾流传开了，为了平息舆论，李治急忙让人把武则天接到了宫中。

武则天喜出望外，以为十几年的忍耐终于熬出了头。但是，现实仍然比较冷酷。可能是失去了偷情的刺激，李治对刚入宫的武则天并没有表现出特别的宠爱。因为一直到652年五月，整整一年的时间，李治都没有给武则天任何名分。

李治犹豫了一年，他不知道应不应该给眼前这个女人名分，毕竟她曾经是老爹的女人。

武则天恐慌了一年，表姐杨氏当年和李世民如胶似漆，还生下了一个儿子，但终其一生也没有得到任何名分，这样的悲剧她绝对不要重演。

幸运的是，武则天遇到了一位傻大姐——王皇后。

在这一年里，怀有身孕的武则天，没有休息日，也没有产假，顾不得身体的种种不适，每天都在极力讨好王皇后。

看到武则天如此懂事，王皇后逐渐把武则天当成了自己人，天天在李治面前说武则天的好话，两人就差点儿结拜成异父异母的亲姐妹了。

从650年五月到652年五月，在王皇后连续两年的不懈努力下，李治对武则天的宠爱越来越深。在武则天生下儿子李弘的几个月之后，这份宠爱终于达到了巅峰。

李治决定不再顾忌世人的眼光，直接将武则天封为二品昭仪。

王皇后幼稚地以为自己胜利了。是她把武则天从一个尼姑带进了后宫；是她让武则天从一个没有名分的宫女，变成了二品昭仪；是她联手武则天打败了那个可恶的萧淑妃。她相信武则天是一个知恩图报的人，以后肯定会在皇帝李治面前为自己美言，就像她当初对待武则天一样。

但是，武则天显然并不这么想。从表姐杨氏被冷落至今，她经历了十几年暗无天日的生活，她早已经受够了久居人下的痛苦，而这些痛苦让她深刻地明白了一个道理：后宫只能有一个胜利者，而那个胜利者必须是自己。

所以，她不仅要除掉萧淑妃，还要除掉那个所谓的恩人王皇后。

于是，刚刚当上昭仪的武则天，就开始使尽浑身解数独霸了李治。李治批奏章，她陪着；李治游玩，她跟着；李治生病了，她看着。恨不得一天二十四小时黏着李治。

直到这个时候，王皇后才反应过来自己错了。按说吧，这个反应也不算慢，毕竟当时还没有几个人看得出来武则天以后会那么狠毒。

但是，王皇后奇葩的地方在于，她转过头又和萧淑妃这位冤家联合起来，天天在李治面前说武则天的坏话，准备搞掉武则天。

为什么说她奇葩呢？你和萧淑妃联手，就算搞掉了武则天，李治宠幸的人也是萧淑妃啊，对你又有什么好处？你现在应该做的，难道不是赶紧拉你妹进宫吗？

王皇后的舅舅柳奭当时担任的是中书令（宰相）一职，看到外甥女这么蠢，急得直冒汗。好在他是一个读书人，知道当年东汉的马皇后和窦皇后是怎么干的，于是，他赶紧到宫中，让王皇后有样学样：

把刘宫人生下的庶长子李忠过继到膝下，再让李治把李忠立为太子，母凭子贵，这样王皇后的地位就稳了。

两人商量完之后，就开始行动了。王皇后说服了刘宫人，柳奭说服了长孙无忌。柳奭具体是怎么说服长孙无忌的，我们无从得知，但大概率是从以下三点出发：

第一，如果让李忠当太子，以后李忠继位，长孙无忌有拥立之功。他已经拥立了李世民和李治，再拥立一个李忠，妥妥的三朝元老、功勋盖世。

第二，长孙无忌家没有皇妃，无论立谁为太子，反正都不是自己人。而刘宫人家里势单力薄，到时候恐怕还得依靠长孙家。

第三，合乎规矩，皇帝和群臣大概率都不会反对。立嫡不立长，但是在没有嫡子的时候，一般情况下立长子。

虽然当时李治和武则天关系好得很，但是还没有好到想废掉王皇后的程度。所以，他听到长孙无忌的这个提议之后，当即便同意了。

652年七月，也就是武则天被立为昭仪两个月后，李治便下了诏书，立李忠为太子，大赦天下。并任命于志宁兼任太子少师，张行成兼任太子少傅，高季辅兼任太子少保。

这三个人，我们在前面讲过，李治当太子的时候，他们就是李治的亲信，李治当上皇帝之后，就让他们三个当了宰相，分走了长孙无忌和褚遂良两位顾命大臣手中的权力。

由此可见，至少在此时，李治对李忠抱有很大的希望。

看到王皇后出其不意来了这么一个狠招，刚刚还在为被封昭仪而高兴的武则天，感到了空前的绝望。

她的力量实在是太单薄了。在宫内，王皇后与萧淑妃两人经营日久、耳目众多，她的一言一行肯定会被第一时间透露出去，现在又加上了一个刘宫人。而她自己才刚刚被封为昭仪，势力非常单薄，根本没有几个心腹。

在宫外，王皇后有了太子的支持，还有那么多顾命大臣和宰相站队，简直就聚齐了大唐的全明星阵容。而武则天的两个舅舅虽然曾经担任宰相，但现在已经全部去世，娘家人没有一个身居高位的。

如果这时候李治突然驾崩，或者武则天突然失宠，恐怕她就死无葬身之地了。所以，李治成了武则天唯一的救命稻草，她必须紧紧抓住，一刻也不能失去。

面对难以逾越的困难的时候，有些人立刻想到的就是妥协屈服，但有些人却能爆发出超强的战斗力，武则天明显属于后面这一种。

很快，武则天就放出了第一个必杀技，她以儿子太小需要有人照顾为由，第一时间把自己的亲姐姐武顺拉到了宫中。

武顺和武则天一样，长得肤白貌美。不过她早已经成了别人的老婆，她老公是豫州参军贺兰安石，两人还生了一儿一女，儿子叫贺兰敏之。这个人咱们后面还会讲到，剧情极为狗血。有了两个孩子之后，贺兰安石就去世了，武顺年纪轻轻就守了活寡。

武顺接到妹妹的召唤之后，不仅第一时间就来了，还把自己十几岁的女儿贺兰氏也带进了宫中。

在这位三十岁的小寡妇，以及她亲女儿的联合进攻之下，二十四岁的李治很快就被收拾得服服帖帖。他一高兴就把武顺封为韩国夫人，把贺兰氏封为魏国夫人。再加上武则天，四个人天天腻歪在一起。

　　紧接着，武则天又和姐姐、外甥女一起乘胜追击，开始不断观察王皇后、萧淑妃身边的每个人，一旦发现不喜欢她们的宫女和太监，就立刻花重金收买。

　　王皇后和萧淑妃两个人也是"马大哈"，自己周围的人都快被收买完了也不知道，依然仗着自己的身份对宫女、太监们吆五喝六。

　　于是，越来越多的人投向了武则天的阵营，对王皇后和萧淑妃不利的消息也源源不断地通过武则天、武顺和贺兰氏传到了李治的耳朵里。

　　两派的斗争一直持续了整整两年，终于在654年冬天大爆发了。

　　那一年，武则天生下了第一个女儿安定思公主。王皇后作为后宫之主，按照规定肯定要去看望一下这个小姑娘。既然去看了，那就得按照中国人的规矩，假装很喜欢小姑娘，说一些比如她的眉毛或眼睛很像李治这种话，顺便在小姑娘的脸蛋上摸一下，甚至再抱一下。

　　王皇后确实也这么做了，但是这么一逗不要紧，不知道是不是王皇后运气太背还是什么，她刚走不久，这小姑娘不知道为何就死了。《唐会要》中说小姑娘是暴卒的，而武则天借题发挥，诬陷是王皇后杀的。而《新唐书》和《资治通鉴》记载的则是武则天自己把小姑娘闷死，然后诬陷王皇后杀的。

　　笔者个人比较倾向于《新唐书》和《资治通鉴》的记载，因为武则天后来杀儿子、外甥女、孙子、孙女、兄弟都不带眨眼的，在这个关键的时刻杀一个女儿，她心理上没有多大负担，动机上也有这个可能。

　　如果一个人跌入低谷，没有人拉他一把，当他自己走出低谷的时候，往往会六亲不认，因为他已经看透了人性。武则天过了十几年暗无天日的生活，她心狠的程度，早已不是我们这些常人所能想象的了。

　　总之，这件事大概率是诬陷。

　　那么李治相信了吗？大概率没有相信，而且这件事可能也没有调查出任何结果。

因为之后，李治找到长孙无忌、褚遂良等人要求废掉王皇后的时候，他根本就没有提起这件事。而且，褚遂良阻止李治废后时还说了这么一句话："皇后未闻有过，岂可轻废？"李治听完之后，半点儿脾气也没有，硬是憋了回去。

如果王皇后真的杀了安定思公主，褚遂良怎么可能没听说？李治又怎么可能不反驳？

但是，不管安定思公主是谁杀的，此时此刻，李治已经是铁了心要废掉王皇后了。

很多人说李治废掉王皇后是为了打击关陇贵族集团，但这个说法其实很离谱。也不知道为什么，现在很多人只要一谈起杨坚、杨广、李渊、李世民或李治有什么举动，就说是为了打击关陇贵族集团。关陇贵族集团哪有这么多？

据陕西师范大学古籍整理研究所原所长黄永年老先生所说，关陇贵族集团到唐初就已经不复存在了。

我们看一下，李治通过王皇后事件，打击的宰相有哪些。

第一个，长孙无忌，河南洛阳人。

第二个，褚遂良，杭州钱塘人（今浙江杭州）。

第三个，来济，出生于江苏扬州，但祖籍是河南南阳。

第四个，韩瑗，出生于陕西三原，但属于河南南阳韩氏。

第五个，于志宁，陕西高陵人。

第六个，柳奭，山西运城人。

长孙无忌和褚遂良，一个是洛阳人，一个是浙江人，距离关陇地区少说也有好几百里远。这六个人中有四个是山东（崤山以东）人，他们不管怎么看，都不能算关陇贵族集团成员。

那么李治到底为什么一定要废了王皇后呢？其实有两个原因：

第一个是感情原因，李治真的很讨厌王皇后，很喜欢武则天。

王皇后他们一家人，不仅脑子有问题，还和中华传统美德"温良恭俭让"有仇，傲慢无礼，把宫里人得罪了一个遍。

试想一下，你要是李治，辛苦了一天从办公室回到家，一边是武则天和她姐姐、外甥女的温柔体贴，你加班，她们陪着，你累了，她们按摩着，你不想工作了，武则天还能帮你把工作干得漂漂亮亮。而另一边却是叽叽歪歪，就知道刷抖音、刷淘宝的王皇后。你说你会选谁？

当然，成年人的世界并不是非黑即白的，有的人可能不会选，而是四个都要。但是，李治他们家真的有皇位要继承，而权力斗争只能有一个胜利者，他必须选一个人当皇后，不然后宫永无宁日。

第二个原因是权力问题，这个是主要原因。

长孙无忌和褚遂良这两个人，办事能力没得说。长孙无忌为相三十年，唐初的强大有他极大的功劳。褚遂良也是一代贤臣，李世民对他的评价是：立身之道，不可无学，遂良博识，深可重也。

而且这两人的忠心程度也没得说，属于那种君让臣死，臣立马就死，而且你说让怎么死，他就怎么死的类型。甚至后来唐文宗都为长孙无忌的死鸣不平：看本朝史料时，每当看到有关长孙无忌的事情，他总是掩卷叹息。

正因为这两人忠心耿耿加上能力超群，史书上才说了：永徽（唐高宗年号）之政，百姓阜安，有贞观之遗风。

但是，这两人也有一个毛病，这也是所有位高权重者的通病——专权，打击异己。

我们之前说过，649年李治上台之后，通过"埋钉子、树形象、立军威"三步走，迅速从长孙无忌和褚遂良手中夺取了不少大权，而且还因为一点小事，就把褚遂良贬为同州刺史，一直到652年才让他再次担任宰相。

但是后来的事情却大大出乎李治的预料，因为他埋下去的那些钉子，要么早死了，要么不知不觉间被长孙无忌策反了。

在652年，唐朝的宰相一共有十位：长孙无忌、褚遂良、李勣、宇文节、柳奭、韩瑗、来济、于志宁、张行成、高季辅。

他们中至少分为四个派别：

第一，长孙无忌、褚遂良、韩瑗、来济算是一派。长孙无忌和褚遂良都是顾命大臣，关系铁到不行。韩瑗、来济、长孙无忌都是河南人，属于老乡见老乡两眼泪汪汪的亲密关系。

第二，李勣作为军功的代表，算一派。

第三，柳奭作为王皇后的外戚，单独算一派。

第四，于志宁、张行成、高季辅三个人算一派，李治当太子的时候，他们都是东宫的人。

但是，到653年，宰相变成了九个人，张行成死了，而高季辅病重退休，在第二年也死了。李治只好让兵部尚书崔敦礼接替高季辅当了宰相。

浓眉大眼的柳奭和长孙无忌成了好基友，把李忠立为太子。于志宁在张行成、高季辅去世之后，也倒向了长孙无忌那边。

这样，九位宰相只剩下了两派。

长孙无忌、褚遂良、柳奭、韩瑗、来济、于志宁一派；其他人一派。

653年，房遗爱谋反案爆发，长孙无忌作为主审官，又趁机扩大了打击面。

他把和自己有仇的李恪（李世民第三子，曾想立为太子，李治也不喜欢这个人）、李道宗（李世民堂弟，当年打吐谷浑、东突厥时的名将）还有宰相宇文节全都牵扯了进去。最后，李恪被杀，李道宗、宇文节被流放。

这么一来，剩下的八位宰相中有六位都是长孙无忌的人了。与他作对的只剩下了李勣、崔敦礼两个军功派。

李治装得很懦弱，但他一点儿也不傻，很快他就发现了其中的问题。于是，他便准备再提拔一些人做宰相。

654年，李治便把所有五品以上的官员召集起来开了一个小会。在会上，他慷慨激昂地表示："以前先帝还在的时候，我经常能看到五品以上的官员议论朝政，现在你们为什么都不上书言事了？"

上书言啥事？李治的意思再明显不过了。现在朝中大大小小的事情，都是长孙无忌说了算，上书言事，那就是让大家一起挑长孙无忌毛病呗。这样，李治就可以从挑刺的人中选出一些人当宰相，分走长孙无忌手中的权力。

但是面对皇帝的热情号召，近百位大臣竟然一致保持了沉默，把李治的话完全当成了空气。直到三个月之后，朝廷雇用四万人修筑长安城的外墙时，雍州的参军薛景宣才上书劝了一次，但是这位老兄挑的不是长孙无忌的刺，而是李治的刺，他说，汉惠帝当年修建长安城后，不久就死了，现在皇帝又修城，肯定也会有大灾。

李治听了这话，气得一口老血差点儿喷了出来。但是，为了鼓励大家积极献言献策，他硬是把这口气吞了下去，没有治薛景宣的罪。可是即使皇帝如此鼓励，也仍然没有人上书挑长孙无忌的刺。

一瞬间，李治感到了前所未有的恐惧，长孙无忌的势力太大了，大到皇帝被群臣诅咒去死也没人敢和他作对的程度，大到自己安插下去的钉子也会被策反的程度，大到从皇后到太子到群臣都站在他那边的程度。

李治这才知道，他必须对长孙无忌下手了。恰好，机会来了——一个月之后，李治的女儿安定思公主夭折了。

六十二　谁才是武则天最大的同党

安定思公主夭折以后，李治决定趁机废掉王皇后。于是，他带着武则天到了长孙无忌家，三个人又是喝茶，又是吃饭，又是聊天。

李治说："舅舅工作辛苦了，我给你拉了十车金银珠宝，你看美不美。"

长孙无忌说："来都来了，还带啥礼物。"

李治说："舅舅和小舅妈（长孙无忌的小妾）生的三个儿子真可爱，我封他们为朝散大夫怎么样？"

长孙无忌说："无事献殷勤，非奸即盗，你有啥事就说吧。"

李治很高兴，赶紧说："王皇后生不出儿子，我准备换个老婆，咋样？"

长孙无忌说："什么，王皇后有儿子了？恭喜恭喜啊！"

李治又扯着嗓子说："大舅，我是说王皇后生不出儿子。"

长孙无忌大声说："什么？准备给王皇后再过继一个儿子？"

李治表面乐呵呵，心里一顿骂，知道长孙无忌在耍滑头，于是胡乱扒了两口饭，憋着一肚子气就回了皇宫。

第一步就碰上了硬钉子，武则天非常不甘心。第二天，她就让七十多岁的老妈杨氏拎着礼品上长孙无忌家里去。

还别说，杨老太太和她女儿有一拼，战斗力真剽悍，从654年年底一直到655年年初，武则天的第二个儿子李贤都满月了，老人家还在天天坚持。

可惜啊，长孙无忌就是不吃这一套，任凭你拐杖捣得咚咚响，一步也不让。

在被逼无奈之下，武则天心生一计。刚刚出了月子，她就说自己腰酸了，头疼了，哪哪都不舒服了，老中医看了一个又一个，就是不见好。

几天之后，武则天掐指一算，原来有妖孽，是王皇后在作法，搞"厌胜"之术（"厌"念yā，通"压"，镇压），把武则天的灵魂镇压了。

一出政治大戏，瞬间变成了玄幻小说。这么离谱的事情，李治信了吗？

大概率仍然没有信，因为废掉王皇后的时候，李治并没有提到这件事。另外，李治这个人一直不太相信这一套。他当上皇帝之后，当年忽悠他爹李世民吃长生药的三哥，又被王玄策带了回来，他却直接把三哥打发走了。

但是，信不信不重要，武则天是不是诬告也不重要。重要的是，"厌胜"之术是一个废后的好借口。

李治就以此为借口，把王皇后的舅舅柳奭贬到四川自贡去了。另外，他又往后退了一步，要把武则天封为宸妃。

唐朝的时候，皇后下面一共有四个一品妃子：贵妃、淑妃、德妃、贤妃，根本就没有"宸妃"这个岗位。

那李治为什么要设置"宸妃"呢？

因为"宸"字在古代暗指帝王，"宸妃"的意思很明显，就是皇妃。

在李治看来，贬了柳奭表明自己的态度很坚决，立武则天为宸妃而不是皇后，表明自己可以向长孙无忌妥协。一进一退，大家都留点儿面子，这件事就可以圆满解决了。

但是，在长孙无忌看来，今天你能立武则天为宸妃，明天你就能立她为皇后。但是，他并没有亲自出马，而是让另两位宰相韩瑗、来济（来护儿的儿子）提出反对意见——"宸妃"两字我们没有听说过，不合礼制，不能立。

这一次，李治终于怒了。

从654年年底到现在，已经半年多了。他想废掉皇后，没有一位大臣支持。他想把武则天立为宸妃，依然没有一位大臣支持。加上之前，李治想让人进谏，没有一位大臣敢直言。

这朝廷到底是长孙无忌说了算还是皇帝说了算？

所以，从这一刻起，"立武则天为后"这件事的性质，就上升到了皇权和相权之争。武则天这个皇后，李治是非立不可的，他必须让大臣们站队表态，绝不允许他们都站在长孙无忌那一边。

就在双方不断撕扯的时候，原来铁板一块的朝臣们，终于出现了一道又一道裂痕。历史上著名的大奸臣李义府，就在这个时候闪亮登场了。

李义府，祖籍河北，后来因为他姥爷在今天的四川盐亭县当了一个芝麻官，他们全家就搬到了四川。

李义府长大以后，因为文章写得漂亮，就被提拔到中央，担任了中书舍人（正五品）。因为他见谁都是笑眯眯的，背后却喜欢"挖绝户坟，踹寡妇门"，所以，不久之后，他便很幸运地荣获了"李猫"这个外号，并由此让"笑里藏刀"这个成语流传于世。

但是，李义府是怎么从一个小人物演变成可以左右政局的一代奸相的，史书上的记载却有几处模糊的地方。我们先看史书上是怎么说的。

第一，李义府不知道什么原因得罪了长孙无忌，要被贬到壁州（今四川通江）。但是，李义府被贬的命令还没有到达门下省，他就已经知道了。

第二，李义府赶紧跑去问同是中书舍人的好朋友王德俭怎么办。王德俭给他出了一个好主意：站队皇帝这边，主动要求立武则天为后，必受重用。

第三，李义府按计行事，李治大喜过望，赐给了李义府一斗的珍珠，还把他破格提拔为中书侍郎（中书省老二）。

这段记载表面上看起来平淡无奇，也就是李义府运气好，碰见了一个脑瓜子灵活的王德俭，于是就赌赢了。但是，我们往深处扒一下就会发现，这件事情远远没有那么简单。

第一，李义府到底因为什么事情得罪了长孙无忌？

第二，贬李义府的命令，他一个五品小官怎么可能提前得知？

要解答第一个问题，我们需要看一下李义府的简历。

李义府在担任中书舍人之前的职位是监察御史，这个职位本来没有什么稀奇，但是，他后面还加了一句"以本官兼侍晋王"，也就是兼任辅佐晋王的意思。

当时的晋王是谁呢？好巧不巧，就是当今皇帝李治。

大家还记得不？前段时间，李治刚把长孙无忌的死党柳奭贬了，贬的地方也是四川。现在长孙无忌又要把李义府贬了，贬的地方也是四川。你要说这两者之间没有任何关系，恐怕没有人会相信。

那么，第二个问题的答案似乎也呼之欲出了。

当时中书省的老大是来济，就是和韩瑗一起阻止李治把武则天立为皇后的那个宰相。他是长孙无忌的铁杆支持者，所以，通知李义府的人绝对不可能是来济。

那么，还有谁能得知这么绝密的信息呢？

按照谁受益谁嫌疑最大的原则，这个消息很有可能就是李治故意放出去的。只有这样，接下来发生的一系列事情才能形成完美的闭环。

李治把柳奭贬了，表达了自己要立武则天为后的决心。

长孙无忌要贬李义府，表明了自己绝对不会在废皇后的事情上让步。

李治知道李义府要被贬，马上对外放出风声，逼迫他迅速站队。

后来的事实也证明，李治这一招很有效。李义府被升为中书侍郎之后，大臣们的天平终于开始往李治这边倾斜。不久之后，另一位重量级人物许敬宗也站在了武则天那边。

许敬宗，生于杭州新城（今杭州富阳区），老爹曾经担任隋朝的给事中，宇文化及兵变时，他爹被杀了。

当年许敬宗二十六岁，看到老爹被杀，他哭得比谁都惨，不过不是哭他爹，而是吓哭了。他立马跪了下去，一边把头磕得砰砰响，一边表示自己和老爹早就划清了界线，这才逃得一命。

不久之后，他就投奔瓦岗寨，当了李密的记室，与魏徵一起掌管文书。李密失败之后，他又投奔了唐朝。李世民知道他很会写文章，当上皇帝之后，就让他当了五品的中书舍人。

按照这个节奏发展下去，凭许敬宗的才华，在贞观朝当个宰相应该不是问题。但是，在关键的时候，他却遇到了初唐四大书法家之一的欧阳询。

636年，长孙皇后去世了，按照规矩，大臣们都得过去吊唁，七十九岁的欧阳询拄着拐杖颤颤巍巍也去了。遇到这种德艺双馨的大艺术家，脑子但凡正常的人，起码也得行个礼以示尊敬吧，最不济也可以当作没看见，装不认识。

但是，许敬宗却哈哈大笑了起来，原因竟然是他觉得欧阳询长得实在太寒碜了，不应该出来吓人。

这一笑不要紧，他直接被李世民贬到四川去了（唐朝真喜欢把人贬到四川）。后来，李世民觉得他有才，贬那么远可惜了，就又把他提拔为给事中兼修国史（正五品）。

647年，李世民在征高句丽的时候，又让他担任中书侍郎（相当于副宰相）一职。李治登基之后，又让他当了三品的礼部尚书。

但是没过多久，许敬宗就因为贪污受贿被贬为郑州刺史，等到655年李治准备换皇后的时候，他已经六十三岁了，这才又被升为从四品的卫尉卿。他投靠武则天之后，李治让他干了老本行——三品的礼部尚书。

在李义府、许敬宗这两位带头大哥的带领之下，御史大夫崔义玄、御史中丞袁公瑜、中书舍人王德俭、大理寺卿侯善业等人，开始陆续加入了武则天的阵营。

一个陷害忠良、专门利己、毫不利人的团体组合自此形成了。

几百年之后，欧阳修在编写《新唐书》的时候，把许敬宗和李义府放在了《奸臣传》的第一名和第二名。

其实，这两人不应该算是首恶之臣，被钉在历史的耻辱柱上，因为他们的背后很明显还有另一个巨大的影子——当朝宰相、三朝元老李勣。

我们来看一下这些支持武则天的大臣的简历。

许敬宗，杭州人，曾为李密记室，礼部尚书，正三品。

李义府，祖籍河北，中书舍人，正五品。

崔义玄，河北人，曾为李密手下，御史大夫，从三品。

王德俭，山东人，许敬宗外甥，中书舍人，正五品。

袁公瑜，河南人，御史中丞，正四品下。

侯善业，河北人，大理寺卿，从三品。

李勣，出生在位于今天河南、山东交界处的山东菏泽，原是李密手下大将，曾长期担任位于今天山东、河南、河北交界处的黎阳郡的老大。

看出他们之间的关系了吗？

从地域上看，除了许敬宗之外，他们全部都是今天的河北、河南、山东人。

从过往的经历来看，许敬宗、崔义玄、李勣原来都是李密的人。

再结合后来李勣在关键时刻怂恿李治废皇后，你要说李勣和这群人没有关系，恐怕谁也不会相信。

而且，作为政坛上的老手，如果李治和武则天没有看出来，这一群人的背后其实站着战功赫赫的李勣，恐怕他们也不会在得到这些人的支持之后，就立马向长孙无忌一党摊牌了。

一场针对忠臣们的大清洗，终于要开始了……

六十三　李治为什么一定要杀了长孙无忌

　　在得到几位朝臣的支持以后，李治终于决定要向长孙无忌等人摊牌了。

　　有一天刚下朝，李治就把长孙无忌、褚遂良、李勣、于志宁四位宰相叫到了内殿。

　　李治的这个安排很有心机，长孙无忌、褚遂良、李勣都是顾命大臣，于志宁是原来太子府的人。

　　在李治看来，长孙无忌和褚遂良是一派，他俩肯定会反对自己。李勣是山东派背后的老大，于志宁是自己人，这两位肯定会支持自己。如果在会上，自己被长孙无忌和褚遂良这两个老骨头怼得太厉害，李勣、于志宁还可以在一旁帮助自己解围一下。

　　可惜理想很丰满，现实很骨感。在去内殿的路上，褚遂良就已经看透了李治的小心思，他对其他三位宰相发表了一通慷慨激昂、催人泪下的演讲，大概意思是说：

　　皇帝已经下定决心要立武则天为皇后，违抗者必死无疑，长孙无忌是皇帝的舅舅，李勣是开国功臣，不能让皇帝背负杀舅舅和功臣的恶名。我褚遂良对国家无功，却位极人臣，不以死谏，没脸去见先帝！

李勣看见褚遂良态度如此坚决，一方面汗颜得无地自容，另一方面又怕褚遂良死谏之后，李治问自己的意见。如果自己当面表示支持皇帝，褚遂良万一想不开真死了，自己就有残害忠臣的嫌疑。所以，他立刻捂着肚子表示头疼脑热浑身无力，一溜烟就跑了。

李治看见四个人变成了三个人，也没有多想，开门见山就表达了想立武则天为皇后的想法。

按照事先的约定，还没有等其他人开口，褚遂良就放出来大绝招，从三个方面把李治批得体无完肤：

第一，皇后出身名门，是先帝为陛下娶的。

第二，先帝临死之前，拉着陛下的手对我说："朕的好儿子、好儿媳，如今就交付给你了。"这些话都是陛下亲耳听到的。

第三，我没听说过皇后有什么过错，怎么能够轻易废掉？

总之一句话，你要敢休了王皇后，就是对你爹不忠、不孝、不仁、不义。

李治瞬间就被搞蒙了，好好说话呢，你把我爹抬出来干啥？他直溜溜地盯着长孙无忌和于志宁，想寻求一点儿安慰，但长孙无忌不停点头，于志宁装作什么也没看见，啥话也不说。

李治张了张嘴，还想再说点儿啥，硬是咽了回去，气得直接拍拍屁股到后宫找武则天商量怎么吵架去了。

后来，商量好对策的夫妻俩，又把这三个人叫到内殿，准备好好反驳一下褚遂良。但是褚遂良根本不吃这一套，他一看罪魁祸首武则天也在，就没有再把李世民抬出来，而是将矛头直接指向了武则天。

他说："陛下一定要换皇后，可以遴选全国的世家望族，何必非要选武则天？众所周知，她以前是你爹的女人，千秋万代之后，别人怎么评价陛下？"

说完之后，褚遂良知道自己的话说得太重了，所以扑通一声就跪了下去，把朝笏丢到前面，一边把头磕得血流满面，一边请求告老还乡。

李治被人当面指责娶了自己小妈，气得火冒三丈，也没叫人给褚遂良包扎一下，就让人把他扔了出去。

武则天也被说得满脸通红，气急败坏地嚷嚷着要把褚遂良斩了。

长孙无忌一听也怒了，这女人还不是皇后就敢如此嚣张，如果以后成了皇后，大唐岂不是要永无宁日了。于是，他直接把武则天的话怼了回去："褚遂良是先帝的顾命大臣，即便有罪也不能加刑。"

于志宁站在一旁，依然什么话也没有说。李治又气又无奈，失望地摇了摇头，又一次憋了一肚子气回了后宫。

之后的第二天、第三天、第四天，另一位宰相韩瑗连续三次痛哭流涕地进谏，把狐狸精妲己、烽火戏诸侯女主角褒姒等历史名人全都请了出来，嘴皮子磨破了一层又一层，但是李治依旧不为所动。

等到第五天，另一位宰相来济也加入了劝谏的阵营，他把为西汉灭亡作出突出"贡献"的汉成帝和赵飞燕、赵合德姐妹俩的小故事摆了出来，但李治仍是铁了心要废后。

看到李治废后的决心如此之大，谁也不能阻止，李勣这位官场老油条的病，碰巧就好了。

于是，李勣悄悄进到宫中，找到正在生气的李治，说了一句被后世许多人引用，但又遗臭万年的名言："此陛下家事，何必更问外人！"

一语惊醒梦中人。是啊，没有屠户就得吃带毛的猪？

在得到李勣的支持以后，李治明白，山东派的大臣们已经彻底站在了自己这边，他终于可以对长孙无忌等人下手了。

而这一次，他依然用了最拿手的方法——温水煮青蛙。

在宫内，李治下诏篡改历史，把和小妈偷情说成老爹赐婚，把武则天光明正大地立为皇后。

接着，他又编造谎言，说王皇后、萧淑妃"谋行鸩毒"，但是要毒死谁他也没说，这不重要，哪怕是毒死一头猪，也是不爱护动物的惨无人道行为，反正就是要把她们废为庶人，把她们的家人全部流放岭南。

关于王皇后、萧淑妃的结局，不同史书上有不同的记载。

《旧唐书》中记载的事情前后矛盾，先说一个多月之后，她们两个被武则天缢杀。之后又说，武则天先把她们打了一百杖，然后砍掉手脚，装进酒罐子里，"数日而死，又斩之"，并将她们的姓分别改成了蟒氏和枭氏。

萧淑妃在死之前立下诅咒，希望来世自己能够投胎为猫，武则天投胎为鼠，这样的话，就可以天天上演"猫抓老鼠"的大戏。武则天听说之后，宫中不再养猫。

《新唐书》和《资治通鉴》则没有说缢杀这回事，直接记载了后半部分。

从理论上来说，《旧唐书》前面的记载靠谱一些。因为砍掉手脚，装进酒罐子里，数日而死，明显不符合医学常识。

另外，吕后当年把戚夫人做成人彘最关键的一点是，没有人能拿她怎么样，如果刘邦还活着，哪怕他冷落了戚夫人，吕后也不敢这么残忍。

武则天刚刚被立为皇后，手段就敢如此残忍，估计李治马上就会把她废了，毕竟李治也不是变态杀人魔啊。

像武则天这种政治家办事，一般都是"好话说尽，坏事做绝"，把敌人搞死，目的就已经达到了，没必要像吕后那样，留下恶名，因为得不偿失。

在宫外，李治只是废掉李忠的太子之位，将褚遂良贬为潭州（今湖南长沙）都督。至于长孙无忌、于志宁、韩瑗、来济等宰相则职位不变。相反，武则天还以韩瑗、来济勇于进谏为由，要给他们大量的赏赐。

都是千年的狐狸，他们当然知道李治这玩的是哪一出。所以，长孙无忌、韩瑗、来济等人，几次三番要求告老还乡，但是李治一直没有同意。

直到两年后，657年，李勣、许敬宗、李义府等人逐步掌握了大权之后，李治才决定对他们下手。

许敬宗在武则天的授意之下说，韩瑗、来济把褚遂良调为桂州（今广西桂林）都督，而桂州那里穷山恶水，特别适合谋反，所以他们就是准备谋反，应该把他们都杀了。

李治听说之后大怒，就把韩瑗贬为振州（今海南三亚）刺史，把来济贬为台州（今浙江台州）刺史，终身不得回朝。

他又顺便把褚遂良从并不容易谋反的桂州，贬到事实上最容易谋反的清化（今越南清化）当刺史，还把柳奭从四川贬到广西象州当老大。

当时的越南和海南可不像现在是鱼米之乡，没事了可以到海边晒晒太阳，坐坐游艇。而是蚊虫、毒蛇横行，血吸虫病、疟疾肆虐，北方人去了根本受不了。

所以，第二年（658年）褚遂良就连气带病外加郁闷，死在了清化，享年六十二岁。第三年（659年），韩瑗也在振州病死了，享年五十四岁。

把长孙无忌的左膀右臂全部贬到边远穷困地区以后，659年四月，武则天又让许敬宗对长孙无忌下手了。

当时有个叫李奉节的小人物，状告太子洗马韦季方等人谋反，韦季方被刑讯逼供后准备自杀。

这件事无论怎么看都和长孙无忌没有任何关系，但是，许敬宗发挥他诬陷人的特长，硬生生地给扯上了关系——根据自己的推断（始末推究），韦季方的背后，肯定是长孙无忌、褚遂良、柳奭、韩瑗、于志宁等一伙人。

李治一听惊呆了，根据你自己的推断，没有任何证据就说人家谋反，这也太不是人了吧？不过你这种人，我太喜欢了。

所以，李治又发挥出"好话说尽，坏事做绝"的政治家"素养"，假惺惺地哭了起来。

他表示不想杀舅舅，恐怕被世人唾骂。许敬宗赶紧上去劝，把当年汉文帝哭死舅舅薄昭的故事搬了出来。

李治一边哭，一边点头：你咋说得这么有道理。

有啥道理啊，当年汉文帝推行新政时，他舅舅（薄昭）的封地上发生了叛乱，而且薄昭还把汉文帝派去平叛的钦差大臣钟毓杀了。犯了这种罪，别说是亲舅舅了，就是亲儿子也得掉脑袋。

但是，长孙无忌又有什么罪过呢？他唯一的错不是谋反，而是当年力挺你李治为太子；他唯一的错不是阻止你李治废后，而是在李世民死后，尽心尽力辅佐你，没有真正当起霍光，死死掌握住权力不让你小子有任何非分之想。

可惜啊，你永远叫不醒一个装睡的人。李治在没有对长孙无忌进行任何审问的情况下，便对以他为代表的这群当年的股肱之臣进行了大清洗。

长孙无忌被流放黔州，随后被许敬宗派人逼迫上吊自杀。

长孙无忌的儿子长孙冲等人，全部废为庶民，流放岭南。

长孙无忌的族弟兼李世民的女婿长孙铨，被流放巂州（今四川西昌），之后被当地县令活活打死。

长孙无忌堂兄的儿子、常州刺史长孙祥被绞死。

褚遂良此时已经死了，所以李治免了他的官职，把他的两个儿子褚彦甫、褚彦冲全部流放到爱州（今越南），并派人在半路上将他们统统杀害。

柳奭被抄家，随后被斩。

韩瑗已死，被抄家后开棺戮尸，连死人都不放过，李治你做得也太绝了吧。

韩瑗老婆的外甥、凉州刺史赵持满被严刑拷打，但他宁死不屈，被斩首于长安。

于志宁被贬为荣州刺史，后来病死了。

来济被流放到庭州（今新疆）。662年，西突厥来犯，来济统兵防御。郁郁不得志的他，出发之前对部下说出了最悲壮的遗言："我曾触犯刑律，蒙恩赦免死罪，现在应当以身赎罪。"

于是，来济不穿盔甲，率军出击，力战而亡，时年五十三岁。

无言以对，无言以对。

看到这里，估计很多人都会发出疑问：李治为什么必须杀了长孙无忌，让他告老还乡不行吗，非要赶尽杀绝？

我们先思考一个问题，不杀长孙无忌，只是流放可以吗？

当然可以，当年刘邦没有杀萧何等功臣，刘秀没有杀邓禹等功臣，李世民没有杀李靖等功臣。李治也完全可以不杀长孙无忌，这并不会影响他的李唐江山。

那么，既然可以不杀，李治为何要冒着被天下人辱骂的风险杀他呢？

在一些史料中，我们似乎可以找到答案。

长孙无忌自杀一年以后，即660年，李治开始因为祖传的高血压，天天目眩头晕，眼睛不能直视。于是，李治便开始将国家大事交给武则天处理。

因此，我们可以严重怀疑，也许在659年的时候，李治就已经意识到自己的身体每况愈下了。他害怕自己命不久矣，而武则天和七八岁的太子李弘，根本不是长孙无忌的对手。所以，他必须无情，必须杀人，也许他也有他的无奈吧。毕竟，从历史资料来看，李治并不是一个无情的杀人狂魔。

但无论怎么说，他杀掉了自己的恩人，杀掉了一批对他忠心耿耿的大臣。这一举动无论如何也洗不白，他将一直被牢牢地钉在历史的耻辱柱上。而长孙无忌和褚遂良虽然死得冤枉，但他们却得到了后辈的赞扬与崇拜。

权力斗争没有下限，人心却有下限。人们不会忘记，褚遂良在明知死路一条时，仍不愿李治背负杀舅舅与功臣的罪名。

人们不会忘记，曾经有那么两个人，面对死亡的威胁，依旧坚守着对先帝的承诺："叹武帝寄霍光，刘备托诸葛亮，朕今委卿矣。"

他们的一生，是忠烈的一生，是伟大的一生，虽有瑕疵，但依旧千古留流芳。

六十四　一代奸相李义府的下场

解决完长孙无忌一党之后，第二年，李治由于祖传的高血压，而且眼睛又出了问题，开始把国家大事交给武则天处理了。

那么，武则天就此掌握军政大权了吗？并没有。

因为李治这个人属于"好话说尽、坏事做绝"的那种类型，表面上和和气气，内心城府极深。可以说，他从来就没有相信过任何人，舅舅长孙无忌也好，老婆武则天也罢，在李治的眼里都不过是巩固自己权力的棋子而已。

你们都可以为我办事，但绝对不可以代替我办事。在扳倒长孙无忌的同时，李治早就为提防武则天专权埋下了好几颗钉子。

656年，也就是武则天刚当上皇后的第二年，李治就把看不惯李义府的杜正伦提拔为宰相。

657年，在韩瑗、来济等人被贬出京城的同时，李治又把许圉（yǔ）师提拔为宰相。此人和许敬宗、李义府全都有矛盾。可惜五年之后，他儿子杀了人，许敬宗和李义府联手准备搞死他，李治念其有功，只是把他贬到了江西。他还有另一个身份，就是李白第一任老婆的亲爷爷。

再之后，不支持武则天的宰相一茬又一茬，例如上官仪、刘祥道、刘仁轨、来济的弟弟来恒，反对李治将大权交给武则天的李义琰、郝处俊等。

总之，在李治当皇帝的三十四年里（李渊和李世民加起来才当了三十一年的皇帝），朝廷里反对武则天的宰相就从来没有中断过。

按照"有人的地方就有江湖，有江湖的地方就有斗争"的人类"优秀"传统，这群自开始就不是一路的人注定要斗个你死我活。

事实上，早在656年，也就是武则天成为皇后的几个月之后，这群人的斗争就紧锣密鼓地开始了。

不过让人万万没有想到的是，对武则天的二跟班李义府发动第一轮进攻的人，却是一个微不足道的小人物。

李义府刚刚被提拔为宰相，小人得志的嘴脸立刻就露了出来，一上来就搞了出爱情版本的"监狱风云"。

当时有一个洛阳的女子淳于氏，也不知道犯了什么罪，被关押到大理寺的监狱里。李义府又不知道听谁说淳于氏长得很漂亮，于是，他就色心大起，让大理丞毕正义把淳于氏放了，然后娶回家里当小妾。

好事不出门，坏事传千里。尤其是这种桃色绯闻，肯定是纸包不住火的。不久之后，这事就被大理寺卿段宝玄揭露了出来。

一时间，满朝文武大臣都伸长了脖子，准备看李义府的笑话。迫于压力，李治便让给事中刘仁轨、侍御史张伦去审查此案。

从这两人的职位看，就知道李治想大事化小，小事化了。给事中是五品，侍御史是从六品，让这两人去审理当朝宰相，不是开玩笑么。审理长孙无忌案的时候，李治是派的谁？李勣、许敬宗等人，他们可全都是宰相啊。

李义府外号"李猫"，那是相当精明的。看到这两人，自然就明白了李治的意思。于是，他更加大胆地向前走了一步，把大理寺丞毕正义，也就是释放淳于氏的那个中年男人逼着自杀了。

按照谁受益谁嫌疑最大的原则，大家基本都知道这是李义府干的。但是，此时正处于扳倒长孙无忌的关键时期，李治不但没有治李义府的罪，相反还把审理毕正义案的刘仁轨贬到山东青州当刺史。

杀人者在毁坏世界，救人者在修补它，但法官却和杀人者沆瀣一气。鲁迅说，这种事情倘若不改变，世界还要毁坏，人们还要吃苦。

所以，每次遇到这种污浊的时刻，我们这个民族从来不缺乏正义之士，这一次也不例外。侍御史（从六品）王义方一声怒吼站了出来。

王义方虽然也姓王，但他和王皇后并没有什么关系。他是泗州（今江苏）人，从小就没了爹，由母亲一个人拉扯长大，家庭条件可想而知，穷得是一天三顿口水泡馍，有时候馍还得向别人家借。

但是等他长大之后，他家的祖坟就冒了好几股青烟，他不仅考科举中了明经，在面试的时候，还被著名"杠精"魏徵相中，非要把自己老婆的侄女嫁给他不可。

一般人要遇见这种事，不放两挂鞭炮就是脑子有问题。但王义方不是一般人，他脑子问题更大，竟然拒绝了。不久之后，魏徵死了，他竟然又要娶人家侄女了。

别人问他脑子进了啥水？他说，进的不是水，而是道义。以前拒绝，是不想依附宰相，现在接受，是为了报魏徵的知遇之恩。

从这件事上我们就能看得出，王义方这个人不图名、不图利、为人刚直，活脱脱的正人君子。但也能看出他脾气古怪，不识抬举，很容易得罪人，如果他拒绝的不是魏徵，而是其他人，估计会被削掉一层皮。

不久之后，他就受"凌烟阁二十四功臣"之一的张亮谋反牵连，被贬到儋州

（今海南）开荒去了。

天之骄子，宰相面前的红人，转眼变成了荒远小山村的乡镇干部。但是如此大的落差，王义方根本不在乎，反正小时候已经穷惯了，海南岛再穷也比口水泡馍强。

于是，他继续发扬艰苦奋斗的精神，一边当官，一边又创造历史——开办了海南历史上第一所学校。他亲自挑选学生，亲自讲解课程，硬生生把那群大字不识几个的少数民族兄弟，教成了懂得礼义廉耻的儒家学生。

王义方这一待就是十年，656年，他的付出终于得到了回报，因为工作业绩突出，性格刚正不阿，他终于被李治提拔到京城，担任了没事找事、有事往死里搞事的侍御史。只是上任不到半个月，他就遇到了李义府淫乱女囚、杀人灭口这档子事。

弹劾还是不弹劾，王义方犹豫了。此时他四十一岁，早已经从一无所有的愣头青变成了上有老下有小，深知人心险恶，看惯世事浮沉的中年男人。

弹劾不成，往轻了说就会像刘仁轨一样被流放边疆。往重里想，也许就会被扣上长孙无忌同党的帽子，死无葬身之地。

自己受点儿苦不算什么，死了也算一条汉子，走得磊落。但是老母亲怎么办？她含辛茹苦，把自己培养成材，结果却跟着自己到穷乡僻壤吃了十年苦。现在好不容易回到繁华的京城，难道又要母亲再次为自己的鲁莽吃苦受罪？

到底该怎么办？王义方几番思索一直拿不定主意。于是，他去征求母亲的意见。他以为母亲会劝他忍气吞声，向无情且肮脏的现实屈服，没想到母亲比他还要刚硬：

"楚汉相争，王陵母亲被项羽所俘，宁可自杀也不愿儿子为了自己而投奔项羽，我儿能够尽忠，为娘死而无憾。"

母亲是孩子最伟大的老师，有这样的母亲，怎么会没有伟大的儿子。第二天一上朝，王义方便把弹劾李义府的奏疏当面交给了李治。结果不必多想，李治大怒，以诬告大臣的罪行将王义方贬到山东当正七品下的芝麻小官。

退朝之后，李义府洋洋得意地嘲笑王义方："王御史妄加弹劾，惭不惭愧？"

王义方依然刚硬地回答道："孔子担任鲁国司寇，七天便诛杀了少正卯。我王义方就任御史已经十六日，却不能诛杀奸邪，确实有愧。"

到达山东不久之后，身心疲惫的王义方辞去官位，重操旧业做起了教书先生，一直到669年去世，享年五十五岁。

虽然王义方自始至终都是一个小人物，出身底层，最高才做到了从六品官，与那些权贵相比，他显得那么微不足道。虽然他的一腔热血、仗义执言没有对奸臣李义府产生丝毫的影响。但是，他无畏的勇气、明知不可为而为之的精神，像一道光照亮了漆黑的夜空，让大家知道无论现实多么残酷，在这个世界的某些角落，始终会有那么一群人，哪怕只有一个人，在坚守着正义的底线。只要有这个正义的种子在，光明迟早要重返人间。

为了纪念这位小人物的忠君报国、刚正不阿，新、旧唐书都为他立了传记。他虽死了，但千秋万代之后，他的事迹仍然激励着每一位心存正义的人。

第二年，因为李义府全家人都善于坑蒙拐骗、卖官鬻爵、广结朋党、杀人放火，什么缺德干什么，急需打手的李治大为高兴，又把他提拔为中书令，并封为河间郡公。

但是，就在李义府把王义方踩在脚下的时候，就在他洋洋得意以为没有人能奈何他的时候，另一位宰相杜正伦却在悄悄注视着这一切。他知道，按照李义府作死的节奏，总有一天李治会像对待一条狗一样，把他一脚踢开。

杜正伦，河北人，算起来还是李义府的老乡，按说老乡见老乡，两眼泪汪汪才对，但是杜正伦却一直看不起这个小辈。

　　因为杜正伦还有一个身份，他的恩师是魏徵，而因为弹劾李义府被贬官的王义方恰好又是魏徵的侄女婿。

　　当年杜正伦还是一个小小的八品参军的时候，魏徵让他一下子当上了从五品的员外郎。之后，他便一路高升，在李世民还活着的时候，就已经坐到了副宰相的位置。

　　王义方被贬，深深地刺激了杜正伦，在这位中年人的身上，他仿佛看到了自己的恩师魏徵当年不惧权贵、勇于直言的影子，他必须做点儿什么了。

　　658年，杜正伦在掌握大量证据之后，开始对李义府出手了。

　　只是很可惜，史书中并没有记载他要如何对付李义府，只是说他的计划还没有实施，就被李义府知道了。于是，两人就在李治的面前狠狠地吵了一架，搞得李治头昏脑涨，以"大臣不和"的名义把李义府贬到四川，把杜正伦贬到广西。不久之后，杜正伦在广西因病去世。

　　虽然杜正伦死了，但是武则天的两条"狗腿子"在短短两年时间内就被削掉了一条，朝中的正义之士仍旧大喜过望。

　　其中给事中李崇德最有代表性，他出身于名门世家赵郡李氏。李义府因为出身微贱，当上宰相之后为了让人看得起，就让李崇德把自己编进了族谱。李义府被贬以后，李崇德大喜过望，立刻就把李义府从族谱中剔了出去。

　　但是，就在大家长舒一口大气的时候，意外又发生了。

　　659年，许敬宗诬告长孙无忌等人谋反，李义府作为重要打手又大摇大摆地回来了。他不仅再次担任了宰相，而且还兼任了吏部尚书，主管官员的升迁。

　　于是，把李义府剔出族谱的李崇德首先遭了大殃。李义府第一个把他关进了监狱。你敢把我从族谱中删掉，我就敢把你从人间"删掉"。不久之后，李崇德在狱中"自杀"身亡。

　　除了杀人之外，李义府在腐败方面也很有心得，他不仅自己大肆卖官鬻爵，还开起培训班，把兄弟姐妹、姥姥姥爷全都培养成了贪腐小能手。

就这样，他们一家人一直猖狂了两年多时间，把朝廷搞得乌烟瘴气，却没人敢说一个不字。

除了一个人——李治。

其实李治一直都知道李义府的小人嘴脸，他并不是昏君，也不想做昏君，只是为了对付长孙无忌，他不得不忍受着，和小人们在一起。他知道这段不光彩的历史会成为自己身上的污点，但是为了加强君权，他也迫不得已。

所以，长孙无忌被打倒之后，李治就越来越不需要李义府了。在长孙无忌自杀的第二年（660年），李治发兵十万，跨过渤海灭掉了百济。661—662年，李治再次出击，北边有薛仁贵三箭定天山，东北方向有苏定方率领大唐集结的三十五路大军，水陆并进，一直杀到了平壤城下。

一场又一场的胜利，让李治的权威达到了史无前例的高峰。李义府这种只会咬人和贪污的狗腿子早已经没有了利用价值，可惜李义府完全没有意识到这一点。

662年，李义府终于将作死的行为推上了历史的巅峰。为了让他死去的爷爷从小坟堆迁到大坟堆里，他竟然征调了七个县的民夫，昼夜不停地运土修坟。

满朝的王公大臣对他争相巴结，给他爷爷送葬的队伍竟然达到了史无前例的七十里长。自大唐建立以来，任何一个王公大臣的葬礼也没有如此风光过。

大臣们无论做什么，哪怕是立了大功，要敢创造史无前例的纪录，基本上就离死不远了，更不要提这种贪污腐败的典型。

不久之后，忍无可忍的李治终于把李义府叫到宫中，冷冷地问了他一句："听说你的儿子、女婿不太老实，你是不是该管管了？"

看着眼前这个懦弱的皇帝竟然质问自己，李义府表现得比李治还要生气，他不但没有谢罪，反而当面质问李治是谁告的密。

李治震惊了，但令李治更加震惊的是，他让李义府别管告密者是谁时，李义府竟然乜斜了自己一眼，拍拍屁股扭头就走了。

你奢靡腐败我可以不管，但你竟然敢对我无礼，李治勃然大怒，终于决定动手了。

而不久之后，李义府就主动送上门了。也许已经察觉到皇帝对自己的不满，他请了一个名叫杜元纪的跳大神专业户来给自己做职业规划。

杜元纪掐指一算，表示问题出在李义府家的宅子，有人死在了里面，怨气太重。另外，杜元纪还很有服务意识地给出了售后服务方案，有钱能使鬼推磨，你拿两千万钱（一钱为一文）出来，我就能降妖伏魔。

这种低劣的把戏，李义府竟然信了，而且深信不疑。

于是，他铆足了劲，再次开启卖官鬻爵的创业模式。为了尽快筹到两千万钱，他竟然把手伸到了长孙无忌的孙子长孙延那里，向他要了七十万钱，给了他一个管水利的芝麻官。长孙无忌如果地下有知，估计能气得带着李世民从坟里爬出来揍人。

由于李义府太过嚣张，很快，他的腐败行为就被一个小小的八品参军杨行颖告发了。

李治大为高兴，不是哥无情，而是你不行啊。他立刻命人把李义府关到监狱里，还命令刑部尚书刘祥道联合御史台、大理寺一同审讯，并由司空李勣监督。

还记得王义方弹劾李义府的时候，李治让谁审理的吗？五品和从六品的官员。

这一次直接让部长级别的人员审理、司空监督，而且刘祥道为人正直，又是当年准备整掉李义府的杜正伦的好朋友。后来，刘祥道的儿子刘景先还因为反对武则天而被流放了。

所以，只需看这些人员的名字，就知道李义府会是什么下场了：本人及其儿子、女婿全部流放嶲州（今四川西昌），而且还特别加了"长期"两个字。

三年后（666年），李治和武则天封禅泰山，大赦天下，但大赦的名单里，却没有长期流放的罪犯。李义府听说之后，忧愤不已，很快发病而死，时年五十三岁。

武则天当上皇帝之后，把李义府追赠为扬州大都督。但是武则天的儿子唐睿宗即位之后，又收回封赠。历史给他的盖棺定论是：所谓"猩猩能言"，鄙哉！

历史已经无数次证明，公道自在人心！正义也许会迟到，但绝对不会缺席。

六十五　害怕武则天，出卖上官仪，李治真的如此昏庸吗

整倒李义府之后，武则天最得力的两个手下就只剩下了许敬宗。

不过，虽然许敬宗是史书上奸臣传的第一位男主角，但他与李义府相比，还显得稳重一些。

如果把李义府比作没头没脑乱龇牙的二哈，那么许敬宗就是一个李治和武则天让他咬谁他才会咬谁的牧羊犬。

他除了充当武则天的打手，专业坑人几十年以外，其他违法乱纪行为并不夸张，也就贪点儿小钱、改点儿史书。

他搞得最奢华的事情，就是建了七十多间风雨连廊式小楼，让妓女骑着马在里面溜达，并引以为乐。

他改史书最过分的是，把他的仇人往死里恶心，把自己的亲戚往天上吹。不过，他死了以后，李治又下令把他篡改的内容改了回来。

因为很听话，许敬宗活的时间也很长，一直到672年他才因病离世，享年八十一岁。

在给他定谥号的时候，大臣们出现了激烈的争执。宰相戴至德和两位大儒博士非要给许敬宗定一个"缪"的谥号（荒谬、名过其实的意思），而且说话极其难听，骂他不忠不孝又好色，"而谥之为缪，无负于许氏矣"。

许敬宗的儿子和亲朋好友们一听就不干了，这谥号跟指着脸骂人有啥区别？于是李治就让五品以上的大臣们一起商量谥号，最后大家一致认为"恭"字很不错，不是恭敬、恭顺，而是既过能改的意思，比缪字好了那么一点点，像晋恭帝、隋恭帝、宋恭帝，都属于亡国之君。

还是那句老话，公道自在人心。很多人喜欢争论一个问题，人性本善还是本恶，但其实这个问题无关紧要。大家只须记住一点就行，这个社会虽然有很多的不堪和阴暗面，但更多的还是阳光普照之下的美好。

我们可以看看周围的人，他们很多时候可能事不关己、高高挂起，也可能阿谀奉承、趋炎附势，但在大是大非面前，没有多少人会丢掉做人的底线。什么是好，什么是坏，什么是忠，什么是奸，大家的心里都有那么一杆秤。

狗熊必有定论，英雄必有赞歌，这是我们这个民族永远屹立不倒的精神支柱。

在把两位奸臣写死之后，接下来要出场的就是大名鼎鼎的上官仪了。说句老实话，虽然他在历史上的名声很大很大，但史书上关于他的记载真的很少很少。

上官仪是今天的河南三门峡人，从小就跟着担任江都宫副监的老爹去了江都（今江苏扬州）。

618年，隋炀帝在扬州被杀的时候，上官仪他爹也被杀了。后来为了躲避战乱，上官仪就去庙里当了和尚，一边学佛，一边学儒，虽然两个学科理念不一样，但上官仪却学得津津有味。

天下太平之后，他家祖坟冒青烟，上官仪一举考中了进士。再之后，因为文章写得好，他又成了李世民的御用文人，经常代写诏书。

656年，李治和武则天把儿子李弘立为太子之后，又把上官仪任命为太子中舍人，662年升为宰相。

当了宰相之后，上官仪有过啥政绩，史书中全都没记载。只记载两年之后他就因为反对武则天而被杀了。但是，如果从阴谋论的角度看，扳倒李义府的幕后人物极有可能是他，原因有三点：

第一，上官仪是662年当上宰相的，李义府是663年倒台的，他有"作案"时间。

第二，当时状告李义府的杨行颖，只是一个小小的八品参军，比县令还要低一个级别。他怎么可能知道宰相李义府干了什么事？

第三，小人物状告大人物的背后，极有可能也藏着一个大人物。而在当时的宰相当中，除了上官仪喜欢挑战武则天的权威以外，再没有其他人了。

那么，上官仪为什么被杀呢？其实是有争议的。

《旧唐书》《新唐书》《资治通鉴》都说，许敬宗诬陷上官仪和王伏胜、梁王李忠（就是那个废太子）等人谋反，于是，上官仪和他的儿子上官庭芝就被杀了，他的儿媳还有孙女上官婉儿被发配到掖庭当奴婢。

但是，《旧唐书》中没有记载许敬宗为什么要诬陷上官仪。而成书时间更晚的《新唐书》和《资治通鉴》却给出了理由——上官仪鼓动李治废后。

武则天当上皇后之后，开始不断侵蚀李治的权力，李治对此很不满意，慢慢疏远了武则天。于是武则天也搞起了"厌胜"之术，也就是当年她诬陷王皇后时的那一套。

不管武则天准备咒死谁，肯定不会是像某些电视剧里所讲的那样要咒死李治。敢诅咒皇帝，一百个脑袋也得掉完，谁去说情都没用，武则天并不傻，她干不出这种事。

从后来的事情看，她大概率是想把自己的外甥女贺兰氏咒死。

因为自武则天与姐姐武顺、外甥女贺兰氏齐心协力"扳倒"王皇后之后，这三个女人就开始争风吃醋了。

武顺和女儿贺兰氏天天伺候着李治，却没有得到任何名分，所以一心想要从临时工变成正式工。但是武则天却卸磨杀驴，觉得她姐姐和外甥女是大威胁。

于是，三个人的矛盾越来越深。不久之后，武顺就死了，怎么死的、什么时候死的，我们不得而知，但大概率是因为武则天。武顺死了以后，李治开始越来越宠爱贺兰氏，对四十岁的武则天慢慢失去了兴趣。于是，武则天就用起了"厌胜"之术。

可惜的是，就在武则天气沉丹田，准备发功念咒的时候，有一个叫王伏胜的太监知道了这件事，并报告了李治。

于是，李治大怒，准备把武则天废为庶人。他把上官仪叫到身边问计，上官仪对李治的遭遇很同情，开门见山就要求他废了武则天。

李治赶紧让上官仪起草诏书。但是，诏书刚刚写完，就有人把这消息透露给了武则天。武则天立刻找到李治，为自己申辩，于是，李治就反悔了；同时，他也害怕武则天怨恨自己，于是就把上官仪出卖了，表示不是自己想废后，而是被上官仪怂恿的。

[帝使草诏。左右奔告后，后自申诉，帝乃悔；又恐后怨恚（huì，怨恨的意思），乃曰："上官仪教我。"]

随后，武则天便让许敬宗替自己反咬一口，表示王伏胜状告武则天跳大神，都是上官仪和李忠在背后搞鬼，因为以前李忠还是陈王的时候，上官仪和王伏胜都是李忠的人。所以，这是一场计划周详、分工明确的大阴谋。

这里把两唐书的记载都列了出来，主要是因为《新唐书》《资治通鉴》里记载的李治因为害怕武则天而出卖上官仪的行为，在逻辑上没有办法自圆其说。

"又恐后怨恚"，让人觉得李治是个妻管严，但从我们之前的分析看，李治无论怎么着也不会害怕武则天的。

在政治上，李治刚把武则天立为皇后，就开始不断埋钉子，这个钉子没了，另一个钉子又埋下了。

此时的右相刘祥道，是上官仪的好朋友，为人正直，刚正不阿。左相窦德玄，和许敬宗很不对付。几年之后，两人当着李治的面，还吵了一架。许敬宗骂窦德玄没文化，窦德玄对许敬宗爱理不理。反正这两人都不是武则天的人（662年，李治改了相制，右相是中书令，左相是侍中，右相权力更大）。

对待武则天的主要帮手李义府，李治更是说升就升、说贬就贬，武则天根本没有还手之力。一直到李治死后，她才能追赠李义府。

上文我们讲过许敬宗去世的谥号之争，也能充分说明，此时的武则天依然需要唯李治是从。不然，武则天的"第一狗腿子"死了，另一位宰相戴至德怎么敢主张给他"缪"的谥号？而且之后戴至德还活了好几年，直到因病去世。

在军事上就更别提了，高宗时期的名将李勣、程咬金、苏定方、刘仁轨、薛仁贵、裴行俭、程务挺、王方翼等人没有一个是效忠武则天的（李勣只是拍李治的马屁才支持武则天为后）。

既然政治、军事都是李治说了算，他就不可能因为害怕武则天而出卖上官仪。

你今天出卖了上官仪，以后谁还敢为你效劳？又怎么会出现那么多反对武则天独揽大权或者称帝的宰相？如刘仁轨、李义琰、来恒、郝处俊等人。

另外，李治不点头杀上官仪，武则天根本就杀不了。例如，当年武则天一伙人整韩瑗、来济的时候，把韩瑗老婆的外甥凉州刺史赵持满也杀了，将尸体扔在了野外，没有人敢去收尸。被废的王皇后的族兄王方翼，一边哭一边跑去给赵持满收了尸，把武则天气得牙痒痒。但是李治听说之后，不但没有治王方翼的罪，在之后的几十年里，还给了王方翼不少奖赏。一直到李治死后，武则天才敢对王方翼动手。

废皇后是一项系统工程，并不是写个诏书那么简单，一般必然还伴随着废太子。

当时的太子是武则天和李治的长子李弘。李弘从小就聪明，也很仁义，有点儿像李治小时候，所以李治对他特别疼爱。后来李治病重，还想过禅位给李弘。

可惜，李弘身体太弱，死得更早，李治悲痛欲绝，竟然用天子的礼仪将他安葬，还把他追赠为皇帝，开创了唐朝的又一个先例。由此可见，李治是多么喜欢这孩子，怎么可能废了他。

退一步讲，李治即便想废了李弘，他又能立谁为太子呢？

当时李治活着的儿子共有七个：废太子李忠、萧淑妃的儿子李素节、宫人杨氏的儿子李尚金以及武则天的四个儿子李弘、李贤、李显、李旦。

让废太子李忠再当太子，肯定不现实。李忠这时候正待在当年囚禁李承乾的宫里犯神经病呢，由于天天害怕被杀，他已经神经过敏了：经常又是算卦，又是穿着女人的衣服，害怕被杀手认出来。

最主要的是，李治对这个儿子一点儿感情也没有，当许敬宗诬陷他谋反之后，李治竟然连审都不审，直接下诏把李忠赐死，比当年李世民赐死儿子李佑时还要狠，李佑起码是真造反，李世民杀他之前还痛哭了一把，李治倒干脆，直接就杀了。

立萧淑妃的儿子李素节为太子，也不现实。李素节和武则天有杀母之仇，如果他以后当上皇帝，武则天生的四个儿子肯定都得死，李治不可能这么傻。

让宫人杨氏的儿子李尚金当太子，更加不可能。从宫人杨氏这个称号就能看出来，李治是多么不喜欢杨氏，她生了儿子，仍是一个宫人。

所以，李治完全没有废掉武则天的配套措施。从李治以前废掉王皇后的深思熟虑看，如果要干这么大的事情，他会没有准备方案，说干就干，而且还干不成？

废了武则天之后，谁来替李治处理朝政？

李治经常头晕目眩，已经没有办法处理朝政了，他必须找个人帮助自己。但是他能找谁帮忙呢？

找大臣帮忙？他连自己的亲舅舅兼大功臣长孙无忌都不信任，其他人就更别提了。

让儿子李弘帮忙？这时候李弘才十一岁，根本没有这个能力。

找太监帮忙？这是唐朝中后期的事情。

所以，李治只能让老婆来帮自己。对于权力斗争来说，老婆其实和太监有点儿像，他们的权力来源都是皇帝，所以只能依靠皇帝，不可能把皇帝杀了，自己上位。

是的，武则天后来虽敢称帝，但是她不能杀李治。在李治死后七年，她的称帝大业依然困难重重。她要是敢把李治杀了，估计自己也会被剁成肉泥。

而且，在过去的几年里，武则天处理政事的能力很专业，又总是符合李治的心意。这样的老婆简直就是可遇而不可求的典范。

所以，无论站在哪个角度看，李治都不会真的废掉武则天，或者因为害怕武则天而出卖自己的队友。

如果《新唐书》和《资治通鉴》中的记载是真的，李治出卖上官仪，以下两种可能性更大一点。

第一种是上官仪独创了上官体诗词风格，本人很骄傲，"仪（上官仪）颇恃才任势，故为当代所嫉"，导致李治对他很不满意。

于是李治就想用上官仪的脑袋敲打一下武则天，既借用了武则天的手，把讨厌的上官仪搞死，又让武则天明白了自己的地位，一箭双雕，坐收渔翁之利。

这种事李治又不是第一次干，当年杀长孙无忌的时候，他假装菩萨心肠，哭哭啼啼喊着不想杀，但真到杀的时候，他连审都不审，就用了武则天的"霹雳手段"。基于路径依赖，他再来几次，也很有可能。

第二种是李治的身体越来越差，自认为随时都有驾崩的可能。所以，他需要帮武则天继续树立权威，不然自己死后，儿子只有十一岁，朝中又有那么多人反对武则天，"主少国疑，大臣未附，百姓不信"，历来都是政权动乱的祸根。

当然，以上都只是猜测而已，至于愿意相信哪一种，完全看大家自己的判断，笔者个人比较倾向于第二种。

因为李治后面的一系列操作，很像是在解决"大臣未附，百姓不信"这两个问题。

为了解决"大臣未附"的问题，以后每次上朝时，李治都让武则天垂帘于后，从此两人被称为"二圣"，武则天的权威进一步加强。此后，大臣们虽然反对武则天独揽大权或者当皇帝，但再也没人抵制武则天的权威了。

为了解决"百姓不信"的问题，一年多以后的泰山封禅，李治同意了武则天行亚献礼的请求。

什么是泰山封禅？

古人认为泰山最高，离天最近。所以，在这里祭天祭地，神仙们容易听见。

古人又认为天圆地方，所以，在泰山山顶设置个圆坛祭天叫作封，在泰山顶旁边的小山头设置个方坛祭地叫作禅。两个都祭了，就叫作"封禅"。

不过，并不是谁都有资格封禅的。相传，三皇五帝是第一批封禅的帝王，但真正第一个爬上泰山去的是秦始皇，后来还有汉武帝、汉光武帝等地位无可争辩的帝王。

前面有这些人在，导致后来的皇帝们去封禅之前，都得先掂量掂量自己有几斤几两。

李世民曾经几次想去封禅，但被魏徵怼过后就消停了。魏徵死后，他又想去，但因为病情恶化，没去成。

李治登基之后，659年，许敬宗就拿封禅拍过一次李治的马屁，但是由于后来又是打西突厥，又是打高句丽，又是灭百济的，封禅的事就暂停了。

但是，当把这些国家打得七零八落的时候，李治的心里又燃起了封禅的小火苗。于是，664年，李治便再次宣布，665年十月，各路诸侯、都督、刺史必须齐聚泰山，因为666年正月，他要正式在泰山封禅。

那么，什么是亚献礼呢？

献礼就是祭祀的意思，亚献礼就是第二个去祭祀。

以前封禅大典是皇帝第一个祭祀，这叫初献礼。大臣们第二个、第三个上去祭祀，这叫亚献礼和终献礼，根本就没有皇后什么事。

但是，武则天认为时代在进步，社会在变化，李治老大自己老二，凭什么让大臣们去亚献礼，所以，她要改规矩。

李治表示没意见，大臣们表示你们家的事，我们吃瓜群众更加没意见。

于是，666年正月初一，一场声势浩大的封禅活动在泰山举行了。整个仪仗队绵延数百里，东起高句丽，西至波斯，中间大大小小几十个国家的首脑，都来见证了这一历史性的时刻。

封禅之后，李治下诏大赦天下，三品以上官员赐爵一等，四品以下加一阶（唐朝官员一共三十阶，加一阶就是升一级）。从长安到泰山，李治和武则天所过州县，全部免除一年的赋税。

百姓其实是很淳朴的，只要大赦，只要免税，管你是男是女，那必须信啊。所以，百姓不信的问题，就这么风风光光地摆平了。

二圣临朝、泰山封禅，在李治的一系列背书之后，武则天的权力达到了史无前例的巅峰。

李治终于可以安心养病了，但令他万万没有想到的是，武则天得寸进尺，对眼前的一切仍然很不满意。她觉得必须再杀一个人，她的地位才会彻底地稳固，这个人正是她的亲外甥女贺兰氏。

几天之后，她就找到了一个一石三鸟的绝佳时机。

按照封禅的规定，各地刺史都得齐聚泰山，为皇帝和后妃们进献食物。在这些刺史当中，有两个人格外显眼——武则天的两个堂兄武惟良和武怀运。

武则天十二岁那年，在她父亲武士彟死后，这两人曾经配合武则天同父异母的哥哥武元庆、武元爽等人，将武则天和她妈赶出了家门。

武则天当上皇后以后，就把武元庆和武元爽贬到了广西和海南，不久之后，这两人就病死了。武惟良和武怀运则被贬到了四川和广西，没想到这两人精神好、身体棒，没有死在当地。

看到这两人也在进献食物的队伍里时，武则天再次想起了当年受到的屈辱，于是，一个歹毒的计划随之而出。

当武惟良和武怀运进献给后妃的食物拿来之后，武则天让人悄悄在这些食物中下了剧毒，然后送给了贺兰氏。贺兰氏看到这是舅舅们进献的食物，想都没想就吃了，结果当天便中毒身亡。

刚刚还在为泰山封禅而高兴的李治，看到自己最喜欢的女人如此惨死，悲痛欲绝，把所有的愤怒和不满都发泄到了武惟良和武怀运身上，将二人斩首，将他们的妻女发配掖庭为奴。武则天趁机痛打落水狗，将他们的武姓改为蝮氏。

姐姐、兄弟、外甥女、堂兄弟都死了，反对她的大臣们也死了，那些曾经欺负过她的人全都死了，武则天看着这些血淋淋的尸体，终于由衷地笑了。

当年她说驯服劣马最好的方法就是用鞭子抽、铁锤砸、刀子砍，经过几十年的努力，她终于把阻止自己掌权的人，能贬的都贬了，能杀的都杀了，拿到了权力的大棒。接下来，她就该对影响她持续掌权的亲生儿子们下手了。

但是在讲她对儿子们下手之前，我们也该回过头来看一下，这些年大唐在军事上取得的一系列胜利。

　　这些政坛上的污浊空气，我们已经呼吸得太多了，那些蝇营狗苟的权力斗争，总令人压抑得喘不过气来。是时候跟着那些名将的步伐，再欣赏一下大唐的边疆风云。西突厥、百济、倭国、高句丽，许久不见的唐军又来了！

六十六　行军六千里，苏定方六十四岁再出征

大唐左骁卫将军兼瑶池都督阿史那贺鲁正在召集旧部密谋造反。

650年年初，刚刚坐上皇位几个月的李治，便收到了这样一封来自五千里外的急报。

急报是由大唐庭州（今新疆吉木萨尔）刺史骆弘义送来的，他举报谋反的阿史那贺鲁原来是西突厥的叶护（相当于宰相），从身份上看，可以称之为"突奸"。

在642年以前，阿史那贺鲁本来有一个美好的家庭，孩子虽然不一定是亲生的，但起码老婆是自己的，而且手中还有不小的权力。

但是，这一年，大唐安西都护郭孝恪把西突厥痛扁了一顿，导致西突厥内乱，乙毗射匮可汗趁机造反，成了西突厥新的老大。一朝天子一朝臣，乙毗射匮上台之后，就对原来的宰相阿史那贺鲁下手了。

人在家中坐，锅从天上来。阿史那贺鲁见状，带着几个部落就跑到了大唐避难。李世民非常地道地给他安排了一个好工作——跟着罪魁祸首郭孝恪打龟兹。

后来，因为平定西域有功，李世民把他提拔为左骁卫都督，在庆功宴上还把自己的衣服赏给了他。就这样，他一直给大唐打了六年工。

648年，西突厥新老大乙毗射匮可汗也不知道怎么想的，脑子突然抽风了，竟然主动在西域和大唐杠了起来，结果可想而知——被打得大败亏输。

虽然自己没有吃亏，但是李世民仍然很生气。于是，他就搞了一个"西突厥之春"运动，把和乙毗射匮有血海深仇的阿史那贺鲁派回西突厥去搞分裂。

只是没想到，养了六年的阿史那贺鲁竟然是个"二五仔"，李世民刚一去世，他就准备反咬一口，攻打唐朝的西州（今吐鲁番）和庭州（今新疆吉木萨尔）。

由于刚刚上台，加上阿史那贺鲁还没有正式谋反，李治并不想把事情闹大。于是，他急忙派出使者去安抚阿史那贺鲁。这使者还真有两把刷子，一通忽悠下来，不仅把阿史那贺鲁忽悠得不反了，还把他的大儿子咥运带回长安当人质。

本来这件事到这里就应该结束了，但那时候可能流行抽风，于是李治的脑子也抽风了，没过多久，他竟然把咥运放了回去。

咥运也是一个进步青年，不过比他爹要聪明一些，他知道凭阿史那贺鲁现在的实力，根本就不是大唐的对手，于是就劝他爹老老实实打西突厥得了。

见儿子失而复得，阿史那贺鲁这时候也冷静了许多，于是，带着人就去砍西突厥了。

不砍不知道，一砍吓一跳，原来乙毗射匮就是个吉娃娃，只用了几个月的时间，阿史那贺鲁就把他灭了。

随后，阿史那贺鲁的势力开始迅速发展，控制了西到咸海（或者里海）、东到新疆的广大地区，坐拥精兵数十万，在今天吉尔吉斯斯坦的北部建立了王庭，自称中亚小霸王——沙钵罗可汗。

651年，鸟枪已经换成大炮的阿史那贺鲁，野心也跟着迅速膨胀。为了追求进步，他竟然又一次打起了大唐的主意。当年七月，他便率领大军打到了庭州，攻陷了几座城池，还杀死和俘虏数千军民。

消息传来后，李治大怒，什么中亚小霸王，在中亚的地盘上，是龙你得盘着，是虎你得卧着，我李治打的就是霸王。

当即，李治便命左武候大将军梁建方、右骁卫大将军契苾何力等人率军三万人，还征调了五万回纥骑兵，合计八万人杀向了西突厥。

第二年一月，梁建方、契苾何力等人如同砍瓜切菜一般，大败西突厥的处月部落，又狂追五百多里，生擒了该部落的老大朱邪孤注，并斩首九千多人，这才比较满意地回去了。

原来还气焰嚣张的阿史那贺鲁一下子就被打蒙了，从此之后哆哆嗦嗦地老实了好几年。李治因为要忙着逛尼姑庵、废皇后，所以，也没有工夫再去砍人。

双方就这样和平共处了差不多三年。

655年，李治顶着巨大的压力，把武则天立为皇后。为了转移内部矛盾，堵住大臣们的嘴，他决定主动去找一下西突厥的晦气。

但是，出兵得有理由啊。功夫不负有心人，他终于找到了一个不错的理由——有人叫我去打你。

这"有人"是谁呢，你也别管，反正是被你欺负过的人，你就说你这几年有没有欺负过人吧？

阿史那贺鲁一脸无辜，不就是你准备挖我墙脚，想从内部搞垮我，我不让你挖嘛，怎么成我欺负别人了？

但是李治不管这些，第二年年初，他便命六十七岁的程知节（程咬金）为葱山道行军大总管，王文度为副大总管，六十四岁的苏定方为前军总管，率军数万杀向了西突厥。

我们在前文中多次提到的苏定方，还没有露过几次脸，怎么就已经六十四岁了呢？是时候详细介绍一下这位大器晚成的老年人了。

苏定方实际上叫苏烈，字定方，以字行世，就成了苏定方。这跟后面咱们要讲的薛仁贵一样，人家实际上叫薛礼，字仁贵。

592年，苏定方出生于冀州武邑县（今河北武邑县），比李世民还大七岁。隋末天下大乱，他十几岁时就和他爹苏邕一起组织数千人的地方保安队来保卫家乡的父老乡亲。因为肌肉发达，脑袋灵光，所以他很快就做到了团队业绩第一名——数次先登。

可是，就在他得意洋洋、准备大干一场的时候，带着他冲锋陷阵、教他如何运用兵法的老爹却突然战死了。

面对突如其来的打击，苏定方痛不欲生。如果是一般人，按照古人的规矩，必须待在老家守孝三年，才能再出来做业绩。

但是苏定方明显不是一般人，他没有哭哭啼啼回老家，而是勇敢地扛起了他爹的大旗，继续带着兄弟们在前线杀敌，而且越杀越勇。他相信，比起回家守孝，这样才能告慰老爹的在天之灵。

617年，隋末名将杨义臣到河北平叛的时候，听说了苏定方的勇猛事迹，就把他叫了过去。之后，这两员猛将就开始在河北狂虐农民起义军，宰了张金称、灭了格谦，把窦建德的部队打得只剩下几百人，躲在一个小县城里不敢出来。

形势一片大好，如果照此发展下去，估计用不了多久，河北就会被平定，苏定方也能步步高升，早日成为一代名将。可惜的是，这时候杨广再次作死，听信谗言，把杨义臣调到了扬州。

一瞬间，河北大地上出现了权力真空。一直猫在县城里不敢露头的窦建德终于看到了机会，趁势越做越大。迫于无奈，苏定方只好从当初的擒龙少年变成与龙为舞，投在窦建德的帐下。

窦建德手下大将高雅贤见这小伙子不一般，正好又没有了爹，就把苏定方收为养子。形势又是一片大好，可惜的是，仅仅三年多之后，窦建德就被干趴下了。

后来，窦建德手下大将刘黑闼举兵造反，苏定方跟着高雅贤投奔了过去，短短半年的时间，他们便收复了窦建德原来的地盘。形势再次一片大好，但是没过多久，李世民又来了，刘黑闼兵败被杀了。

从十几岁出道，到623年刘黑闼被杀，三十一岁之前的苏定方，简直就是"灾星"，跟谁谁就死。跟着老爹，老爹死了；跟着杨义臣，杨义臣调走后就死了；跟着窦建德，窦建德死了；跟着刘黑闼，刘黑闼也死了。

被生活连续暴捶十几年之后，苏定方终于崩溃了。不带这么玩的啊，每次形势一片大好的时候，他就得从头再来，这哪里是生活，分明就是耍猴啊。

于是，刘黑闼死了之后，他就"事了拂衣去，深藏身与名"，在老家隐姓埋名，做起了平头百姓。

几年之后，也不知道是苏定方领悟了生命的真谛，懂得了好事多磨的道理，还是哪个长官知道了他的大名，他又在地方武装部当了一名小军官。

630年，耍猴活动又一次开始了。

当时，大唐名将李靖去虐东突厥时，苏定方率领两百名骑兵作为先锋，对颉利可汗一通海扁，立了大功，最后当上了正四品下的左武候中郎将。

老实说，这个官位并不小，距离三品的大将军只有正四品上、从三品两级之差，而此时的苏定方年仅三十八岁。在那个名将辈出的年代，绝对属于年轻有为的类型。

不过令人扼腕叹息的是，在此之后，他竟然坐了二十多年的冷板凳，再无战功可言。至于原因嘛，史书中并没有明说，但考虑到李靖打东突厥时纵兵抢掠差点儿被罚，而苏定方又是先锋部队，所以很有可能是因为他带头抢了东西。

但事实证明，只要你不放弃自己，属于你的机会肯定会来的，而在机会到来之前，你唯一能做的，就是修炼自己，让自己配得上未来的机会。

656年十二月，经过四个月长达六千里的艰苦行军之后，程咬金、苏定方等人终于在鹰娑川（今新疆新源南）遇到了西突厥的两万骑兵。

仇人相见，分外眼红，双方二话不说就干了起来。唐军的另一位总管苏海政一马当先，带头就冲了过去。但是，阿史那贺鲁也不是吃素的，立刻就迎了上来。

双方你来我往、左冲右突连续打了几个回合，不分胜负。阿史那贺鲁见状，一支穿云箭发了出去，顿时又召来了两万骑兵前来助战。唐军的形势一时之间变得格外危险，他们必须阻止西突厥的两万援军，或者在敌援军赶来之前打垮眼前这两万人。

而此时，苏定方在干吗呢？

他在休息，而且还是在后方十里以外的一座小山坡的后面休息。奇怪的是，作为前军总管，他并不知道前方已经打了起来。

但幸运的是，当西突厥的援军即将赶到的时候，苏定方终于得到了本应该早就收到的情报——几万匹战马的滚滚烟尘能把人呛死，想看不到也不行啊。

于是，他立刻意识到大事不妙，急忙挑选五百名精壮骑兵，越过山坡，朝着前方火急火燎地冲了过去。

到达战场之后，他并没有第一时间冲进敌营，而是很机灵地绕到西突厥骑兵的后面，对着他们就是一通猛打。正在等待援军的西突厥军，根本没有料到唐军还有这么一招，顿时军心大乱，四散而逃。

此时不痛打落水狗，更待何时？于是，苏定方带着唐军在后面一通狂追，即将再次上演当年李靖横扫东突厥几千里一般的传奇故事。

但是，他们仅仅追了二十多里，杀了一千五百多人之后，意外却发生了。不是中了西突厥的埋伏，而是有人将一道回军的命令送到了苏定方的手中。

苏定方惊呆了，他急忙回军找到程咬金追问原因。这才知道，原来这一切都是副大总管王文度在背后捣鬼。

史书记载，王文度捣鬼的原因是嫉妒苏定方的功劳，所以假传密诏，说李治害怕程咬金轻敌冒进，特意让他在关键时刻踩一脚刹车。而他认为，这一仗西突厥虽然败了，但是唐军死伤也很多，所以，应该结成方队，人马披甲慢慢溜达。

但是，这件事情似乎并没有那么简单。

王文度以前具体干过什么，我们不太清楚，但是他的出生地很有意思——山西祁县。

被废的王皇后是哪里人呢？好巧不巧也是山西祁县。两人都是祁县的王家人，你要说他俩之间没有关系，恐怕没有人会相信。

另外，假传圣旨这可是杀头的罪行啊，如果仅仅是因为嫉妒苏定方的功劳，王文度怎么可能这么干？

所以，这件事大概率是有人指使他这么干的，不让唐军立功，李治就没有办法通过军功立威，如果唐军大败，李治肯定要在权力上妥协。

那么背后支持他的人会是谁呢？

王皇后这时候已经死了，剩下的人里，除了长孙无忌，恐怕没有人敢这么干。

而且后来，王文度假传圣旨的罪行被揭穿之后，竟然没有被杀，只是被废为庶民，而且在几年之后又升为熊津都督。除了长孙无忌有这样的权力之外，恐怕也没有人能做到这些。

所以，有这样的捣乱分子在，唐军要是能取胜也就怪了。

程咬金听说王文度另有密诏之后，也没有分辨真假，直接就信了。在以后的日子里，唐军开始天天骑着马、披着甲瞎溜达。因为战甲太重，行军速度缓慢，士兵们天天累得腰疼、腿疼、脖子酸，胯下的战马也累得腿软，死了一大批。

苏定方看在眼里，急在心中，再次找到了程咬金，以"将在外，君命有所不受"的理由，催促他火速进军，不要错失良机。

但此时的程咬金早就失去了年轻时的勇猛与傲气，他依然选择了听信王文度的谎言。十几天后，唐军终于慢慢地溜达到了怛笃城（具体位置不详），怛笃城里的胡人看到唐军人数众多，就一箭不放地打开城门，主动投降了唐军。

这时候，王文度又出了一个巨馊无比的主意，他认为胡人都是狼子野心，唐军一撤，他们必将反叛，不如把这些胡人全杀了，抢了他们的财物，藏进私人腰包。

苏定方惊呆了，这和土匪有啥区别，而且，自己要是因为这种事再坐二十多年冷板凳，估计就可以挂在墙上了。于是，他再次提出了严正的抗议。

可惜的是，程咬金又一次听从了王文度的意见，把怛笃城里的老百姓杀得干干净净，又把财物抢夺一空，才率军返回。

这么窝囊而且残暴的军事行动，纸肯定包不住火。唐军回来之后，李治大怒。

按律应该斩了程咬金，但是念及他的功劳，李治只罢了他的官，不久之后，又让他担任岐州刺史。程咬金这才意识到自己晚节不保，主动申请退休，十年之后病死在家中，享年七十七岁。

不过，这一仗虽然打得窝囊，但也让李治充分认识到了苏定方的军事才能。所以，657年一月，也就是唐军刚刚撤回来后的第二个月，李治便令苏定方为伊丽道行军大总管，派他兵分两路，再次出征西突厥。

一代名将的传奇，从此正式拉开了序幕。一场狂追数千里的灭国之战，在时隔几十年后，即将再次上演。

阿史那贺鲁，留给你的时间已经不多了。

六十七　追击三千里，苏定方灭西突厥

657年一月，李治兵分两路，再一次杀向了西突厥的阿史那贺鲁。

第一路由苏定方担任伊丽道行军大总管，率领燕然都护任雅相、副都护萧嗣业等人，从金山（今阿尔泰山）出发，在北面进攻西突厥主力。

第二路由两个"突奸"——右屯卫大将军阿史那弥射和左屯卫大将军阿史那步真率领，从南面进攻西突厥。眼尖的朋友们估计已经看出来了，这两人和阿史那贺鲁一个姓，都姓"阿史那"，实际上他们三个就是堂兄弟。

经过九个月的筹备加行军，当年十月，唐军终于在今天蒙古的阿尔泰山附近遇到了去年被痛扁的老朋友西突厥处木昆部落。

苏定方再接再厉，又把他们痛扁一顿，俘虏了一万多帐（大概四五万人）。

随后，苏定方又行军几百里，到达了曳咥河，其位置大概在今天中亚的额尔齐斯河上游。在这里，他终于遇到了西突厥的全部主力——西厢五部落加东厢五部落（东西以今天中亚的楚河为界）的十万骑兵。

在阿史那贺鲁看来，去年唐军昏招频出，今年应该还是老样子，所以，他不想再跑了。他相信，凭自己的实力，完全能够打败眼前的几万唐军。

面对来势汹汹的十万西突厥大军，苏定方派了多少人迎战呢？

仅仅一万多人，而且还分成了两队。骑兵由苏定方亲自率领，驻扎在北边，步兵不知道由哪个倒霉的将领率领，驻扎在南边当枪靶子。

阿史那贺鲁看到唐军这种队形，简直不敢相信自己的眼睛。啥也不用说了，柿子必须捡软的捏，先把那几千步兵消灭了再说。于是，他一声呼哨，带着骑兵就包围了南边的唐军步兵，准备来一场大屠杀。

嗯，的确是一场屠杀，不过被屠杀的对象不是唐军，而是西突厥的十万骑兵。阿史那贺鲁显然没有思考过一个问题：如果没有克敌制胜的法宝，唐军怎么可能敢用步兵对付骑兵？

就在阿史那贺鲁火急火燎地冲到唐军阵前的时候，他惊讶地发现，这群貌似待宰的羔羊，已经变成了满身带刺的刺猬。唐军士兵将枪尖朝外一层又一层密集排列起来，组成了一道道牢不可破的铁幕。

咋办？冲，可能被扎成筛子；撤，可能被追成兔子。阿史那贺鲁犹豫了一下，依然坚定地带着人冲了上去，万一成功了呢。结果这十万人围着几千人连续打了几个小时，阿史那贺鲁连续冲了三次，都硬生生地被扎了回来。

西突厥骑兵终于被扎蒙了。正在北边看热闹的苏定方，意识到痛打落水狗的时机终于来了。于是，他一马当先，带着数千骑兵，就冲进了西突厥的阵营，左砍右突，累了歇歇，再砍再突。

阿史那贺鲁终于被打怒了，但是比起发怒，很明显老命更重要。于是，他一声怒吼，带着人就往回飙。苏定方在后面跟着飙，一直飙了几十里，杀死和俘虏了三万多人，直到天黑，才心满意足地回到营地。

面对如此大败，如果按照以往的节奏，阿史那贺鲁肯定早就趁着夜色拍拍屁股溜得无影无踪了。但是，由于去年唐军大胜之后一直龟速前进，这次阿史那贺鲁没有再跑，他想当然地以为历史还会重演。

可惜，他又错了，这次的主帅不是程咬金。

第二天黎明时分，天刚刚亮，苏定方带着吃饱喝足的骑兵，又一次追了上去。一顿猛砍下来，毫无防备的西突厥军直接撂挑子不干了，西厢五部落的几万人当场就举起了白旗。

东厢五部落因为以前和西厢五部落有仇，所以听说西厢五部落投降之后，一脸鄙夷地骂了他们一通。随后，东厢五部落就跑到南边向唐朝的南路军投降了。

就这样，十万突厥骑兵，两战下来就被消灭得干干净净，阿史那贺鲁一声苦笑，骂了一句"人到用时仁义少"，带着几百名亲信又一次往南跑了。这一次他跑得很彻底，一下子飙了六百多里，跑到了今天伊犁河附近的一个小据点。

但是，苏定方并没有放过他的意思，当即便命令萧嗣业带着回纥兵继续追击阿史那贺鲁，自己则和任雅相带领投降的士兵紧随其后。

可是就在唐军一路狂追的时候，希望的天平终于倾向了阿史那贺鲁那边。657年的第一场雪，比以往来得更早一些，而且还要更大一些。中亚的草原上一时间白雪皑皑，放眼望去看不到边际。

于是，所有唐军将士都打起了退堂鼓，请求天气放晴、雪化以后再行追击。但是，苏定方是看过历史书的，他知道雪下得越大，敌人就越大意，趁此机会追击，一定能够事半功倍。

领导如此狼性，其他人肯定也不能再说什么。所以，唐军不仅没有停歇，还昼夜兼程地强行行军几百里，在距离阿史那贺鲁驻地两百里的地方，他们又与南路军会合。这一下，唐军的实力更加强大了，他们向着阿史那贺鲁就杀了过去。

那么现在，阿史那贺鲁在干吗呢？

事实上，他并没有像我们想象中的那样，在大帐里喝着酒，吃着火锅，看着美女，等着被宰。相反，他和手下们早已准备好了战马和弓箭，等待着最好的时机——外出打猎。

大敌当前，不想破敌之策，还去打猎娱乐，遇到这么一个主，西突厥不亡真的是天理难容。不过，这个举动却救了阿史那贺鲁一命。

当苏定方率领唐军杀过来的时候，他起码省去了寻找战马的时间，夹起马肚子就可以往南跑了。

煮熟的鸭子又飞了，苏定方见状，立刻追了上去，双方你追我赶，竟然又狂奔五百多里，一直到碎叶水（今楚河，李白的出生地）附近，苏定方才停止了追击。他盘算了一下此战的收成，又俘虏了几万人。

六十五岁的人了，除去行军的六千多里，光追击阿史那贺鲁就跑了一千多里，而且有五百里还是下着雪的，身体再棒也扛不住啊。

但是，苏定方不追，并不代表唐军不追了，年轻人还是可以再追一下的嘛。五十岁左右的副总管萧嗣业，身体倍儿棒，率领一部分骑兵又追了上去。

阿史那贺鲁在狂奔一千两百多里，到达石国苏咄城（今乌兹别克斯坦塔什干一带）之后，终于跑不动了，不仅员工喊着要罢工，连胯下的战马也跑不动了。于是，他们不得不下马入城，准备休息一天，买些战马再继续跑路。

苏咄城城主伊涅达是一个很地道的人，他看到阿史那贺鲁一行人风尘仆仆、如此疲惫之后，就心生了无数怜悯，好酒好肉地把他们招待了一番，并且安排住宿，死活不让他们再居无定所地流浪了。

什么，唐军马上就要来了？那您更不能走了，在外面吃风喝沙，肯定不如到大唐首都长安舒服啊。

于是，几天之后（658年二月），萧嗣业等人终于到达石国，将在宾馆中养得白白胖胖的阿史那贺鲁"接"到了长安。只不过，接他的交通工具有点儿寒碜，头要露在外面，胳膊要背在后面才能坐进去。

658年十一月，阿史那贺鲁在坐了九个月的"马刹拉地"之后终于到了长安。李治大喜过望，将苏定方封为三品大员左骁卫大将军、邢国公。苏定方在被埋没了六十多年之后，终于位极人臣，登上了人生的顶峰。

所以啊，人生不是看到希望才坚持，而是坚持之后才能看到希望。不必抱怨现实的不公，只要坚持下去，总有一天，你会迎来属于自己的时代。

于是，该封官的封官，该赏钱的赏钱。李治把功臣赏完之后，就开始"赏玩"阿史那贺鲁了。他把文武百官、各国使节全都叫到一起，在李世民的昭陵前举行了一次盛大的献俘仪式。

完事之后，李治仍然觉得不过瘾，又在太庙前举行了一个更加盛大的献俘仪式，让阿史那贺鲁丢人丢了两次，而且还丢到了全世界。

阿史那贺鲁嚷嚷着，要死在昭陵前给李世民陪葬，但李治就是不杀他，羞辱完之后，只是把他软禁了起来。第二年，受不了屈辱的阿史那贺鲁，终于在无限的悔恨中抑郁而死，结束了他荒唐的一生。

至此，西突厥被彻底平定。从开打到灭亡，只经历了四个月，而且这四个月中的大部分时间，双方都在草原上飙马。

消灭西突厥之后，苏定方让投降的十姓部落回到了驻地，修整了道路，设立了驿站，划定了各自的边界，慢慢地恢复了秩序。

李治在西突厥原来统治的地方，设置了两个都护府：濛池都护府和昆陵都护府，分别管理楚河西边和东边的各个部落。并依据这些部落的大小，分别设置州、县，任命这些酋长做了刺史以下的官职。

659年，原本臣服于西突厥的中亚各国也开始归附大唐，李治又在这些国家设立了二百一十七个州县，均由安西大都护府管辖。

虽然这场战役没有跌宕起伏的悬念，也没有催人泪下的英雄事迹，就是不断逃跑与不断追逐，但是它对当时以及后世的影响却非常大。

它让李治彻底站稳脚跟，一年之后，他就开始对长孙无忌等人动手了。

它又让"犯我强汉者，虽远必诛"的剧情在时隔多年之后，又一次真实地上演。

唐朝的版图史无前例地延伸到中亚，最远处到达了今天的伊朗高原附近，和当时强盛的阿拉伯帝国成了手拉手的邻居。两个璀璨的文明，第一次跨越数万里的亚欧非大陆，肩并肩地站在了一起。

随后，无数商人、学者、使臣开始往来于中国、中亚和欧洲、非洲。他们将几千年来不同文明积累的优秀成果带到世界各地，大大促进了人类文明的进步。

更重要的是，它将唐朝的影响力扩散到了全世界，让千余年后的中华儿女仍然为之骄傲和自豪。

六十八　大破十万兵，薛仁贵三箭定天山

　　拿下西突厥之后，大唐帝国的边陲已经距离长安达一万多里远。在那个通信基本靠吼的年代，这么远的距离已经到了帝国扩张的极限。

　　所以，大唐对边疆的统治并不稳定，总有那么几个刺头，时不时地想出来尝尝唐朝的铁拳。

　　661年，一向对大唐服服帖帖的回纥部落的老大死了，他的侄子比粟毒夺了汗位。

　　这是一位精神小伙，当然是属于精神病的那种"精神"。他瞅了一圈邻居，发现大唐正在痛扁高句丽，便自以为唐军无暇西顾，可以趁机打劫一把。于是，他带着手下的铁勒九姓武装上访了。

　　如果放在一般的朝代，比粟毒的这种想法的确没有错，两线作战的确是兵家之大忌。但是对于正在迅速扩张的大唐而言，别说两线作战，三线作战也不是没有可能。

　　此时，苏定方和契苾何力正在南北夹击高句丽，刘仁轨正在平百济（下一篇

开始讲）。同时分兵揍两个国家，可以说已经是在两线作战了，既然比粟毒也来了，那就三个一起揍吧。

661年十月，李治在兵力极其紧张的情况下，又派出两路大军杀向回纥。

第一路，由左武卫大将军郑仁泰担任铁勒道行军大总管，左武卫将军薛仁贵担任副大总管，作为主力从南边进攻比粟毒。

第二路，由鸿胪卿萧嗣业为仙萼道行军总管，右屯卫将军孙仁师为副总管，作为辅攻，在西南面围堵比粟毒（仙萼在今天外蒙古的色楞格河流域）。

相信大家已经在这群人当中看到了一个熟悉的身影——薛仁贵。

这位老哥在645年（李世民率军痛扁高句丽时），穿着奇装异服（唐书记载的是白袍）闪亮登场过一次之后，至今已经整整十六年，是时候再次隆重出场了。

薛仁贵，其实应该叫薛礼，前面我们讲过，他的字是仁贵，以字行世，所以大家都叫他薛仁贵。

614年，薛仁贵出身于河东薛氏，属于标准的官几代，从小就过着衣食无忧的生活。

但是这种生活没有持续多久，他爹就死了。于是薛少爷就成了小薛，沦落为种地为生。

种地的时候，薛仁贵也没有展现出什么特别的才能。电视剧《薛仁贵传奇》中讲的他拜李靖为师，房屋被烧，到柳员外家做苦力谋生等，除了名字是真的以外，其他几乎都是瞎编的。三十岁以前的薛仁贵干过啥，史书中一点儿记载都没有。

我们只知道，644年，已至而立之年的薛仁贵空有一身武艺，一事无成。

正常人面对这种情况，首先肯定要反思一下，然后出去打工或者创业，努力干出一番事业。

但是薛仁贵却不走寻常路，搞起了歪门邪道。他觉得现在一事无成根本不是自己的问题，而是老祖宗不显灵。

于是，他就叫来了一群老道，在村里看了几遍风水，准备给老祖宗们挪挪窝，最好挪到一个可以冒青烟的地方。

眼看这位有志青年就要投身风水事业，他老婆柳氏终于坐不住了。不过柳氏并没有像大多数人的老婆那样，动不动就骂自己老公没有出息。相反，她还说了两句非常经典的话：

"夫有高世之材，要须遇时乃发。今天子自征辽东，求猛将，此难得之时，君盍图功名以自显？富贵还乡，葬未晚。"

结过婚的男人肯定已经看出来这两句话为什么经典了，这女人忒懂事，知道好男人是夸出来的。

她没有说自家老公不行，而是说"高世之材"；她没有说你赶紧老老实实找个正经工作吧，而是说"求猛将"；她没说人不行，迁坟有啥用，而是说"富贵还乡，葬未晚"。

虽然她是在阻止老公的愚蠢行为，但自始至终，全都是用鼓励的话在阻止，薛仁贵听了怎么可能不受用？

有这样的妻子，男人想不成功都难啊。

于是，薛仁贵立刻反省自己，放下锄头就到招兵处报到去了。

645年六月，李世民亲率大军正在驻跸山和高句丽军死磕。关键时刻，还是一名小兵的薛仁贵，身穿奇装异服，斜刺里杀了出来，只见他一边大喊大叫，一边挥刀乱砍，极大地鼓舞了士气，终于把高军打得大败亏输。从此，李世民就记住了这个奇装异服爱好者。

此战结束以后，李世民特意召见薛仁贵，对他的英勇行为给予极高的评价："朕不喜于得到了辽东，而喜于得到了你啊。"

李世民当即就把他升为四品的右领军中郎将，派他镇守宫城玄武门，并赐给他二匹战马以及生口十人。注意，这里的生口不是牲口，而是特指战俘和奴隶。战争是残酷的，无论何时，亡国的人是没有尊严的，大国崛起后，小民才有尊严。

此时的薛仁贵才三十一岁，无论怎么看，前途都是一片大好。但奇怪的是，在之后的十年里，薛仁贵竟然又一次消失在历史的长河之中，一点儿表现的机会也没有。一直到654年，李治已经坐了五年皇位之后，他的机会才再一次来临。

当年夏天，长安城内酷热难耐，李治去了陕西宝鸡的万年宫，也就是当年隋文帝建造的仁寿宫避暑。有一天晚上，李治正在闷头呼呼大睡，突然天降大雨，导致山洪暴发，大水夹裹着泥沙，很快就冲到了万年宫北门。

如果不出意外，相信用不了多久，李治就要为我们上演一出"李鱼跳龙门"的大戏，跳过去那就继续当龙，跳不过去就真变成了鱼。

但是我们知道，意外肯定是要发生的，薛仁贵恰好就在这里当门卫。当大水来临的时候，其他门卫撒开脚丫子就跑了个无影无踪，完全忘记了还在宫里睡觉的皇帝。其实这也不能怪他们不负责任，毕竟皇帝没了可以再立一个，但是自己的小命没了，可就什么都完了。

这辈子也就一次，人都是怕死的动物。可是，薛仁贵却不同，在他看来，他身上的责任远远比自己的生命重要。皇室对他有知遇之恩，让他从一个种地的小伙，变成了四品的高官，他必须懂得感恩，哪怕付出生命的代价。

所以，他完全不顾生死，一边大声骂着那些逃跑的人，一边冒着被淹的风险爬到高处，向着宫内不断地大喊大叫。

不久，宫里的人终于听到了薛仁贵发出的警报。李治赶紧带着老婆孩子就往高处跑，这才避免了成为鱼的可能。但是，宫中的人仍然被淹死了三千多个。

第二天，李治看着那些横七竖八的尸体，回想起了昨晚的遭遇，不由得一阵头皮发麻、百感交集。他特意把薛仁贵叫到跟前，好好表扬了一番他的忠心，并赏赐他一匹御马。

按照一般的逻辑，薛仁贵对李治有救命之恩，他的春天怎么也该来了。

但是，现实却非常残酷。可能是李治贵人多忘事，也可能是他觉得薛仁贵当门卫挺好的，所以在之后的整整三年里，薛仁贵依然是门卫，唯一不同的是，他已经从小薛慢慢变成了老薛。

657年，坐了十几年冷板凳的薛仁贵，终于坐不住了。四十三岁了，再不出征就干不动了啊。

当年李治让苏定方率军出征西突厥，薛仁贵很是眼红，他赶紧给李治上了一道奏疏，表示在大军出发之前，可以释放西突厥一个部落的俘虏，收买这个部落的人心，让他们为自己所用。

本着谁出主意谁干活的原则，薛仁贵想当然地认为，这个好差事怎么着也要轮到自己头上。但是，他又错了，李治只是同意了他的建议，但没有让他随军出征。

薛仁贵很郁闷，他简直不敢相信自己的耳朵，气得估计又想迁祖坟。但他不知道的是，其实他的这道奏疏已经让李治充分认识到，这个人并不仅仅是一介武夫，而是一个有勇有谋的战将。

这个人已经被埋没太久，是时候该让他去建立自己的功业了。

658年，在消灭了西突厥之后，李治终于准备东征高句丽了。但是在大军征讨之前，李治决定先派出几支小分队，到辽东烧杀抢掠一番，削弱一下高句丽的实力。

当年夏天，李治让曾经跟随李世民剿灭刘黑闼的老将程名振为主帅，让薛仁贵为副帅，出兵征讨高句丽。

兴奋难当的薛仁贵，没有辜负李治的期望，大败高句丽，斩敌三千余人。

659年，李治再次命令薛仁贵跟随老将梁建方、契苾何力等人征讨高句丽。这一战薛仁贵出尽风头，每一仗总是一马当先，冲入敌阵，所向披靡。

不过在石城，他们终于遇到了一根硬骨头，高句丽军中出现了一位猛人，此人武艺高超，骑马射箭玩得贼溜。就在唐军向前冲锋的时候，他箭无虚发，连续射杀了十几名唐军，搞得大家人心惶惶，不敢上前交战。

薛仁贵看到后大怒不已，和我比箭，你还嫩了点。他顾不得个人安危，单枪匹马就冲了过去。那人见有人冲来，急忙弯弓搭箭，朝着薛仁贵就连射了几箭。

薛仁贵"啊"的大叫一声，顺利地躲了过去。眨眼之间，就已经冲到了那人的跟前，只见他举起右手，一把就将这人薅到了马下。随后，他调转马头，硬是把这人生擒了回来。高句丽军见状，竟然没有一个人敢上前阻拦。随后，唐军趁势冲杀，再次大胜而归。

几个月之后，薛仁贵又在黑山大败契丹军，生擒契丹国王阿卜固和一大帮大臣，把他们全部押到了东都洛阳受审。

连续几次出手不凡，李治大喜不已，终于将薛仁贵提拔为左武卫将军，封河东县男。而此时，距离薛仁贵第一次升官，已经整整十五年了。

由此可见，运气和实力同样重要，当运气不佳的时候，即便你是天才，也只能是虎落平阳，默默无闻。所以，当我们面对人生中困难的时候，完全不必灰心丧气，只管做你应该做的事情，那个一飞冲天的机会迟早会落在你的身上。

再之后就是我们上文中讲过的内容了，661年，比粟毒反叛，李治决定同时三线作战，命令两路大军杀了过去。

临行之前，李治为了鼓舞士气，特意在皇宫之内设宴招待这群即将出征的将士。酒足饭饱之后，李治突然心血来潮，表示自己听说古代射箭高手的箭能穿透七层铠甲，不知道薛仁贵能不能射穿五层。

薛仁贵倒也谦虚，没有像各种演义里说的那样，大喊七层算什么，他要射九层。实际上，他就按照李治的意思，弯弓搭箭"嗖"的一声，直接射穿了五层。

尽管没有古人般的成绩辉煌，但李治仍然大吃一惊，当即命人赏赐薛仁贵一副坚甲。

几个月后，郑仁泰和薛仁贵长途跋涉几千里，终于到达了位于蒙古的天山（今杭爱山）。他们本来以为，比粟毒肯定会赶紧逃跑，这一仗要打很长时间，但没想到，比粟毒竟然是个初生牛犊不怕虎的二愣子，看到唐朝大军杀了过来，他不躲不闪，召集九姓铁勒的十万骑兵就硬冲了过来。

更猛的是，唐军还没有出击，比粟毒就精挑细选几十名骁勇善战的骑兵，杀到了唐军阵前。

薛仁贵惊呆了，打了这么多年仗，从来就没有见过像比粟毒这样敢主动挑衅唐军的，此时不砍更待何时？

薛仁贵也不想欺负这几十个人，所以，带了几个人就杀了出去。还没等这群人反应过来，他一边骑马一边射击，连续三箭射死了三位刚刚还在嗷嗷直叫的"骁勇之士"。

剩下的几十个人倒也是真正的好汉，他们看着同伴的尸体，没有像我们想象中那样，吓得落荒而逃，而是充分发挥"好汉不吃眼前亏"的精神，直接下马投降了。

唐军惊呆了，还有这种操作？比粟毒更加惊呆了，竟然还有这种操作？

就在双方都惊讶不已的时候，薛仁贵率先反应了过来，这分明是十万头猪啊。于是，他招呼一声就率先冲了过去，其他正在看热闹的唐军也幡然醒悟，纷纷奔出营寨就逮"猪"去了。

虽说比粟毒初生牛犊不怕虎，但奈何手下是一群猪。所以，他看见唐军冲了过来，十万大军也不管了，撒丫子就往北跑。

薛仁贵在后面一通猛砍猛追，追过了荒原、追过了沙漠，活捉了九姓中的三个首领，这才率军而回。比粟毒也成了失踪人口，从此杳无音信。不知道哪个会拍马屁的战士在回军的路上即兴创作了一首歌曲——"将军三箭定天山，壮士长歌入汉关。"

从此"三箭定天山"成了一个成语，用来形容武艺高强、声威服人的大将。这个名传千古的故事，激励无数中华儿女为维护祖国统一而砥砺前行。

不过，这个故事还有一个不太美好的后续。

薛仁贵在追击叛军的过程中，没有办法带着投降的俘虏，让他们留在后方，又怕他们叛变，于是就把他们全部坑杀了。并且他又接收了不少贿赂，还把俘虏过来的铁勒族女人纳为己有。

主帅郑仁泰看到薛仁贵立此大功羡慕不已，有几个部落向他投降，他不但拒绝了他们的投降，还把他们的女人抢了过来，赏给出征的将士。于是，这些部落纷纷四散而逃。

有人向郑仁泰报告，这些人在逃跑的过程中，把牛、羊、马匹丢得到处都是。郑仁泰大喜不已，挑选了一万四千名骑兵，脱掉铠甲，向这群牛马羊拼命地冲了过去。

可悲的是，这条消息是假的。他们穿过大沙漠，一直到达仙萼河（今色楞格河），粮食吃光了也没有看到任何敌人。

在回军的路上，这群饥饿的将士不得不杀掉战马食用。但是，即便如此，粮食仍然不够食用。最后，他们不得不向朝夕相处、亲密无间的战友举起了屠刀。等回到军营的时候，一万四千人被杀被吃得只剩下了七百人。

真是无言以对，一将成名万骨枯，这又何止是万骨？

只能说战争的残酷向来如此。每一场让人热血沸腾的胜利，背后都有着无数战士的鲜血。亡国者，男人被杀，女人被淫。可胜利者，不一样是血流成河？

令人绝望的是，这个世界上不可能没有战争。

如此，我们所能做的，除了不怕流血夺取胜利之外，好像别无选择。

六十九　三十天灭百济，苏定方再搞大屠杀

李治当上皇帝之后，其实是想先打高句丽的。至于灭西突厥和揍回纥，纯粹是意外之中的意外。

如果他们不主动上门找抽，黄泉路上肯定排在高句丽的后面。因为在李治称帝之前，李世民就已经做好东征高句丽的所有准备，只等率军出征了。

646年，李世民揍完高句丽回来后的第二年，刚刚养好身体的他，就再次嚷嚷着要打高句丽了。

不过大臣们把他拦住了，理由很简单，你一个五十多岁的半大老头，刚得了一场大病，差点儿一命呜呼，这还没好几天，就想再去砍人，对自己的身体状况心里没有一点儿数吗？

李世民虽然觉得大臣们说的话挺有道理，但是他依然很不甘心，高句丽就是他的一块心病，不灭了它，吃饭吃不香，睡觉睡不沉。

为了按住皇帝陛下躁动的心，大臣们又给李世民出了一个损人但很利己的主意：不断派出小股部队深入高句丽，见人就砍，见城就烧，见庄稼就毁，坚持不

懈地抢下去，用不了几年，高句丽就会千里萧条，人心涣散。

掂量了一下自己身体的李世民，只好退而求其次，答应了。于是在随后几年里，李勣、薛万彻等名将摇身一变，成了一个个江洋大盗，时不时到高句丽境内抢劫、踹门、放火。

就这样，唐军断断续续抢了两年的时间，搞得高句丽边民痛苦不堪。648年，李世民又想大举进攻高句丽。

可是房玄龄又一次提出了反对意见，临死之前他还给李世民写了一封很长很长的信。李世民看完之后，非常感动，流着泪送走了这个跟随自己几十年的老伙伴，然后他便让人打造了一千一百艘战舰，集结了三十万大军，准备在第二年一举灭了高句丽。

只是很可惜，此时已经天命难违了。649年，就在准备打高句丽的前夕，李世民的病情突然急转直下，到地下见房玄龄去了。于是，大唐进攻高句丽的脚步就停了下来。

不过在李治登基之后的十一年里，唐军仍然坚持实行对高句丽非常不友好的政策。

660年，也就是苏定方消灭西突厥两年之后，李治终于腾出手来，开始对高句丽大举用兵了。

但与隋文帝、隋炀帝、李世民等几位皇帝不同，李治并没有直接去打高句丽，而是决定先对高句丽的小兄弟百济动手，因为灭了百济之后，唐军就可以和新罗一起，对高句丽进行南北夹击。

在百济从地图上消失之前，我们还是有必要简单介绍一下人家的。

百济，位于朝鲜半岛的西南角，面积大概是现在韩国的三分之一。它的建国时间大概是公元前十八年，也就是西汉末年。韩国人说它的创始人是温祚王，但准确来说应该叫温祚侯，因为他爹高朱蒙就是一个侯。

这个高朱蒙又是谁呢？当时中国东北有个政权叫扶余，他是扶余王的养子，标准的东北老铁。因为受到家人和大臣们的排挤，他就带着人跑到了朝鲜半岛北部。后来，他也不知道通过什么手段，摇身一变成了西汉玄菟郡下面的高句丽县的一个侯。

王莽篡汉之后，要打北边的胡人，按照规定高句丽县应该出兵出粮保家卫国，但是高朱蒙非要当逃兵，王莽一怒之下就派人把他杀了，把脑袋提溜到了长安。

高朱蒙被杀之前，温祚王带着一群扶余人，又跑到了朝鲜半岛的南边，把马韩痛扁了一顿，建立了百济。从建国到唐朝时的六百多年时间里，百济基本上都是中国的藩属国（历十余代，代臣中国），也没搞出来过什么大动静。

百济东边的国家叫作新罗，大概也是西汉末年建立的，面积大概是现在韩国的三分之一。由于它是由朝鲜半岛的土著建立的，所以与高句丽和百济的语言不通，文化不同。

这三个国家从建国开始，互相之间就非常不对付，窝在朝鲜半岛斗了好几百年，但是，谁也吃不掉谁。等到唐朝建立的时候，高句丽和百济因为同祖同宗就勾搭在一起，经常对着新罗练习双打。

新罗被打蒙了，就向唐朝求助。李治刚登基，就不断地收到新罗王金春秋的求救信。多说一句，大家不要觉得新罗挺可怜，它是标准的"白眼狼"，唐灭百济、高句丽后不久，它就开始联合这两个国家的复国势力打唐朝了。

655年，李治已经让苏定方去救过一次新罗，只不过当时只是小打小闹，从陆路打到辽东，烧了一座城，杀了一千多人就回来了。

659年，新罗的求救信又一次送到了长安。660年，等到苏定方打西突厥凯旋之后，李治便火急火燎地派出两路大军杀向了百济：

第一路，命苏定方为神丘道行军大总管，率领十万大军，从城山（今山东荣成）出发，横渡黄海，从西边征讨百济。

第二路，令新罗国王金春秋率领新罗军从东部夹击百济。

当年八月，十万唐军便浩浩荡荡地开到了熊津江口（今韩国锦江口），一场比灭西突厥还要简单、还要无聊的战争，由此拉开了序幕。

为什么说比灭西突厥还简单？

因为西突厥其实还有得选，可以打也可以跑，中亚那么大，去哪转都行。但是百济就很悲摧，朝鲜半岛竖着量才一千多里，横着量才六百里，巴掌大的地方实在没有地方可以跑。更重要的是，从锦江口到百济都城泗沘也就短短一百五十里，总不能敌人刚到家门口，就丢下都城夹着尾巴跑了吧。

所以，面对明显比自己实力更强的唐朝十万大军，百济国王扶余义慈一脸无奈，只好硬着头皮上去，把重兵放在熊津江口，认为可以御敌于国门之外。

但是，这一仗打得却极其无聊，根本不是双方互砍，而是唐军对百济军单方面的屠杀。

苏定方一上岸，仅仅打了一仗就灭了百济军主力部队，至于计谋和英雄事迹根本没来得及上演。随后苏定方水陆并进，几天之内就攻到了百济的都城泗沘附近。

在距离泗沘大概二十里的地方，扶余义慈押上了所有的老本。他不相信唐军会如此勇猛，能神挡杀神，佛挡杀佛。他更不相信建国六百多年，和新罗、高句丽打了六百多年的国家，在唐军面前会如此不堪一击。

可惜啊，现实比他想象的还要残酷。唐军根本没有把百济所谓的"举国之兵"放在眼里。苏定方二话不说，带着人就朝百济军冲了过去。

百济军则跟被薛仁贵消灭的十万铁勒军一样，充分发挥了"好汉不吃眼前亏"的优良传统，撒丫子就往后面跑。苏定方在后面一通猛追猛砍，不仅斩杀了一万多人，还直接攻入了泗沘城的外城。

百济国王扶余义慈被吓得带着太子扶余隆就往高句丽跑。国王跑了，太子也跑了，泗沘城内人心惶惶、军心涣散，被攻破只是时间问题。

但是，在这最后的时刻，百济终于迎来了最后的希望。

扶余义慈的次子扶余泰是一个很有志气的青年，在战局如此不利的情况下，他不仅没有逃跑，相反还燃起了熊熊的斗志，毅然决然地扛起了所有的重任。

他爬上城楼，一边宣布自立为王，一边发誓要与泗沘城共存亡。在他的不断奔走呼叫和感召之下，那些准备逃跑的士兵终于看到了希望，慢慢安定了下来。

太子扶余隆的长子扶余文思看到叔叔如此勇敢，也穿上盔甲，带着手下爬上了城楼，面对那些好不容易安静下来的士兵，他也发表了一通慷慨激昂的演讲："国王和太子虽然都跑了，但他们并没有死，还在看着我们呢……"

顿了顿，他又拿出一条粗壮的绳子，系在了城墙突出的地方，接着喊道："谁愿意到城外投降，现在就可以去，我不会拦着你们……"

士兵们出奇地安静，你看我，我看你，都不敢答话，扶余文思终于露出了满意的笑容，说出了后面的话："我叔叔现在敢擅自称王，以后就敢杀了我，兄弟们不跑，我先跑了啊！"

说完，他转过头唰溜一下就顺着绳子跑到城外投降了唐军。其他人见了，纷纷大骂他扰乱军心，然后你挤我，我挤你，也开始系绳的系绳，爬墙的爬墙。

正在想着怎么攻城的苏定方被眼前这一幕惊呆了，他万万没有想到，天下还有这种好事。于是，在搞明白情况之后，他赶紧找了几个手脚利索的士兵，带着军旗顺着绳子爬到泗沘城上，把唐旗插满了城墙。

正在其他地方鼓舞士气的扶余泰瞬间就蒙了，老爹靠不住，哥哥靠不住，现在侄子也靠不住了，遇到这群猪队友，只能说天欲其亡。于是，他一声哀叹，只好打开城门，投降了唐军。

泗沘城举城投降之后，逃跑的国王扶余义慈与太子扶余隆等人也回来投降了。就这样，不到一个月，仅仅打了两仗，立国678年的百济就被轻而易举地平定了。

随后，唐朝在百济故地设置了五个都督府，下辖三十七个州，二百五十个县。九月三日，苏定方押着百济的国王、太子以及一万两千多名俘虏返回。当年十一月，大军顺利地回到洛阳。

但是，故事还远远没有结束。就在苏定方一群人在洛阳庆功的同时，留守百济的唐朝将领刘仁愿，以及他手下的一万七千多名大唐和新罗的联军，却正在为百济投降的后续工作忙得焦头烂额、叫苦不迭。

而这所有的一切，都源于苏定方犯了一个极其不应该犯的错误。

这位三年前西征西突厥时，曾劝说程咬金不要屠城的苏定方，已经不是原来的苏定方了。

他在活捉了百济国王之后，不仅纵兵抢掠了一番，将泗沘城搞得满目疮痍，还到处乱砍乱杀了一通，导致城中百姓死伤殆尽（壮者多死）。

而就在苏定方乱砍乱杀的时候，有一个本来已经投降的百济名将，终于看不下去了。

于是，他就带着十几个人悄悄地溜出泗沘城，回到本部。在短短一个月之内，他便召集三万雄兵，扛起了光复百济的大旗。

七十　天纵奇才，六十岁书生临危征百济

对苏定方屠杀百姓很不满意的这个人叫黑齿常之，未来是破吐蕃、胜突厥的大唐猛将，现在则可称为百济的"小姜维"。

"黑齿"不是因为他的牙太黑，别人给他起这样的绰号，而是他的祖宗被封到黑齿这个地方，于是就把封地当成了姓氏。

另外，黑齿这两个字也不是翻译过来的，他不是百济人，而是扶余人（我国东北一个少数民族），从小他学的就是汉语和汉字，上小学的时候，他就熟读了《春秋左氏传》《史记》《汉书》。

长大以后，他皮肤也不黑，反而英俊潇洒，风流倜傥，有勇有谋，所以不到二十岁就担任了百济的达率，相当于唐朝的兵部尚书。

从前面的几场战争看，黑齿常之的兵部尚书当得是相当失败，除了在逃跑的时候锻炼了下身体以外，基本没干过啥正经事。

但说实话，这也不能把全部责任归结到他的身上，不是百济军太无能，而是唐军太勇猛，在苏定方面前，当时还真没几个人能扛得住几个回合。

　　不过，从泗沘城逃出来之后，黑齿常之的智商就开始飙升了。他没有选择与唐军继续正面硬碰硬，也没有高喊御敌于国门之外，而是带领着召集来的三万人，跑到距离泗沘城不远处的任存山搞起了敌后游击战。

　　事实证明，无论什么时候面对强敌，游击战都是一种行之有效的方法。不久之后，黑齿常之就获得了一次难得的胜利。

　　当苏定方听说有人在搞游击战之后，立刻组织唐军发动了一次有针对性的剿匪行动。可惜唐军经过浴血奋战，仍然没有攻破黑齿常之的任存山据点。

　　更加可惜的是，经此挫折，苏定方仍然没有把这群游击队员放在眼里，不久之后，他就率领唐军主力回国了，只给唐军将领刘仁愿留下了一万七千多名唐罗联军，让他们驻守泗沘城。

　　百济尽管又弱又小，不到一个月就被灭了国，但人家毕竟也有几万平方公里土地，还和高句丽、新罗互砍了几百年啊，你现在只留下一万多人，这要不出事就怪了。

　　苏定方率军前脚刚走，黑齿常之后脚就农村包围城市，把泗沘城周围的据点，全部又夺了回去。

　　更加悲摧的是，当时的百济还有一拨叛军，他们的傀儡老大叫作扶余丰，此人原来是百济的小王子，从小就被送到倭国当人质。百济被苏定方灭了之后，原来百济的大将鬼室福信和一个法号叫道琛的和尚不愿意就此投降，就把扶余丰接回去，立为傀儡老大。

　　在黑齿常之、鬼室福信、道琛等人的带领之下，百济各地很快就展开了轰轰烈烈的复国运动。当年九月底，也就是苏定方灭掉百济还不到一个月，原来投降唐军的两百多座城池又全部造反了，只有泗沘城还掌握在唐军手中。

　　紧接着，这帮人对泗沘城发起了猛烈的进攻。唐军虽然经过浴血奋战，暂时守住了城池，但是城外依旧被百济军围得水泄不通，泗沘城随时都有被攻破的可能。

就在这最危险的时刻，刘仁愿的求救信送到了李治的手中。李治急忙命王文度为熊津都督（就是当年和程咬金打西突厥时假传圣旨的那个人）率领数万唐军，再次向百济杀了过去。

但是，意外又一次发生了。就在唐军横渡黄海的时候，王文度这位老哥突然死了。

如果放在平时，再派一员猛将过去就行了，但是，这个时候李治正在筹备攻打高句丽，猛将们已经全部就位，不能临阵换帅。

万般无奈之下，李治只好随手安排了一个正在戴罪立功，而且从没有上过一次战场的六十岁老头接替王文度的职位。

正是这个不经意的安排，不仅让大唐顺利地平定了百济，还造就了一位出将入相的传奇人物。

此人名叫刘仁轨，和驻守在泗沘城的唐将刘仁愿没有任何血缘关系，前者是汉人，后者是汉化的匈奴人。

601年，刘仁轨出生在汴州尉氏（今河南开封尉氏县），据说东汉一代明君汉章帝是他的十八辈祖宗。但是，他的其他祖宗明显都是不肖子孙，到他这一辈的时候，家里已经穷得叮当响了。

他们家住的房子属于千疮百孔类型的，一下雨就要了命。外边小雨，屋里中雨；外边大雨，屋里暴雨，有时候雨实在太大了，全家人都得上街避雨去。

但令人感到奇怪的是，尽管家庭条件如此艰难，刘仁轨竟然从小就养成了一个十分难得的习惯——读书。家里买不起纸和笔，他就一边扛着锄头干活，一边伸着手指在空中乱比画，搞得全村人都以为他脑子有病。

面对周围人无情的嘲笑，很多人都会向这个世界妥协，更甚者还会同流合污，加入嘲笑别人的队伍，和他们一起嘲笑那些与众不同的人。

但是小小的刘仁轨却坚持自己的梦想，他对周围人鄙视的眼光并没有丝毫在意，每天依然我行我素，利用一切可能的机会看书、学习、乱比画。

在不断与现实对抗的过程中，他还慢慢地养成了极为刚硬的性格，而这个性格，在之后的几十年里，让他受尽了苦头，但同样也成就了他的伟大。

有一句话说得非常好：福兮祸所伏，祸兮福所倚。很多时候缺点也会变成优点，例如乱比画。

当你没有才华的时候，乱比画那就是疯子；但是当你学富五车的时候，乱比画那就是著名的好方法。

等到刘仁轨长大以后，因为天天乱比画的"行为艺术"太过引人注目，他很快就在当地有了不小的名气。

621年，李世民灭了王世充、窦建德之后，让任忠的从子任瑰做了河南道安抚大使。任忠就是隋灭陈的时候，给韩擒虎打开京城大门的那个陈国将领。

有一次，任瑰准备给李渊起草奏疏，阴差阳错地被刘仁轨看见了。刘仁轨觉得这位武将的作文水平实在蹩脚，就替他小小地修改了几句，档次一下提高不少。任瑰对这个深藏不露的年轻人大为赞赏，就让他做了一个小小的九品参军。

等到李世民称帝之后，刘仁轨又被调到陈仓，做了一名九品的县尉。这个官位实在是微不足道，刘仁轨即便兢兢业业干到老，能升到县令估计就已经很不错了。

但是，不久之后，他就整出了一件让李世民暴怒的大事。

当时陈仓县有个折冲都尉（大概是四品或五品）叫作鲁宁，此人仗着自己官职高，又立过战功，经常干一些违法乱纪、伤天害理的破事。陈仓县以前的县尉和大部分官员一样，都是欺软怕硬的角色，他们要么跟鲁宁同流合污，要么敢怒而不敢言。

刘仁轨就职以后，很快就听说了鲁宁的大名。为了避免以后在执法的过程中伤到和气，他特意找到鲁宁，对他进行了一次普法教育，而且表示以前的事情可以既往不咎，但是从今往后，鲁宁如果还不收敛，他一定会严肃处理。

但是，鲁宁根本就没有把刘仁轨的话放在心里。见过嚣张的，没见过比自己还嚣张的。

这次谈话结束还没有过几天，鲁宁就变本加厉，故意干了几件伤天害理的恶心事。

哪知道，刘仁轨等的就是这个机会。他没有按照常理出牌，一级接一级地请示该怎么处理，而是二话不说，就让人把鲁宁抓起来，并把他活活打死了。

九品县尉打死五品大员，立刻就成了震惊大唐官场的大新闻，李世民听说之后暴怒不已，立刻让人把刘仁轨押到长安，对着他就是一通臭骂。如果不出意外，骂完之后，刘仁轨这条小命肯定就要提前丢掉了，我国的历史上也会少了一段传奇。

但是，在李世民大骂的过程中，刘仁轨就像当年周围人嘲笑他乱比画一样，表现得格外淡定，没有丝毫畏惧。

等到李世民问他为什么要杀鲁宁时，他也没有按照普通的剧本那样，先说鲁宁犯了哪些十恶不赦的大罪，杀他等于替天行道、为民除害，再说自己多么冤屈。

相反，他只是不紧不慢地说了一句：他侮辱我，我就把他杀了。

这个耿直、劲爆的理由一下子就让李世民惊呆了。他终于冷静下来，审视了一下眼前的这个年轻人。

房玄龄跟随自己十几年，每次遇到自己发火，还都是一副战战兢兢、不寒而栗的样子，但是眼前这个人第一次见到自己，竟然泰山崩于前而色不变，这该是一个什么样的人才啊。

想到这里，李世民终于被刘仁轨的气质打动了。最后，他不但没有治刘仁轨的罪，还把他提拔为咸阳县丞。

不过，受到李世民器重之后，刘仁轨并没有从此步步高升、飞黄腾达。因为一名优秀的政治家，只有正直和刚毅是远远不够的，很多时候还必须学会妥协。

现实不是武侠小说，好人和坏人泾渭分明，只要利剑在手，你就可以大砍四方，快意恩仇。鲁宁固然该死，但是朝廷大员不经过司法审判，你就敢凭一时之怒把他杀了，有这种鲁莽性格的人又能干成什么大事？

所以，在此后的十几年里，李世民再也没有提拔过刘仁轨。我欣赏你的正直，欣赏你的刚毅，但是，玉不琢、不成器，你必须经过生活的重锤、社会的毒打，才能成为真正的大才。

640年秋天，大唐刚刚灭了高昌，消息传来，李世民大为高兴，于是下诏，准备到渭南围猎以示庆祝。

所有大臣都沉浸在一片快乐的海洋之中，但是，刘仁轨却对此忧心忡忡，因为秋收还没有结束，围猎必然要践踏即将成熟的庄稼。

是上表庆贺当今天子英明神武、一举灭掉高昌？还是往皇帝的头上浇一盆冷水，为民请愿？刘仁轨几番犹豫之后，毅然选择了后者。

幸运的是，李世民没有愤怒；相反，他又一次对刘仁轨刮目相看。十几年了，你虽然成熟了许多，但你依然是你。

不久之后，刘仁轨便开始像坐着火箭般向上飞升，他先是被提拔为新安县令，随后又被提拔为正五品上的给事中，专门去当刺儿头，让李世民不自在。

在任上，刘仁轨的工作相当称职，他又兢兢业业地干了十几年，留下了为官清廉刚正的好名声。

接下来就到了656年，当李义府私放女囚并占为己有的新闻爆出来之后，王义方一声怒吼站了出来，上书弹劾李义府。

李治迫于压力，就让刘仁轨去审理此案。结果可想而知，让五品官员去审查宰相，是个明白人都知道李治想放李义府一马。但是，刘仁轨依然坚持自己的原则，并没有向李义府屈服。

后来，刘仁轨就被贬到青州（今山东青州）当了整整四年刺史。

660年，苏定方从山东出发去打百济的时候，刘仁轨奉命督运粮草。这本来是比较轻松的后勤工作，但刘仁轨却差点儿掉了脑袋。不过这次不是他的原因，而是李义府在背后狠狠阴了他一把。

有一天，黄海海面风高浪急，正是躲在家里听海浪声的好时机，但是李义府却恶向胆边生，以前线军情紧急为由，强行督促他运粮出海。如果放到平时，刘仁轨也许会坚持己见、据理力争，但是，战时军令如山，他不得不按令执行。

结果可想而知，船队沉入海底，死伤惨重。

李义府看见计谋成功，大喜过望，多次向李治进谗言要求杀掉刘仁轨，以谢天下百姓（也不知道他怎么好意思说出口）。

幸运的是，李治并不是一个糊涂蛋，他一向知道刘仁轨的为人，所以并没有立刻杀了他，而是派出监察御史袁异式到青州调查事情真相。

不幸的是，这个袁异式也是一个十足的小人，他到达青州之后，没有进行任何调查，就要逼刘仁轨自尽，但被刘仁轨义正词严地拒绝了。

不过，袁异式仍然没有放弃。之后，他又添油加醋地把刘仁轨的"罪行"汇报给李治。李治听后大怒不已，要斩了刘仁轨。

但是，在这个最为关键的时刻，一个小人物的出现，又一次改变了历史的走向。

时任五品中书舍人的源直心站了出来，指出了问题所在："海风暴起，非人力所料。如果因为这个就杀了大臣，以后谁还敢再督运粮草？"

李治听完之后，这才稍微消解了一点儿怒气，但仍然免去了刘仁轨的官职，只让他以平民的身份随军行动。

不过，刘仁轨的噩运仍然没有结束。不久之后，李义府又暗示刘仁愿随随便便找个借口把刘仁轨杀了。

幸运的是，刘仁愿也是一个正直的人，拒绝了李义府的无理要求。

让我们来数一下，在过去的六十年里，刘仁轨已经几次大难不死了。

杀鲁宁，大难不死；第一次得罪李义府，大难不死；督运粮草，大难不死；遇到了刘仁愿，又一次大难不死。

正所谓大难不死，必有后福。能够这么多次大难不死的人，再不迎来好运，估计老天爷都不好意思了。事实上，刘仁轨的好运也终于来了。

在得到代替王文度率军出征的消息之后，刘仁轨就跟算卦先生一样，自己都意识到，好运要来了。这位六十岁的老头也不知道哪儿来的勇气，极其狂妄地对周围人喊了一句："老天爷是打算让我这个老头富贵啊！"

这还没算完，喊完之后，他竟然跑到所在的州府，要了几套《唐历》和宗庙号，并高调地对外宣称自己一定能够平定东夷，把大唐的历法颁布到海外。

太狂了，实在是太狂了，没有上过一次战场，没有指挥过一次军队，已经六十岁高龄的老头，在出征之前，竟敢说出这种狂妄之语，放在任何一部电视剧里都不可能活过两集。

但是，我们不得不承认，这个世界上就是有这么一种天纵奇才。他能够无师自通，他能够出手即巅峰，他能够轻而易举地做出别人几辈子都做不出的成绩。

刘仁轨率领大军到达朝鲜半岛之后，简直就像到了自己的主场。他一边走一边打，很快就在熊津江口大败百济军队，杀死一万多敌军，顺利进入泗沘城。

更加幸运的是，百济军大败之后，又发生了内乱，大将鬼室福信把原来的亲密战友和尚道琛杀了。刘仁轨立刻意识到机会又来了，如果此时对鬼室福信发动突然袭击，唐军一定能够大获全胜。

但是，就在唐军磨刀霍霍准备出发的时候，意外发生了。一道火速撤军的圣旨从东都洛阳传到了刘仁轨的手中。

七十一　大战白江口，倭国从此安分一千年

李治让大获全胜的刘仁轨火速撤军，不是他老眼昏花瞎指挥，而是迫不得已的无奈之举，因为唐军在征讨高句丽的战场上又一次失利了。

原来就在刘仁轨救援刘仁愿的过程中，李治又在高句丽开辟了一个新的战场。

661年四月，李治集结军队，水陆并进杀向高句丽。

一路由苏定方为平壤道大总管，宰相任雅相为浿（pèi）江（今朝鲜大同江）道大总管，率领水军渡过黄海，由南向北进攻平壤。

另一路由契苾何力为辽东道大总管，率领陆军从辽东出发，跨过鸭绿江，自北向南进击平壤。

苏定方和任雅相这一路进展得非常顺利，当年七月，便在浿江大破高句丽军，随后又屡战屡胜，狂追高句丽军两百多里，顺势包围了平壤城。

但是，契苾何力这一路却进展得非常缓慢。高句丽宰相渊盖苏文让他的儿子泉男生率领重兵堵在了鸭绿江边。

不幸的是，契苾何力虽然骁勇善战，这辈子在青藏高原打过吐谷浑，在西域的沙漠里灭过高昌，在蒙古草原上平过薛延陀，但是他没有打过一次水仗，看见鸭绿江就两眼一抹黑。

双方一直在鸭绿江边僵持了将近两个月，契苾何力干着急就是一点办法也没有。

幸运的是，那一年的第一场雪，也比以往来得更早一些，农历九月底，鸭绿江上已经结了一层厚厚的坚冰。

熟悉的味道终于又回来了，契苾何力大喜过望，率领大军一边敲锣，一边打鼓，踏上冰面就向高句丽军杀了过去。

泉男生看见唐军杀了过来，竟然丢下数万精兵，撒丫子就跑了。

唐军在后面又是踹又是扁，狂追数十里，斩杀三万多人，俘虏了除泉男生以外的所有高句丽军，这才心满意足地回到了军营。

第二天，契苾何力心情大好，准备再接再厉杀向平壤。但是，意外又一次发生了。

我们在讲"薛仁贵三箭定天山"时讲过的回纥老大比粟毒，正好就是在这个时候发动叛乱的。

虽然大唐已经派出薛仁贵前去平叛，但是为了确保万无一失，防止回纥在背后阴契苾何力，李治便给契苾何力下达了撤军命令。

虽然两面夹击一下子变成了单打独斗，但是李治和苏定方依然不想放弃。就在给契苾何力下达撤军命令的同时，李治又给新罗下达了一道援助苏定方的命令。

可惜天助高句丽，新罗的老国王金春秋偏偏就在这个时候挂了，他的儿子文武王继承了王位。

这个文武王虽然以后很厉害，但现在由于刚刚登基，地位不稳，而且经验不足，在率领大军援助苏定方的时候，又被百济的残余势力挡在了半道，迟迟不能前进。

苏定方因为兵力不足，只好在平壤城下打起了消耗战。

按说以唐朝的国力而言，并不害怕打消耗战，围平壤一两年也不是什么问题。但问题是进入冬季以后，西北风嗖嗖地刮个不停，按照现在的科学观察，黄海之上的平均风速达到了6~7米/秒，这就给粮草运输造成了极大的困难。

李治急忙命令新罗给唐军提供粮草，但是新罗再一次掉了链子，一直到第二年二月初，还没有把粮草送到前线。

从围攻平壤到现在，已经六个多月了，唐军将士虽然勇猛，但也是血肉之躯啊。粮草迟迟不到位，加上天气寒冷，唐军的士气开始不断下降。

屋漏偏逢连夜雨，就在唐军士气越来越低落的时候，唐朝宰相、浿江道大总管任雅相又病死在军中，导致军心更加不稳。

而对面的高句丽宰相渊盖苏文，很快就探听到这一消息，他立即发扬"趁你病，要你命"的欺软怕硬精神，决定对唐军动手了。

当然，苏定方他是不敢打的，他已经被虐得有了"恐苏症"。但是任雅相刚刚去世，他的部下还是可以欺负一下的。于是，渊盖苏文集中优势兵力，对驻扎在蛇水之上的沃沮道总管庞孝泰发动了猛烈的进攻。

面对突如其来的进攻，唐军毫不畏惧，一个又一个地冲了上去，一个又一个地倒下了，即便如此，他们依旧拼死抵抗，在一番激战之后，终于挡住了高军的第一波进攻。

但是天不助唐啊，庞孝泰手下的五千多名唐军，全部来自如今的广东、广西等地，从来没有经历过北方的冬天，再加上缺衣少粮，他们早已经被水土不服搞得精疲力尽了。

所以，在面对高句丽军第二波、第三波冲锋的时候，他们虽然依旧不惧生死，进行了顽强的抵抗，但还是由于寡不敌众，五千多人全部战死在沙场之上。

庞孝泰的手下劝他赶紧撤退，留得青山在，不怕没柴烧。但是，庞孝泰却大喊道："我伏事国家两代，过蒙恩遇，高句丽不灭，吾必不还，今五千乡里子弟一并战死，我岂能自求生还？"

说罢，他举起大刀，带着十三个儿子，勇猛地向高军冲了过去。不久之后，父子两代人全部壮烈殉国。

让我们再缅怀一下这位英雄吧！

庞孝泰，白州（今广西博白县）人，生于601年，牺牲于662年二月，享年六十一岁。

他虽然没有立下赫赫战功，但是他的一身英雄之气，一片英雄之心，必将浩然长存。他的故事虽然在史书上只有聊聊几句，但他满门忠烈，必将被千秋铭记。

山河犹在，日月同泣，他死之后，天降大雪。血腥的战场，刹那之间白雪茫茫，放眼望去，那些战士的躯体，犹如一座座银色的丰碑，永远矗立在遥远的异国他乡。

士兵疲惫，粮草不济，大将客死，天降大雪，各种不利因素全都累积到了一起。苏定方无奈地一声长叹，只好解除了对平壤的包围，班师回国。

一年之后，大唐西北局势告急，唐朝小弟吐谷浑被吐蕃所灭。李治命令七十二岁的苏定方坐镇西北，节制诸军以备吐蕃。四年之后，这位灭突厥、平百济、征高句丽的老将，终于实现了他马革裹尸的梦想，在苍凉的西北大地上安然离世，享年七十六岁。

李治听闻，悲伤不已，追赠苏定方为左骁卫大将军、幽州都督，谥号"庄"。

苏定方撤军以后，留守在百济的刘仁轨，又一次面临孤军奋战。接到要其撤军的圣旨以后，他面临着极其艰难的选择。

听从旨意撤军，可以保全性命，甚至还能因为之前的战功被重新起用，荣华富贵随之而来，安享晚年不成问题。

但是出发之前吹过的牛必将沦为笑柄，自己毕生的梦想也将化为泡影。这是他无论如何也忍受不了的耻辱。

如果不撤军，唐军已经到了内忧外困、山穷水尽的地步。

外部，百济叛军日益强大，士气高涨，高句丽也必然会派出援军，仅靠唐军和新罗军固守一座城池，很难守得住。

内部，将士们已经留守百济将近一年，听闻苏定方已经撤军，所以个个思乡心切，毫无战意。另外，当初唐军攻陷百济时，大肆抢掠过一番，城内人心不服。

在这种不利的局势下，如果稍有差错，不仅自己死无葬身之地，也可怜了这数万将士的性命！

撤，还是不撤，刘仁轨犹豫再三。最后，他毅然决然地选择了坚守。他相信置之死地而后生，他相信凭自己的才能，一定能够坚持到最后的胜利。

但是，说服自己容易，说服别人就难了。你一个六十一岁的老头，死了也就死了，其他人还想活着回去呢。所以，刘仁轨下定决心之后，又将其他将士召集起来，从三个方面给大家好好上了一节思想政治课。

第一，鼓舞士气。

他先是把孔老夫子抬了出来，表示《春秋》里说了，将士出征，只要对国家有利就可以专断。如今皇上想灭了高句丽，就必须先灭百济。咱们要是拍拍屁股走了，孔子都会爬出来戳大家的脊梁骨。

第二，指明出路。

叛贼虽强，但是扶余丰和鬼室福信这两人貌合神离，用不了多久就会内斗。

另外，我们也不弱，只要秣马历兵，趁其不备搞个偷袭，必然能够大获全胜。

获得初步胜利之后，我们再分兵占据险要，上报朝廷。朝廷必然会继续增兵救援，百济就可平定。

第三，吓唬逃跑派。

咱们现在居于乱贼之中，又能往哪里跑？万一逃跑路上出现意外，不仅死得窝囊，还成了历史罪人，谁能担起这个责任？

总之就是一句话，大家不能跑，坚守还有胜利的希望，跑了就是王八蛋。

你还别说，这一通话讲下来，效果相当明显，不仅稳住了军心，还替老天爷写好了剧本。

百济王扶余丰和大将鬼室福信看到唐军不动了，小人得志的嘴脸立刻展现出来。不知道这两人中的哪一位想了一个馊主意，贱兮兮地给刘仁轨派去了一名使者，极其嚣张地说："亲爱的大使们，你们什么时候回国啊？我们好派人送你们回去！"

面对这种赤裸裸的挑衅，刘仁轨顿时心生一计。

他不仅没有发怒，还好好拍了一下这个使者的马屁，表示唐军马上就撤，希望到时候百济王能够手下留情，自己回到唐朝以后，肯定会替百济王美言几句，并且保证再也不会打百济的主意了。

被大唐的高级将领这么一说，这名使者自然是相当受用，于是就高高兴兴地回去吹牛了。

但他没有注意的是，就在他离开的同时，一支由数千人组成的敢死队，已经开始悄悄集结。

百济如此轻敌，此时不偷袭，更待何时。

当天深夜，这支敢死队在吃饱喝足之后，人衔枚、马裹蹄，悄悄溜出了城。一直溜到了百济军的军营附近，那群粗心大意的百济军竟然还没有发现。于是，随着一声令下，唐军冲进了敌营，一边放火、一边砍人，敌人的鲜血顿时像鹅毛一样四处飞溅。

正在做着春秋大梦的扶余丰和鬼室福信，这才意识到大事不妙，撒丫子就往后跑，一直跑到地势险要的真岘城才算完事。

但是，还没等他们喘上几口大气，唐军就又追了上来。几天之后，刘仁轨带着一群新罗兵又搞了一次偷袭，顺利地拿下了真岘城，并占据了周围的险要之地，打通了新罗通往泗沘城的粮道。

扶余丰和鬼室福信只好接着跑，这次一直跑到距离泗沘城大概两百里的周留城，才停了下来。

初步打开局面之后，李治又命令右威卫将军孙仁师为熊津道行军总管，率领七千精兵，再一次杀向了百济。

就在等待援军的时候，百济按照失败一次就出现一次内乱的历史规律，又一次爆发了内乱。

扶余丰和鬼室福信果然如刘仁轨所料，早就看对方不顺眼，只是胜利掩盖了内部矛盾而已。这一次失败之后，两人就彻底闹掰了，扶余丰先下手为强，把鬼室福信残忍地剁成了肉酱。

但是杀人一时爽，到用人的时候就傻眼了。和尚道琛死了，鬼室福信死了，拥护自己的人全死了。另一个能打的黑齿常之看见老板这么残忍，自然也不敢往前凑。万般无奈之下，扶余丰终于想到了倭国。

663 年八月，倭国派出四万两千多名倭军，战舰一千多艘，浩浩荡荡地驶向了百济。中倭历史上第一次大规模战争，由此拉开了序幕。

听说倭国援军来了之后，刘仁轨并没有在意。因为在接下来的军事会议上，他并没提到这件事。

当时百济叛军手里还有两座坚城。

一座是周留城，扶余丰和他的高级将领的家属们都住在这里。

另一座是加林城，该城控制着水陆要道，是唐军从泗沘城进入黄海的必经之路。

在接下来攻打哪一座城池的问题上，各位将领出现了严重的分歧。大部分将领认为应该首先攻打加林城，拿下加林城，周留城就是瓮中之鳖，想什么时候攻打就什么时候攻打。

但刘仁轨又一次提出了反对意见，在他看来加林城地势险要、守卫坚固，如果硬攻势必造成大量伤亡，而且还不一定能够攻克。

相反，周留城虽然位置并不重要，但却是敌巢。如果攻克周留城，百济势必军心大乱，其他各城自然不战而降。

事实再一次证明了真理往往掌握在少数人的手中，最后大家还是听取了刘仁轨的意见。

随后，唐军兵分两路，杀向了周留城。

一路由刘仁愿、孙仁师以及新罗国王文武王率领，从陆路进发；

另一路由刘仁轨亲自率领一百七十艘战舰、一万三千名水军，沿着熊津江顺流而下，再沿白江逆流而上，进逼周留城。

663年八月二十七日，唐倭水军终于到达了他们命运中的拐点——白江口。

两军刚刚相遇，倭军仗着人多，率先对唐军发动了试探性的进攻，但是被唐军顶了回去。

第一天的战斗就这么简单地结束了。但是，此战给唐倭双方的将领都留下了深刻的印象。在刘仁轨看来，倭军强盛，只可智取不可硬攻。在倭军将领看来，唐军的战斗力不过如此。

所以，第二天一大早，倭军就制定了猛攻战术（我等争先，彼应自退）。他们很快就集结了四百多艘战舰，向着一百多艘战舰的唐军中军猛烈地冲了过去。

一番激战之后，果然如倭军所料，唐军开始节节败退。倭军大喜过望，一边大喊着冲杀，一边拼命地摇着船桨在后面猛追。

但他们没有注意到的是，唐军的左右两翼已经悄悄地溜到倭军的左右，将他们牢牢地包围了起来。

随后，唐军火箭四起，对着包围圈中的倭军就是一顿狂射。由于空间狭小，倭军战舰根本无法调头，只能相互碰撞。于是，一条火船又烧着了另外一条火船，四百多艘战舰你烧我，我烧你，顷刻之间"烟焰涨天，海水皆赤"。

据倭国史书记载，倭军将领朴市田来津"仰天而誓，切齿而嗔，杀数十人"然后战死。但是，也不知道他在自己的船上是咋杀的数十人？总不会杀自己人吧？

大型烧烤还没有结束，唐军又对剩下的倭军发起了总攻，一路砍杀一万多人，倭军大败而逃。

此战是中倭两国间的第一次大战，虽然只杀死倭军一万多人，却极大打击了倭国的嚣张气焰。从此以后，倭国充分认识到了唐朝的强大，开始不断地派出使者向唐朝学习。另外，在此后的将近一千年时间里，倭国再也不敢染指朝鲜半岛。

倭军大败以后，扶余丰自知复国无望，急忙趁乱一口气向北狂奔三百里，跑到了高句丽。后来，当唐朝灭了高句丽之后，他又成了俘虏，但是李治并没有杀他，而是把他流放到了江南，最后客死中国。

扶余丰逃跑之后，其子扶余忠胜、大将黑齿常之等人，率领剩下的抵抗势力投降了唐朝。但是，百济将领迟受信，仍然占据着任存城坚持不降。

刘仁轨准备让刚刚投降的黑齿常之率军进攻任存城，孙仁师却认为黑齿常之人面兽心，不能相托。

但是，刘仁轨又一次提出了反对意见，在他看来，黑齿常之不但勇猛而且忠诚，只是以前投错了人而已，完全可以重用。

事实证明，刘仁轨又一次预言了未来。黑齿常之不但顺利攻下了任存城，而且还在未来的几十年里，战吐蕃、破突厥，立下了赫赫战功。只是很可惜，这么一员忠心耿耿的大将，最后却被武则天冤枉，赐死在了狱中。

更加可笑的是，获得了如此之大的胜利，一直到这个时候，李治竟然还不知道这一切都是刘仁轨的功劳。

直到刘仁愿等人回到大唐之后说明情况，李治才恍然大悟，给刘仁轨破格提拔了六级官阶，正式任命他为带方州刺史，并在长安赏赐了他一处住宅。

随后，刘仁轨的官职一路飙升，665年升任为大司宪（御史大夫），666年又升任为右相。

李治时期最后一名出将入相的大牛人，在历经无数坎坷之后，终于迎来了属于自己的时代。

百济已灭，现在终于只剩下高句丽了！

七十二　七十三岁李勣再出征，五十万大军终灭高句丽

663年，唐军在老头刘仁轨的辗转腾挪之下，费了九牛二虎之力，终于平定了百济的叛乱，灭了倭国的雄心。

这一仗，虽然高句丽逃过了一劫，但对它的影响还是非常大的。试想一下，如果有邻居天天提着大砍刀在你家门口瞎转悠，而且见一个砍一个，砍一个死一个，你是啥感受？

所以，高句丽紧跟着就认了怂。665年，在李治准备到泰山封禅的时候，高句丽还把太子派了过来当陪祭。

都说伸手不打笑脸人，高句丽的态度这么好，李治自然也不好意思立刻去打他们，更何况前几次唐军东征都是无功而返。

但是，就在两国关系慢慢升温，准备和和气气过日子的时候，天上咔嚓一下掉下来一个超级大馅饼——高句丽内乱了。

666年五月，高句丽宰相，王国的实际掌权者渊盖苏文薨了。这一薨不要紧，还把他的三个儿子整蒙了。

老大泉男生，也就是前面说的被契苾何力揍得从鸭绿江狂奔五百里跑回平壤的那个人，顺利继承了老爹的位置，担任了高句丽的莫离支（宰相）。

但是这位大兄弟的脑子一如既往地装着水，刚刚上台屁股还没有坐热，就学隋炀帝到全国各地出巡去了。

不过，他并没有学到隋炀帝的精髓，人家出巡是把王公大臣里但凡能威胁到自己帝位的人全带了出去。他出巡倒好，不仅让两个弟弟泉男建、泉男产留在了京城，还让他们代替自己处理政务。

啥叫兄弟？就是在关键时候，你不知道他会替你两肋插刀还是插你两刀的那个人。而泉男建、泉男产显然属于后者。

泉男生出巡之后，有人就挑拨起了三兄弟之间的关系。

这人先对泉男建、泉男产说："你们大哥一直想把你们杀了，你俩想活命，就得先下手为强。"

转过头，他又跑去对泉男生说："你的两个兄弟准备造你的反，你可得注意啊。"

这人具体是谁不知道，但他要么是唐朝的特务，要么是高句丽国王的狗腿子，不然没有深仇大恨，正常人干不出这么缺德的事。

泉男生被这人一挑拨，脑子里的水算是流出去一大半，这才意识到当初让弟弟们留守京城处理政务太蠢。

于是，他就偷偷地派人回到平壤，准备调查一下两位兄弟在背后搞了什么小动作。但是人算不如天算，调查还没有开始，这个人就被俩兄弟给捉住了。

按照当时高句丽的法律规定，犯了谋反罪，就要被扒个精光捆在柱子上，然后被人拿着火把，轮流往身上招呼。等造反的人被烧得惨叫不断，体无完肤，奄奄一息了，才会一刀给斩了，而且罪犯的家人还得全部充公为奴。

现在大哥已经怀疑自己造反了，未来的结果可想而知。于是，这俩兄弟想了想可能要遭受的酷刑，又想了想兄弟情谊，就毫无心理压力地反了。

泉男建逼迫国王高藏把自己封为莫离支（宰相），转过身就派出大军往哥哥身上招呼。

泉男生当然也不是吃素的，他雄赳赳、气昂昂地也拉起一支队伍，靠着自己的威望和实力，很快就夺取了至少六座城池、十多万户，准备和弟弟们拼了。

但是，打了几天之后，他终于认清了现实的残酷——自己虚得不是一星半点儿。于是，他赶紧让儿子渊献诚到唐朝求救去了。

从他的这个举动看，我们不得不严重怀疑，这个渊家是袁绍的子孙后代，不仅姓氏读音一样，干的蠢事也和袁绍的儿子们一样，都是自相残杀，都是引狼入室，结果自然不会有多好。

李治和当年的曹操一样，高兴得快把自己的大腿拍红了。

当年十一月，李治下诏，任命七十三岁的李勣为辽东道行军大总管，率领薛仁贵、契苾何力、庞同善、高侃、郭待封（郭孝恪的儿子）等帝国猛将，以及五十多万大军，以排山倒海之势压向了辽东。

另外，命令将黄河以北地区的租赋，立刻全部运往辽东，以供军需。

大唐对高句丽的最后一战，也是用兵规模最大、持续时间最长的一战终于开始了。

667年二月，李勣率领五十多万大军，终于到达辽东前线。

这一次，李勣依然是绕过两百里宽的辽泽，以及一千里长的长城，直接杀向了高句丽在辽东的另一个重镇——新城。

新城建立在今天抚顺市北部的高尔山上，东西长约一千两百米，南北宽约九百米，最高处海拔一百五十米，地势险要，城高墙厚，极其难攻。

李勣看罢该城地势，倒抽一口凉气，感觉这会是一场硬仗。于是，在开打之前，他对全军下达了死攻命令：新城是高句丽西部要塞，无论付出什么代价，必须将它拿下。

随后，唐军在高尔山西南方向安营扎寨，做好了打持久战的准备。

但出人意料的是，唐军刚刚点了俩腰子，老板直接把饭店砸了。新城内出了一个大叛徒——师夫仇。他看到外面的唐军威武强壮，自知不是对手，麻溜地就把新城的守将给绑了，直接打开城门就投降了。

李勣大喜过望，乘胜四处出击，很短时间内，就连续攻克了新城周围的十六座城池，一时间唐军名震辽东。

初步打开局面之后，李勣把五十多万大军分成了两路：

一路由契苾何力、薛仁贵、庞同善、高侃等一群猛将率领，继续留在辽东，攻打其他城池。

另一路则由自己率领，直接开往鸭绿江边的重镇乌骨城（此城早已被泉男生控制），为下一步渡江作战做准备。

李勣走后，新城周围的形势，其实依然非常严峻，还有将近二十万的敌军在周围虎视眈眈，随时都有冲上来吃掉新城的可能。

其中十五万高句丽军驻扎在金山、扶余等辽河上游地区，另有数万靺鞨兵驻扎在新城东边六十多里处的南苏城周围（今抚顺东苏子河与浑河汇流处）。

不知道大家还记得不，靺鞨兵就是在李世民亲征高句丽时，因叛变大唐，被活埋了三千俘虏的那个民族，也是后来女真人的祖先。

面对这种困局，契苾何力决定先挑软柿子捏，打下南苏城，再回头来收拾那十五万高句丽军。于是，契苾何力留下庞同善、高侃等人驻守新城，自己则带着薛仁贵向南苏城杀了过去。

靺鞨兵这个时候还没有开挂，和上次一样仍是超级不经打，基本属于一触即溃型，契苾何力和薛仁贵怎么打怎么胜，在很短的时间内就连续攻克七座城池，斩杀一万多人。

但是，就在他们节节胜利的时候，背后的危险也随之而来。

高句丽十五万大军趁着新城空虚，迅速围了上去，而留守的庞同善和高侃等人竟然拿高军毫无办法，新城被高军攻破，貌似只是时间问题。

契苾何力听闻战报，大吃一惊，急忙让薛仁贵率军回去救援，自己则带着其他士兵继续和靺鞨兵作战。

薛仁贵也意识到了事情的严重性，立刻带人狂奔六十多里，终于在新城被攻克之前赶到了城下。

此刻高军正在全力攻城，所以，对背后的薛仁贵没有丝毫防备。跑红了眼的薛仁贵顾不得休息，直接冲进高军阵营，一顿猛砍猛杀。一时之间烟雾弥漫，喊杀声震天。

不一会儿，地上就躺满了高军的尸体，唐军的战马践踏在受伤或死去的人身上，急速向前飞奔，周围的惨叫声此起彼伏，惨不忍睹。

新城里的庞同善、高侃等人见此情景，士气大振，也纷纷打开城门率军从山上杀了下来。高军在两面夹击之下，留下了无数具尸体，大败而逃。

但是，战争依然没有结束。此时不痛打落水狗还待何时？

薛仁贵让高侃率领本部人马，先去追击那些逃跑的高军，自己则稍作休息后，紧跟着追了上去。

双方你追我赶，在东北大地上狂奔了三百多里。到达金山（今辽宁康平县东）之后，高句丽军终于跑不动了。他们缓了几口大气，摆好阵形，挥舞着大砍刀就要找唐军拼命。

都说穷寇莫追，眼看高军已经被追得急红了眼，有乱咬人的危险。但是，高侃也追得急红了眼，根本顾不得什么兵家大忌，朝着高军就砍了过去。

奈何唐军不是铁做的，高军也不是一群猪。在高句丽军的拼命抵抗之下，刚刚还在追着别人跑的唐军，竟然又被高军追着跑了回来。

眼看唐军就要被追到辽河里喂鱼，薛仁贵带领的后军终于出现了。不过，他并没有第一时间冲上去救援那些逃命的兄弟，而是很聪明地绕到了高军的侧翼，等到高军追得正起劲的时候，才突然带着唐军从侧后方杀了出来。

高军被这么一惊，顿时乱作一团。高侃见状也不跑了，调转马头就又朝着高军砍了过去。一时间刀光剑影，风石火球铺天盖地。

一番激战之后，高军再次留下了整整五万具尸体，大败而逃。

但是，战争依然没有结束。薛仁贵像得到李世民、李靖当年的真传一样，坚持要继续痛打落水狗。

手下人全都认为他疯了，纷纷跑过来劝他：唐军又追又砍，连续作战几百里，已经疲惫不堪，急需休整几天。而高军虽然大败，但是仍有数万大军，不可轻敌。

但是，薛仁贵却认为兵不在多，而在于精。他完全没有把那些好心的劝告放在心上，仅仅挑选了三千精兵，就追了上去。

唐军惊呆了，数万高军也惊呆了，见过疯子，但没见过如此疯狂的疯子。

还能说啥，只能继续跑啊。

于是，这三千人又追着数万高军跑了两百多里，砍杀和俘虏了一万多人，还顺便攻下了扶余城（今四平）。这一次，高军彻底跑不动了，甚至连咬人的勇气也没有了。

投降吧，还能怎么办呢，几万人在自己家里被三千敌人追着跑，丢人都从家门口丢到后院去了。于是，这数万高军就向唐军举起了白旗，而扶余城周围的四十多座城池，也纷纷望风而降。

就在薛仁贵攻打扶余城的时候，李勣在鸭绿江畔也获得了巨大胜利。

泉男建听说十几万高句丽军，被薛仁贵搅得满东北乱窜之后，急得满头大汗，又急忙从朝鲜半岛抽调五万精兵驰援这十五万人。

但是，这五万人刚刚渡过鸭绿江，就碰上了李勣这位慈祥的老人。双方在大行城附近的薛贺水大战一场，高军被斩杀和俘虏了三万多人，唐军又顺势攻下了大行城。

至此，整个辽东已经全部被掌握在唐军手中。

紧接着，薛仁贵、契苾何力等人率领各自的部下，向着李勣靠拢过去，矛头直指朝鲜半岛。

李治在后方收到战报之后，大喜不已，立刻派出使者到前方慰问将士，并特意给薛仁贵写了一封嘉奖信，宣告三军。

派出使者以后，李治心头一惊，又担心李勣年龄太大，受不了四处征战之苦，在关键时刻功亏一篑。于是他急忙任命六十七岁的右相（中书令）刘仁轨为辽东道副大总管率军开往前线。

668年五月，五十多万唐军终于在鸭绿江畔集结完毕。

李勣再一次将唐军分为了两路。

第一路，郭待封率领部分水军，渡过黄海，直插平壤城下。

第二路，自己率领陆军，渡过鸭绿江，从陆路进击平壤。

但是，不久之后，两路大军全都出现了意外，而且还都和一个人有关。

郭待封进入朝鲜半岛不久，粮草就告了急。李勣让别将冯师本给他运送粮草和武器，但是冯师本的船却在关键时刻掉了链子，坏在了半路上。

郭待封左等右等，就是等不来粮草。眼看士兵们就要饿着肚子上战场，他赶紧给李勣写了一封求援信。但是他害怕信被敌军截获，泄露军机，于是，灵机一动，就写了一首离合诗。

啥叫离合诗呢？有点类似于现在的灯谜，字都认识，但就是不知道啥意思。

比如大诗人谢灵运曾写过这样一首离合诗：古人怨信次，十日眇未央。加我怀缱绻，口脉情亦伤。剧哉归游客，处子忽相忘。

啥意思，你看了蒙不？其实这整整三十个字，就表达了一个字——别。

前两句的"古人""十日"是关键，意思就是"古"去掉"十"等于"口"字。中间两句是"力"字，后面两句是"刂"，合起来就是"别"字。

这么复杂的东西，别说让十几岁就出来打仗的李勣看不懂，就是让李治看，估计也看不懂。所以，李勣看见诗以后，先是蒙，后是怒，喊着要把郭待封斩了。

就在李勣越来越蒙的时候，行军通事舍人、北魏太武帝七世孙元万顷赶紧把他拦了下来，告诉了他其中的意思。李勣这才恍然大悟，尴尬得满脸通红，赶紧派人给郭待封运去了粮草和武器。

看来，没文化真能害死人啊。

郭待封的问题终于解决了，但是李勣却为接下来的问题犯了愁。几十万士气高昂的唐军竟然被高军堵在了鸭绿江畔，迟迟不能进军。而不能进军的原因，说起来也非常可笑。

刚刚猜出来离合诗是啥意思的元万顷很有才，但是这位老兄有才得过了头。

准备打高句丽的时候，他给对方写了一封《檄高丽文》，文章质量没得说，文采飞扬，慷慨激昂。但是，文章里却说了一句非常不应该说出的话："不知守鸭绿之险。"

这就类似于你准备揍别人的时候告诉人家，你咋蠢得像头猪，不知道把你的头盔、护膝给穿戴上呢？

泉男建看到檄文之后，一拍大腿，这才想起鸭绿江边忘记派兵把守了。于是，他也贱兮兮地给唐军回了一封信："敬听尊命！"立即派出重兵守住了鸭绿江。

有这样的猪队友在，李勣气得直跺脚，一封奏疏就飞递到了长安。既然暂时解决不了问题，那就先解决你得了。

李治看完之后也是哭笑不得，一道圣旨就把元万顷流放到了岭南。

你还别说，这招杀鸡儆猴还是很有作用的，处理完元万顷之后，唐军的战斗力马上就飙升了。没过几天，唐军就冲过了鸭绿江，狂追高军两百多里，并顺道攻下了辱夷城。

668年七月，唐军在辱夷城短暂休整之后，契苾何力又带着五十万大军率先包围了平壤。

和以往隋军、唐军攻打平壤不同，此刻的平壤已经成了一座孤城。辽东各城被破，百济早已投降，高句丽的几十万大军死的死伤的伤。所以平壤城内人人自危，都在想着怎么投降。

一个多月后，高句丽王高藏便让泉男产带着九十八位王公大臣，打着白旗投降了唐军。

但是，泉男建却是一个很倔强的老头，国王都投降了，他依然坚持不降，还不断派兵出城挑战唐军，结果可想而知，每一次都大败而归。

668年九月十二日，泉男建最信任的和尚信诚终于不想再努力了，他偷偷打开了城门。随后，唐军叫喊着、奔腾着，一拥而入，这座多少帝王、多少名将梦寐以求，但却始终难以征服的名城，终于被唐军踩在脚下了。

泉男建看到大势已去，准备自杀殉国，却被抢救过来，后来被流放到今天的贵州。

至此，建国六百余年，曾经北拒中国、南欺朝鲜、控地数千里的高句丽终于被完全平定。

668年十二月，李勣率领威武之师，一路凯歌，回到了长安。

李治大喜不已，又是大赏三军，又是太庙献俘，又是南郊祭天，轰轰烈烈搞了十几天，才恋恋不舍地结束了庆祝仪式。

随后，李治将高句丽五部一百七十六城、六十九万余户分为九个都督府、四十二个州、一百个县，在平壤设置安东都护府，统辖原高句丽全境。薛仁贵任安东都护，领兵两万镇守安东。

唐军的强盛，在这一刻达到了历史的巅峰；唐朝的疆域，也在这一刻达到了史无前例的高峰。

西至咸海，东到朝鲜半岛，北及西伯利亚，南达中南半岛。放眼天下，一千两百多万平方公里尽是大唐国土。

前数一千年，中国未有如此之大；后数一千年，中国未有如此之盛；再数一千年，中国亦会以此为傲。

这是李勣的功劳。他以七十三岁高龄，不辞辛苦远征千里，从666年到668年，在整整两年的时间里，金戈铁马，风餐露宿，战无不胜，攻无不克，终成大功。

这也是李治的功劳。他执政二十年以来，知人善任、国富民强，为大唐的宏大版图奠定了雄厚的基础。

这归根结底还是一代又一代大唐子民的功劳。他们勇敢、无畏、坚强，终凭血肉之躯，创造了一个又一个看似不能完成的神迹。

"巨唐开洪业，巍巍皇猷昌。止戈成大定，兴文继百王。"

何谓巨？比大更大。巨唐不负其名，唐人不负其望。

七十三　名将陨落，薛仁贵兵败大非川

天下大乱，出尘为度苍生。踏马归来，终成无恙河山。

七十三岁挂帅出征，七十五岁胜利回京，两年的披星戴月、雨露风霜，终于耗尽了李勣所有的精力。

669年初，刚从高句丽回来不久，李勣便一病不起。都说人越老越怕死，人越富越怕死，李勣却是一个例外。

虽然他有权力让专家给自己开小灶，还享有全额报销的医保，可以常年霸占最好的病房，但是他仍然拒绝了医生，拒绝了吃药。

他拒绝的理由至今看起来都非常地匪夷所思："我本山东一农夫，攀附明主，滥居富贵，早已知足。生死由命，岂能再求医活命！"

内心需要多么强大，才能云淡风轻地说出这种话啊。生亦何欢，死亦何惧？说的大概就是他这种人吧。

李治听说之后于心不忍，只好不断给他赐药，李勣这才不得不喝下。但是，不久之后，李勣还是迎来了他生命中的最后时刻。他让弟弟李弼把儿孙们全都召

集起来，强打着精神置办了一场酒席。

在酒席即将结束的时候，他当着所有人的面，给弟弟李弼留下了临终遗言：

"我自知必死，这场酒宴就是要与你诀别。你先不要哭，听我的安排。我看房玄龄、杜如晦平生勤苦，才能树立门户，但被不肖子孙破家荡尽。我的这些子孙现在全都托付给你了，我死之后，你就搬进我家居住，他们中如果有操行不伦、交游非类的人，你可以先行把他们打死，然后再报我知道。

我的葬礼要一切从简，不必埋什么金银珠宝，埋一些平常的衣服，再加五六匹马、十几个木头人和一套朝服就行了，如果人死后有知，我还可以穿着朝服去见先帝。谁要不按我说的去做，那就是在拿着刀砍我的尸体啊。"

说完之后，李勣便咽了气。669年十二月三日，这位开国元勋、三朝元老终于在家中病逝，享年七十六岁。

怎么评价李勣呢？这是一个极有争议的历史人物。

征东突厥、灭薛延陀、平高句丽，保大唐一方平安，将大唐的荣耀推向顶峰的是他。

但是，"利在高宗，则为高宗用；利在武氏，则为武氏用……年愈老，智愈猾"。堵塞言路，为虎作伥的也是他。

大唐双璧，他实至名归。遗祸后世，他也脱不了干系。

归根结底，他是一个复杂的人。

内战之时，他屡战屡败，张须陀、窦建德、刘黑闼都曾将他打得大败而逃，但是他人格高尚，不以李密土地邀功，颇见志节。

外战之时，他屡战屡胜，打遍天下无敌手，但是他人格堕落，只求自保，不仅依附武后，还几次三番奉承李治。

他有败绩有胜利，有耻辱有荣耀，他不是一个完美的人，但他依旧是一个值得尊敬的人，值得赞扬的人，值得学习的人。

世上没有什么人是十全十美的，像他这样的人物，只要有人去挑，总能发现许许多多的缺点，但是瑕不掩瑜，人生不就是如此吗？

不挑剔别人，既是对别人的尊重，也是对自己的尊重！更何况，后来李勣的子孙也为他当初的选择付出了惨重的代价。

684年，李勣的长孙李敬业，起兵讨伐他当年支持的武则天，武则天一怒之下，将李勣掘墓砍棺，毁尸灭迹，恢复其原来的徐姓。

因果终有报，李勣终究还是没有逃出这一宿命。

平定高句丽之后，放眼天下，对大唐边境还有威胁的势力，只剩下了沉默已久的吐蕃。

638年，吐蕃松赞干布被大唐暴揍一顿之后，便再也不敢打唐朝的主意，只能偶尔打打青藏高原上的其他部落，或者南下欺负一下天竺。

641年，唐朝文成公主嫁过去之后，更是打开了唐吐一家亲的和谐局面，后来唐朝去打天竺以及龟兹时，还向吐蕃借过一些兵。

但是，650年，年仅三十四岁的松赞干布薨了以后，唐吐关系就开始急转直下了。

松赞干布死后，由于他的儿子死得更早，所以便由他年幼的孙子芒松芒赞继承了藏王之位。

主少国疑，吐蕃的最高权力自然而然地就落到了大相（相当于宰相）东赞的手中，吐蕃语中把宰相叫作论，所以后世也把东赞叫作论东赞。

论东赞是一个野心和实力都很强的老男人。他上台之后，连年对外发动战争，很快就基本统一了青藏高原。

659年，论东赞的野心又一次膨胀，将手伸向了大唐的小弟吐谷浑。

但是这一次也该论东赞点儿背，当时苏定方正好要率军去灭西突厥，听说论东赞不请自来之后，他就顺便拐到青海表演了一次吊打绝技，一千唐军大破八万吐蕃军，还把它的副宰相杀了（这件事记载于吐蕃史书，唐书中没有记载）。

不过，论东赞并没有因此而长记性，660年，趁着苏定方去打百济的机会，他再一次大举进攻吐谷浑，三年之后，吐谷浑终于被彻底吞并。

也是在这一年，李治命令七十二岁的苏定方再次坐镇西北，节制诸军以抵抗吐蕃。之后几年，由于大唐一直对高句丽和百济用兵，所以并没有夺回吐谷浑。

667年，论东赞死了，唐朝本来想趁此良机进攻吐蕃，但在这一年，苏定方也去世了。

论东赞死后，他的儿子论钦陵继任宰相，这位小伙子比他爹更有野心，能力也更强。670年初，也就是大唐灭了高句丽一年多以后，论钦陵亲率四十万大军，对大唐直接发动进攻，很快就攻占了安西四镇。

李治大怒不已，670年四月九日，他任命右威卫大将军薛仁贵为逻娑（今拉萨）道行军大总管，左卫员外大将军阿史那道真、左卫将军郭待封为副大总管，率领五万精锐讨伐吐蕃。

论钦陵听说唐军前来，和当年的伏允可汗一样，夹起尾巴就跑到了乌海（今青海喀拉海附近）。薛仁贵率领唐军步步紧逼，八月，他们顺利抵达距离乌海仅有三百多里的大非川（今青海切吉平原）。

作为对比，我们回头再看一下李靖当年是怎么痛扁伏允可汗的。

当年李世民给李靖配备的是五路大军，大约十万人，不过最后只有四路大军参战，约有八万人（唐军每路大概都是两万人）。

进入青海之后，李靖兵分两路。

一路由自己率领，负责剿灭青海湖附近的吐谷浑军。

另一路由侯君集率领，负责追击乌海和柏海附近的伏允可汗主力。

李靖这一路非常顺利，五战五胜。但是，侯君集那一路却险象环生，经过汉哭山时天降大雪，"将士啖冰，马皆食雪"，这才艰难通过。

汉哭山，位于今天的鄂拉山一带，平均海拔4500~5000米，道路非常险峻。

薛仁贵想从大非川到达乌海，就必须翻越汉哭山，而翻山越岭就不能带太多辎重。

所以薛仁贵现在面对的情况，实际上要比李靖当年更为艰险。首先是兵力不足，其次是对手比吐谷浑强大得多。但是，薛仁贵并没有因此畏惧不前，而是和当年的李靖一样，也把军队分成两部分。

第一部分，在大非川设置两个营寨，留下两万士兵看守辎重。

第二部分，自己先率领一部分精锐，急速行军三百多里，挺进乌海杀吐蕃一个措手不及。郭待封则率领一部分军队，紧随其后。

这个战术无论从哪个角度看都堪称完美。如果薛仁贵的前军顺利，加上郭待封的援军就可以趁机扩大战果，速战速决；如果薛仁贵的前军不利，郭待封可以随时支援；如果两人都有不测，大家都是轻装上阵，可以及时退回大非川。

但是，再完美的计划，如果让猪去执行，那么它的结局只会是《小猪快跑》2.0，而郭待封就是这么一个猪队友。

这位老兄就是前文介绍的写离合诗的那位，当时郭待封是积利道行军总管，薛仁贵只是一员大将，名义上郭待封的地位要高一些。

同时郭待封又是郭孝恪的儿子，郭孝恪不知道大家还记得不？李勣还是徐世勣的时候，郭孝恪就是徐世勣的副手，两人一起投降过窦建德，还一起阴过窦建德。大唐统一以后，郭孝恪经营西域多年，立下赫赫战功，最后因一时大意战死在沙场上。

由于是名将之后，加上原来还是领导，郭待封对做薛仁贵的副手这件事极其不满，自出征以来，他经常不听薛仁贵的命令，擅自行动。

薛仁贵也是粗心大意，明明知道郭待封这副德行，竟然还把辅攻以及看守大本营的任务交到了他的手中，而没有交给另一名副总管。也许在薛仁贵看来，郭待封会以大局为重，暂时搁置矛盾一致对外，但他显然远远低估了人性。

薛仁贵率领前军出发之后，一路上所向披靡，在河口大胜吐蕃军，俘虏牛羊一万多头，并顺利攻占了乌海城，只要郭待封能够及时赶到，唐军就可以乘胜追击，获得更大的胜利。

但是，郭待封却完全没有听从薛仁贵的命令，他竟然擅自带着大军和辎重在后面慢悠悠地当起了运输大队长。

薛仁贵狂奔数百里，好不容易获得的战机就此消失。而更加可怕的是，论钦陵已经调集二十万大军气势汹汹地杀向乌海。

这是一场与时间赛跑的游戏，如果郭待封能够探得情报，及时进驻乌海城与薛仁贵合兵一处，依靠坚固的城池，唐军也许还有一丝胜利的可能。

但是，这个世界没有如果，该来的还是来了。

670年八月十七日，郭待封终于和论钦陵的二十万吐蕃军在距离乌海城不远处的野外相遇了。

几个时辰之后，苍凉的青藏高原上一片萧瑟，血红色的夕阳将洒满唐军鲜血的战场衬托得更加血红，远处白雪皑皑的汉哭山又一次成为无数汉人哭泣的坟场。

郭待封扔下了所有军粮和全部辎重只身逃跑，他所带领的唐军几乎全军覆没。薛仁贵听说之后，长叹一声，只好率军冲破敌军的重重阻挠，撤回了大非川。

但是，论钦陵并没有因此而放过唐军，很快他就调集四十万大军向着疲惫不堪、饥饿难耐、惊慌失措的唐军又一次扑了过去——五万唐军，几乎全军覆没。

史书上说，薛仁贵随后与郭待封等人跟四十万吐蕃军议和之后，才率领残兵败将返回大唐。但这里所谓的议和，恐怕只是史官们的春秋笔法而已。

这是自李世民登基以来，唐军近五十年内的第一次大败，也是唐军由极盛、极强慢慢变得平凡的标志。

从此以后，唐军虽然依旧很强，但再也没有了不败的神话。一个又一个让人看不懂的传奇人物，终于变成了一个又一个爹生妈养的血肉之躯。

面对如此大败，李治大怒不已，准备杀了他们以谢天下。但是千军易得，一将难求，杀了薛仁贵等人，还能用谁呢？更何况，胜负乃兵家常事，李勣当年几次全军覆没，也没有影响他成为一代名将。

所以，冷静下来之后，李治还是网开一面，只是将薛仁贵、郭待封等人革职除名，贬为平民。

不过，薛仁贵并没有等太久，一年之后，他就被再次起用，杀向另一个战场。

七十四　丢百济，败吐蕃，大唐开始转攻为守

671年，大唐的东边又出事了。

在联合大唐灭了百济和高句丽之后，新罗的国王——文武王就当起了"二五仔"。

669年，也就是大唐灭掉高句丽的第二年，文武王组织一帮高句丽遗民开始武装上访了。

670年，文武王趁着薛仁贵被调到西部和吐蕃对砍的机会，更是兵分两路直接对高句丽故地和百济故地发动了进攻。

第一路，出兵两万帮助高句丽叛军一直打过了鸭绿江。

第二路，他玩了一把阴的，先是把熊津都督府司马骗到新罗，再亲率大军杀向熊津（百济故地）。

别人不找事还想揍人家两下的李治，面对这种找上门来的挑衅，自然不会手软，很快，他也兵分两路打了出去。

第一路，以高侃为安东都护，李谨行为燕山道行军总管，负责剿灭高句丽故

地的叛军。

第二路，让薛仁贵戴罪立功，将他升任为鸡林道（汉朝的时候新罗叫鸡林）总管，将黑齿常之任为熊津都督府司马，率军夺回百济故地。

高侃就是当年灭高句丽的时候，金山大战的男主角之一。当年他被高句丽军打得大败而逃，还是薛仁贵从侧面出击解救了他，并且斩杀了五万高军。

李谨行是个靺鞨人，被赐李姓，他以前干过啥，以后干过啥，史书上记载很少，基本上属于那种书里不写他也无关紧要的小人物。

从前后的表现看，薛仁贵和黑齿常之的能力都在高侃和李谨行之上，这一次打新罗，他俩应该所向披靡，率先凯旋才对，但事实却完全相反。

高侃与李谨行出发之后，一路上攻城略地，不断大败敌军，到673年，不仅平定了整个高句丽，还往南打到了新罗的本土。

但是，薛仁贵和黑齿常之这边却搞得我们的史书都不好意思记载，还得去参考《三国史记》（其实这本书中记载得也很模糊，所以下面这几段文字大家就勉强看个大概吧）。

当时新罗大概攻占了熊津都督府八十二座城，但是泗沘城、加林城等最繁华的中心区域仍掌握在唐朝的手中。

薛仁贵到了熊津之后，觉得自己的实力还不错。就很有礼貌地给新罗文武王写了一封恐吓信，把自己当年打高句丽有多猛添油加醋说了一番，最后命令文武王赶紧把攻占的城池给拿出来。

文武王也不傻，早就知道了薛仁贵在吐蕃的糗事，所以看了恐吓信之后，他也没有生气，客客气气地给薛仁贵回了一封恐吓信。

他先是把薛仁贵好好地吹了一番，说他"总管英雄之秀气，抱将相之高材，七德兼备"，然后笔锋一转，表示李世民还活着的时候，已经承诺在灭了高句丽之后，把百济这地方赏给他们。除非李世民从地底下爬出来，把这话收回，不然谁来也不行。

李世民到底有没有说过这种话，薛仁贵不知道，李治也不知道，当然，就算两人知道，也只能假装不知道，反正死无对证。既然双方没有谈拢，那就只能开打了。

薛仁贵和黑齿常之带了多少人，史书上没有记载，但按照唐朝一个总管大概带两万人的编制看，估计唐军人数是两万到四万，熊津本地的军队不能叫军队，打仗没赢过，逃跑没输过。

而新罗那边据说有三十万大军，但是这明显和吐蕃的三十万大军一样不靠谱。高句丽面积只有那么大，当时才七十万户，兵力最多也就三十万，所以新罗无论如何也不会有三十万大军，但是有十万应该不成问题。

十万对四万，薛仁贵数学水平还是很高的，一看就知道自己这边要吃亏。所以他急忙向北边的高侃和李谨行求助，准备两路夹击新罗军。

但是，高侃带着四万大军跑到平壤之后就卡壳了，一不小心被新罗击沉了几十艘运粮船。所以，薛仁贵和黑齿常之只能硬着头皮自己上。双方大概打了一年的时间，百济略有小胜，顺利拿下了熊津都督府，但是没有攻下加林城。

虽然小胜，但是文武王也知道不能把唐朝给惹毛，如果大唐倾全国之力来打，高句丽坟头上的草早晚有一天会长到自己的坟头上。所以，他见好就收，赶紧给李治写了一封求和信，写得那叫一个感人肺腑，让人看了都不忍心再去打他。

这里摘抄几句，大家可以体会一下。这是记录在朝鲜的史书《三国史记》当中，用汉语文言文写的，所以大家一看就懂。

文章的开头，他先是拍了一通李治的马屁，骂了一通自己没良心："臣某死罪谨言，昔臣危急，事若倒悬，远蒙拯救，得免屠灭。粉身碎骨，未足上报鸿恩，碎首灰尘，何能仰酬慈造？"

中间，他把自己编造成了受害者，说百济想打他，他这是自卫反击："然深仇百济，逼近臣蕃，告引天兵，灭臣雪耻。臣惧破灭，自欲求存，枉被凶逆之名，遂入难赦之罪。"

最后，他向李治服了软："南山之竹，不足书臣之罪，褒斜之林，未足作臣之械……某顿首顿首，死罪死罪。"还进贡了一大批金银铜钱、牛黄和布匹。

李治看了这封信是什么态度呢？

李治很感动，然后第二年（674年）一月，就把七十三岁的刘仁轨请了出来，代替薛仁贵担任鸡林道大总管。另外，他还把刚刚平定高句丽的靺鞨将领李谨行任命为副总管，命其揍新罗去了。

如果写信道歉有用的话，那还要兵干吗？

但是李治显然低估了新罗的实力，即便是刘仁轨这种老当益壮的猛人，去了之后也打得格外艰难。

当年苏定方打百济，一个月就给灭了，加上前期的准备，满打满算也就六个月。可是刘仁轨用了整整十三个月的时间，也只是在阿达城和七重城获得两场大胜，抢了不少东西而已。

再打下去，也许刘仁轨还能取得几场胜利，但是想让新罗从地球上消失，恐怕还需要更多的兵力，以及更长的时间，鬼知道这时候已经七十四岁的刘仁轨还能活几年。所以，李治慢慢萌生了退军的念头。

刚好这个时候吐蕃又在西边搞起了事情。所以，675年二月，李治赶紧就坡下驴，让刘仁轨回来了，只留下副手李谨行驻守买肖城，以防备新罗。

憋屈了整整一年的文武王大喜过望，立刻对买肖城发起了猛烈的进攻。

但是，李谨行那可是东北的老铁，也不是吃素长大的，他见新罗军杀来，根本就没有待在城里守城或者求援，相反，他主动出击，打下了新罗的三座城池：铁关城、赤木城和石岘城。这次把文武王打得很狼狈，又派使节到大唐求和去了。

刚好这时候吐蕃又在西边搞起大动作，一下侵犯了大唐的四个州。676年三月，李治开始在全国范围内调兵遣将，准备大举进攻吐蕃。所以，不得不接受新罗的求和。

当年，李治将驻扎在百济的李谨行等人火速调往吐蕃前线，安东都护府、熊津都督府治所也从朝鲜半岛全部迁往了辽东。

就在这次撤军的过程中，唐军和新罗军发生了一些小摩擦。

六十二岁的薛仁贵，估计是想在撤退之前再整点养老钱，所以带着人又拿下了新罗的一座城池。但是，就在他准备扩大战果，再赚一把的时候，新罗的援军到了，双方前前后后在伎伐浦（今韩国锦江口）打了二十二仗，结果薛仁贵又败了，导致唐军被杀几千人。

李治一怒之下，就把薛仁贵流放到了象州（今广西）。不过，大家也不用为他担心，他的身体素质棒得很，和广西的蚊子、大老鼠相处得很好。几年之后，他还会以六十八岁的高龄为咱们表演一场绝技，一洗这几年失败的耻辱。

唐军撤退以后，大同江以南基本成了新罗的地盘，朝鲜半岛也结束了三国时代，在之后的数百年里，唐罗再无大战。但是，一百多年以后，新罗和大唐一样，再次陷入内乱，重新进入三国时代。

就在东线大规模撤军的同时，西线的唐吐边境，早已弥漫着浓浓的硝烟。

面对吐蕃一而再、再而三的挑衅，676年，李治终于忍无可忍，准备对吐蕃发动一次毁灭性的进攻。

在将领方面，他派出了堪称当时唐朝最豪华的名将天团。

第一位，当时的大唐第一名将，已经七十六岁的刘仁轨；

第二位，以前只要有大战就必上的最佳男配角契苾何力；

第三位，刚刚平定高句丽叛乱，三败新罗大军的李谨行；

第四位，后来暴打东、西突厥的裴行俭（此人后面会详细讲）；

第五位，后来数次破吐蕃大军的黑齿常之；

第六位，后来大胜吐蕃收复安西四镇的王孝杰。

在士兵方面，李治调集十八万大军，又特意下发招聘启事"令举猛士敕"，在全国范围内征召身强体壮的年轻人。

如此多的名将，如此多的兵力，如果能够按期开打，毫无疑问这会是一场精彩无比的大决战。

可惜的是，历史这个编剧偏偏在这个时候，给我们开了一个天大的玩笑。

刘仁轨到达前线之后，针对当时的情况，向李治提出了很多建设性意见。但是朝堂之上却出现了一个大奇葩——右相李敬玄，此人经常将刘仁轨的意见压住不发。

刘仁轨也是当过两次宰相的人，这种事自然逃不过他的眼睛，所以这俩老头很快就互掐上了。

这个李敬玄又是谁呢？

一个老书生，做学问有两把刷子，运气也特好，李治还是太子的时候，他就当了李治的侍读。所以，李治当上皇帝之后，他就步步高升，先后担任吏部尚书和右相（中书令），成为朝中最有权力的宰相。

但是他有个致命的缺点：对军事一窍不通，这辈子没有打过一次仗。而刁难刘仁轨的原因也很简单——政敌。

李敬玄和一代奸相许敬宗是一伙的，而刘仁轨和许敬宗又是死对头。

许敬宗活着的时候，不是喜欢瞎改史书吗？把自己人往天上吹，把政敌往死里踩。但是，他挂了以后没多久，瞎改史书的事情就败露了，而负责重新编订史书的那个人就是刘仁轨。

有这层原因在，两人肯定都想把对方往死里整。掐了几个月之后，刘仁轨终于忍无可忍了。既然忍无可忍，那就必须残忍！

于是，刘仁轨就向李治递了封辞职信，表示自己的高血压、糖尿病全犯了，别说爬青藏高原，连骑马都费劲。而李敬玄才六十三岁，这几个月以来一直对前线指手画脚，说的是有理有据，妥妥的名将潜质，让他去指挥，一定能把吐蕃打得跪地求饶。

一向知人善任的李治，真的就把李敬玄任命为前线总指挥。

可是李治糊涂，李敬玄还是知道自己有几斤几两的，所以，一接到任命通知他立刻就尿了，几次三番表示干不了。

可这时候李治也是中了邪，他还以为李敬玄是在故意玩深沉，所以硬是赶鸭子上架把他逼到了前线。为了给李敬玄送人头，李治还特意把剑南（四川）、山南（湖北）的部队全都调往了前线。

有人说，这是李治不喜欢李敬玄，故意在整他。但这种话明显是胡扯。那可是十八万大军呀，他再不喜欢李敬玄，也不可能让这些人去送死。

所以，李治应该就是糊涂，轻信了刘仁轨。

而更加悲摧的是，一代名将契苾何力在大军出发之前突然死了，未来的大名将裴行俭突然被改任为秦州右军总管。本来是六个名将群殴吐蕃，现在变成了一个书生三个帮。

这场整整准备了八年的战争，从这一刻起，似乎就已经注定了失败的结局。

无论怎样，678年七月，李敬玄在磨叽了半年之后，还是带着十八万大军颤颤巍巍地出发了。

咱们一般人打仗，前锋肯定是让军队中最能打的人担任，有枣没枣，先打三杆子再说。李敬玄却不是一般人，在他看来打仗跟官场差不多，靠的也是论资排辈，谁的官职大，谁就最能打。所以，他就让工部尚书刘审礼当了前锋。

虽然刘审礼的副手是未来的名将王孝杰，但奈何他自己是个文人，和李敬玄一样，这辈子只打过嘴炮，没打过真仗。

很快，刘审礼与王孝杰带着一万多前锋部队，在龙支（今青海乐都南）遇到了吐蕃军。

刘审礼虽然不会打仗，但是很识数。一看吐蕃人少，他二话不说就命唐军打了过去。还没砍几下，吐蕃军就被打得大败而逃。

刘审礼见状大喜不已，万万没想到自己一大把年纪了，还有领军打仗的本领。于是，他带着大军就在后面拼命追击，一直追到了当年薛仁贵兵败的大非川。

不是他追不动了，而是论钦陵的二十万大军（人数大概率是吹的），早已经在此等候多时。刘审礼这才意识到，原来不是自己身体棒，而是对方太能装啊。

此时不跑，更待何时？

刘审礼急忙组织唐军向敌军最薄弱的地方冲了过去。但是，奈何兵力悬殊太大，唐军的一次又一次冲击，就像落在蜘蛛网上的昆虫一样，除了将自己困得更死以外，没有丝毫用处。

还在后面瞎溜达的李敬玄听说之后，立刻拿起佩剑，骑上战马，带着剩下的十七万大军，开始往后面一顿狂跑。

九月十二日，被包围的唐军终于迎来了最后的时刻——全军覆没，刘审礼战死，王孝杰被俘。

但是战争仍然没有结束。

就在李敬玄像无头苍蝇一样，带着十七万大军狂跑的时候，论钦陵的手下大将跋地设早已经率领一部分精锐骑兵绕到了唐军的必经之路——承风岭，在唐军赶到之前，他们顺利占领了山头。

前有堵截，后有追兵。在这种危急的情况下，要么一鼓作气冲过去，要么在后方设伏，打对方一个措手不及。

但是李敬玄到达承风岭下之后，偏偏啥也没干，只是让十几万人挖起了壕沟，准备和对方来个持久战。这哪里是挖沟，简直就是挖坟啊。

眼看后面的敌军越来越近，唐军的坟越来越深，一代名将黑齿常之终于坐不住了。一个百济人，来到大唐，死在吐蕃，不远万里就为送人头，让谁也受不了啊。

于是，他决定自救。

一天夜里，他精挑细选了五百多名壮士，酒足饭饱之后，悄悄溜出了军营，爬到了承风岭上。快到吐蕃军营的时候，黑齿常之一声令下，这五百多人像疯了一样冲了过去，砍人的砍人，放火的放火，擂鼓的擂鼓，一时间火光冲天、硝烟弥漫，喊杀声和哀号声混成一片。

岭下的唐军看到偷袭得手，也像疯了一样大喊着冲了上去。正在睡觉的跋地设大惊失色，根本没组织任何抵挡，拔腿就跑。

唐军也来不及追击敌人，赶紧趁机收拾好行装，越过承风岭，狼狈不堪地逃回了鄯州（今西宁）。

一回到鄯州，李敬玄就彻底地蔫了，还没等李治发话，就赶紧上书说自己病了，哪哪都不舒服，随时都有挂的可能，希望能够回京治疗。李治本来还想治他的罪，但看他已经惨成了这个样子，所以也就让他回去了。

谁知道这位老哥的病全是装的，回京之后，他既没有继续在家装病，也没有引咎辞职，而是像没事人一样，直接就到中书省上班去了，仿佛刚刚大病一场的人根本就不是他。

见过脸皮厚的，还没见过脸皮这么厚的，李治终于被李敬玄的行为惊呆了。一怒之下，就把他贬到外地担任刺史。两年之后，这位奇葩老哥终于病死在了任上。

李敬玄走后，十七万唐军虽然暂时安全了，但依旧人心惶惶，大家随时都准备继续跑路。因为没有人知道吐蕃军什么时候会打过来，也没有人知道他们能不能抵挡住论钦陵的进攻。

前几年薛仁贵的五万大军败了，现在李敬玄的十八万大军又败了。虽然在我们后世人的眼中，薛仁贵的战斗力只能算是二、三流的水平，而李敬玄就是一个彻头彻尾的糊涂蛋，但在当时那些小兵的眼里，前者可是"三箭定天山"的大英雄，后者又是高高在上的宰相啊。

连他们都打不过的人，还会有人打得过吗？

事实证明，这些小兵的忧虑是对的，当时还真没有人能打得过论钦陵。

也许刘仁轨还可以和论钦陵大战三百回合不分胜负，但是说句实在话，其他人还真的都不是论钦陵的对手，看到后面大家就知道了。

不过，大家也不用悲观，打仗和斗地主不同，斗地主只有输赢，不行就是不行，而打仗还有另外一种结果——和。

我在野外打不过你论钦陵，但这并不代表我守不住城池。就像当年李世民亲征高句丽的时候一样，安市城的城主在野外肯定打不过李世民，但是人家守城时，你就是打不进去。

而大唐这边陆续出现了两位防守型的猛将，而且这些人的进攻能力，除了论钦陵以外，对付其他吐蕃军还是绰绰有余的。

第一个猛将，就是在此次大战之中，表现得最亮眼的黑齿常之。

李治把他提拔为左武卫将军，河源军副使（河源位于青海）。680年七月，论钦陵的弟弟论赞婆率领三万吐蕃军，再次大举进犯大唐边境。

黑齿常之玩了一把偷袭，率领三千精锐骑兵，把论赞婆打得大败而逃，斩首两千多级，俘获羊马数万。

随后，黑齿常之被提拔为河源军经略大使，为防备吐蕃，他在河源地区增设了七十多处烽火台，屯田五千多顷，每年收获粮食五百多万石，大大增强了大唐的边防实力。

681年，黑齿常之主动出击，在青海湖附近把论赞婆痛扁了一顿，烧掉了吐蕃的大批粮食，俘获了大批牲畜，终于挽回了一点大唐的面子。

第二位猛将则非常出人意料，他也是一个没有打过仗的文人，而且还是一个胖子。

此人名叫娄师德，630年出生，郑州原武（今河南新乡）人。他二十岁就考中了进士，在那个"三十老明经，五十少进士"的年代里，毫无疑问就是天才。

但是，在之后的十八年里，他的表现却很一般，到三十八岁的时候，才做到八品的监察御史，比县令的级别还低。

在这次出征吐蕃之前，李治特意下发了一个招聘启事，要征召身强力壮的年轻人。

娄师德看了之后，觉得自己虽然已经三十八岁了，但也不能算老。至于身强力壮的条件嘛，他虽然不完全符合，但是奈何腰粗，是标准的重量级人物。

所以，他拿着招聘启事，头上绑了一条红抹布就应聘去了。李治被他的体型和魄力惊呆了，没想到这个走路都费劲的胖子，竟然还有胆子上战场，于是一下子就把他提拔为从五品的朝散大夫，让他随军出征。而正是这个不经意的任命，在一定程度上挽救了这场很失败的战争。

我们在前文中已经说了，十七万唐军逃入鄯州以后，仍然人心惶惶，随时准备继续跑路。但是，就在这一片慌乱之中，娄师德却表现得格外淡定。

他不断地收拢逃跑回来的士卒，凭自己独有的魅力，逐个安抚大家的情绪，又给伤者提供最好的治疗，又给死者家属发放抚恤金。慢慢地，他的淡定与从容感染了所有人，军心也就稳定了下来。

这么有才的人，自然没有逃过李治的眼睛。不久之后，娄师德又被提拔为河源军司马，主要管理屯田事务，算是军队里的文职人员。

但是，娄师德这个胖子并没有闲着，在屯田的同时，他还利用业余时间搞起了副业——研究兵法。你还别说，天才就是天才，研究"之乎者也"，二十岁就能考中进士；潜心研究《孙子兵法》，不到两年的时间，就成长为一名杰出的将领。

682 年，吐蕃再次大举进犯大唐边境，娄师德第一次率军迎战，居然八战八捷，连李治都大呼过瘾，又把他提拔为四品的左骁卫郎将、河源军经略副使。

短短四年时间，他就从一个八品芝麻官，升为四品的封疆大吏，简直比坐着火箭上升还要快。但是，这还没有到达顶点，后来，他还前后两次担任宰相，多次向武则天推荐狄仁杰，是武则天一朝的重量级人物，后面我们还会介绍。

在这两个猛将的防守之下，大唐和吐蕃在青海一带，终于形成了势均力敌的对峙局面，再也没有发生过大的战事。一直到十二年之后的 694 年，唐军才开始新一轮的反击，不过，这却是另外一个故事，我们后面再讲。

从此以后，终唐一朝，基本结束了对外扩张的步伐。像李靖三个月北定东突厥、四个月西平吐谷浑，苏定方四个月征服西突厥、一个月灭亡百济这种疯狂开疆拓土的故事，再也没有上演过。

以后两百年内的无数名将，只是在这一千两百多万平方公里的土地上周而复始地重复着反叛—镇压—反叛—镇压的故事。

属于大唐最高光的时刻，终于在我们的恋恋不舍中过去了。毕竟已经疯狂了五十年，大唐也该歇歇了。

疯狂的对外战争结束了，下面该来看看对内战争了。接下来的三场战争虽然只是平叛，但是名将们的英雄事迹至少向我们证明了一件事：大唐的战斗力依然很强。

六十岁的裴行俭和六十八岁的薛仁贵，你们又要出场了。

七十五　假途伐虢，裴行俭顺手搞定西突厥

鲁迅说，诚信是人的根本。其实对于一个国家来说，也是如此。

只有当你想让谁死全家就能让他死全家的时候，你的信用值才会越来越高，小弟们才会愿意跟着你混。否则，一轮又一轮的反叛必然接踵而至。

大唐和吐蕃打了两次，失败了两次，所以信用值一下子就跌到低谷。已经归附大唐十九年的西突厥见状，马上表示不服。

679年，西突厥左厢五部落老大阿史那都支、右厢五部落老大李遮匐（突厥人，赐姓李），私底下和吐蕃结了盟，准备一起武装上访，攻打大唐的安西都护府。

左厢五部落和右厢五部落，就是以中亚的楚河为界，将西突厥分为两个部分，河西为右厢，河东为左厢，苏定方当年灭了西突厥之后，唐朝在那里分别设置了濛池都护府和昆陵都护府。

西突厥反叛的消息传到长安的时候，李治正在为兵败吐蕃的事情而揪心。所以，一听说西突厥也要反，他当场就火冒三丈，嚷嚷着非要打回去不可。

但是，还没等李治发完火，又一个六十岁的老头站出来，提出了反对意见（唐朝的老头都好猛啊）。

此人名叫裴行俭，他爹我们之前讲过，就是大名鼎鼎的裴仁基，当年就是裴仁基带着儿子裴行俨（外号"万人敌"）、大将秦叔宝和罗士信投降李密的。

这四个人全都属于"拳打南山猛虎，脚踢北海苍龙"那种类型的猛男，但是裴仁基更优秀一些，比其他三个人的脑瓜子更灵。

如果李密最后听了裴仁基的意见坚守不出，王世充必死无疑，唐朝肯定也不会那么快统一天下。

可惜李密不听劝告，裴仁基和裴行俨父子二人因此被王世充所俘，619年又被杀害于洛阳。

也就是在父亲和哥哥双双遇害的这一年，裴行俭出生了。

不过，与我们想象中的孤儿不同，裴行俭并没有因此而过得十分凄惨。因为他爹给他留下了一大笔财富——人脉。

他们家属于河东裴氏，本身在隋唐时期就牛得上秒天、下秒地，唐朝一共二十二个皇帝（包括武则天），河东裴氏就出了十七个宰相。

再加上他爹裴仁基对秦叔宝、罗士信等名将都有大恩，李世民灭了王世充之后，由罗士信亲自出资，把他爹埋在了洛阳的邙山。

所以，裴仁基从小就受到了各种牛人的格外照顾，刚到上小学的年纪，他就被送到弘文馆学习。

我们在讲唐朝科举制度的时候提过弘文馆，这就是朝廷给皇亲国戚、国之重臣的孩子开的小灶，讲课的全是唐朝一等一的大师，学生们也不用参加科举考试，百分之百毕业，百分之百包分配。

在很多人的印象中，这种贵族学校的学生一般都是纨绔子弟，上学时只会打架斗殴，毕业后只会混吃等死，但如果细心观察，你就会发现，事实可能与大家的印象正好相反。

从贵族学校毕业的学生往往还是贵族，从平民学校毕业的学生往往还是平民。因为人与人的竞争并不只是学历的竞争，而身世、人脉、机会、能力、格局往往比学历更加重要。

更何况，贵族学生们的学习成绩往往更优异。例如我们现在讲到的裴行俭。

他在弘文馆不仅熟读了历代经典，还学会了阴阳八卦。注意，这里的阴阳八卦可不是眯着眼睛算卦瞎叨叨，而是属于天气预报专业，以后写他打仗的时候我们还会提到的。

除此之外，他还练就了一手好字，还把唐高宗李治发展成了他的小迷弟。

有皇帝当粉丝，裴行俭慢慢地也飘了，经常对人吹牛说："如果没有好笔、好墨，褚遂良一般不写字，只有我和虞世南不挑笔墨，拿起来就能写。"

褚遂良、虞世南在书法界什么地位？初唐四大书法家啊，裴行俭有自信和他们一较高下，大家想想那字得有多漂亮。

更牛的是，毕业以后，他就被分配到禁军，担任了八品的参军。当然，这个职位并不牛，禁军里一抓一大把。但是，在这里他遇到了人生中的大贵人苏定方。

正四品的苏定方，一见到裴行俭就觉得这小伙骨骼清奇、天赋异禀（甚奇之），非要把自己的绝世武功传授给他（吾用兵，世无可教者，今子也贤）。

这么有才，又这么传奇的人物，自然要被重用了。所以他在三十多岁的时候，就已经担任了长安县的县令。

可惜的是，在他三十六岁这一年（655年），李治非要把武则天立为皇后。按说这种事跟一个小小的县令怎么也扯不上关系，但是裴行俭听说之后，那叫一个义愤填膺，找到长孙无忌和褚遂良就发了一大通牢骚。

刚好这件事又被武则天的狗腿子袁公瑜听到了。于是，原本前途一片光明的裴行俭，一下子被贬到西州（今吐鲁番）吃葡萄去了。

而这一贬就是十年。

再次令人意想不到的是，裴行俭简直就是一个神人，在得罪武则天的情况下，在被贬到老少边穷地区的情况下，竟然还能步步高升。到665年的时候，他靠着一身才华，就已经升为了安西大都护，如今的新疆、中亚五国、阿富汗等数十万平方公里的土地全部由他管辖。

唐朝有个优良的传统，当边疆大吏做出成绩之后，就会被调到中央，委以重任。裴行俭自然也不例外，很快他就被调到吏部担任二把手。武则天拿他竟然一点儿办法也没有。

不过，裴行俭刚被调走，西域就出了乱子。670年，吐蕃军攻陷了安西都护府。673年，唐朝又将它夺了回来。679年，出现了我们文章开头讲的那一幕，西突厥在吐蕃的怂恿下，准备造反了。

作为曾经的安西都护府大都督，裴行俭给李治提出了一个废人利用的好主意："波斯王的儿子泥涅师正好在长安，陛下可以派出使者，假装护送泥涅师回波斯继承王位，从突厥和吐蕃经过的时候……嘿嘿嘿嘿……"

这里说的泥涅师，是位于伊朗高原的萨珊王朝亡国之君的儿子。

632年，阿拉伯帝国创始人穆罕默德死了以后，他的继任者开始四面出击，同时对东罗马和萨珊王朝发起了进攻。

萨珊王朝的倒数第二个皇帝——亚兹德格尔德三世，十分不扛揍，竟然把希望寄托在了唐朝的身上，从638年到648年，这十年间给李世民写了四封求救信。

李世民一看地图，差点想骂人，从长安到伊朗高原两万多里地，中间还一个沙漠挨着一个沙漠，如果大军能够随随便便派过去，他早就统一欧洲了，哪里还有其他人什么事。所以，李世民连续拒绝了他四次。

但是，萨珊王朝的国王仍然不依不饶，在亚兹德格尔德三世被杀以后，他的儿子卑路斯又向李治求救了两次。

刚开始，李治也认为太远了，不愿意派兵去救，但后来实在受不了人家的百般请求，就派过去一名使者，随便应付了一下，把卑路斯封为波斯都督府都督以及波斯王。

675年，萨珊王朝彻底被阿拉伯帝国吞并之后，卑路斯拿着李治当年给他册封的印信，带着儿子泥涅师一溜烟跑了几万里，到长安要求再就业去了。

出于人道主义考虑，李治就给他安排了右威卫将军的工作，好吃好喝养了他两年。677年，卑路斯病死在长安，他的儿子泥涅师基本上也就成了一个废人。

现在要把泥涅师送走，李治自然很高兴，即便平定不了西突厥，省一个人吃饭那也是省啊。

所以，按照谁出主意谁干活的原则，很快李治就让裴行俭带着诏书和泥涅师上路了。

当年夏天，裴行俭一行经过五千多里的跋涉，终于到了西州，也就是裴行俭曾工作过十几年的地方。

升官的老领导回来了，按照官场上的优良传统，西域各个部落的官员们，自然要好吃好喝地招待他一番。

裴行俭毫不客气，走到哪，吃到哪，玩到哪，结果是越玩越嗨，越走越慢，最后干脆一屁股坐下不走了，理由是酒太好，人太美，天太热，要等到秋高气爽之后再走。

西突厥的两个造反派，虽然没有什么文化，但人家还是知道啥叫假途伐虢的。所以，刚听说裴行俭要去波斯的时候，他们就已经隐隐约约感受到了危险，于是，老早就派人盯紧了裴行俭。

但是，当裴行俭胡吃海喝，说要等到秋天再走以后，他们终于放松了本就不太敏感的神经。

眼看敌人已经上当，裴行俭立刻决定对西突厥发起突然袭击。但是，他的手下却不干了，因为两个字——没兵。

原来护送泥涅师回去，为了避免打草惊蛇，裴行俭只带了几百人。当时西突厥两个部落加起来将近十万大军，这几百人也许都是以一当百的战狼，可对方不是东吴的孙十万啊。带着几百人冲上去，肯定破不了当年张辽创下的世界纪录。

当时西域还驻扎着两三万唐军，调动他们也可以，但是如此大规模地调兵遣将，必然会引起西突厥的警惕。

既想调兵，又不想打草惊蛇，怎么看都是一个难以解决的难题。但是，裴行俭却用一个非常简单的方法给破解了。

他把龟兹、于阗、疏勒、碎叶等安西四镇的酋长都叫了过去，表示自己吃饱了、喝足了，但是手痒痒，想去打猎了，希望大伙能派点人陪陪他。

领导要打猎，酋长们自然又想趁机去巴结，所以，这些人回到老家以后，有人的找人，没人的想办法找人，硬生生凑出了一万多人。

裴行俭大喜过望，立刻调转马头就向左厢五部落的老大阿史那都支扑了过去。

几天之后，这支打猎队经过数百里的急行军，终于赶到了距离阿史那都支的营帐仅有十几里的地方。

而此时的阿史那都支对此依旧浑然不知，正在吃着火锅唱着歌。如果趁机进攻，一定能够大获全胜，缴获无数金银珠宝，但出人意料的是，在这最紧要的关头，裴行俭竟然停了下来。

和以往的无数名将一样，裴行俭深刻地知道，有时候，比起杀人，更重要的还是诛心。杀过去固然解恨，但是这一杀必然会失去民心，唐军走后，西突厥必然再次反叛。

所以，裴行俭只是向阿史那都支派去了一名温文尔雅的使者，讲解了一下抗拒者死全家的优待政策。阿史那都支还没听完，就举起双手投降了。

紧接着，裴行俭如法炮制，挑选了几千名精锐骑兵，迅速地扑向右厢的李遮匐。李遮匐那是一个标准的好汉，从来不吃眼前亏，听说阿史那都支投降之后，当场也就尿了。

随后，裴行俭在碎叶城（今吉尔吉斯斯坦托克马克市）刻石记功，将阿史那都支和李遮匐一起押送到了长安。

至于泥涅师，裴行俭当然也没有忘记，在帮他招募了几千人之后，就让他自己回波斯去了。但是，这几千人显然不是阿拉伯人的对手，不久之后，泥涅师就又被打回了长安。

就这样，裴行俭几乎不费大唐的一兵一卒，就搞定一场中外勾结的叛乱。虽然没有我们想象中的金戈铁马、大砍大杀，但是他的一举一动，仍然充分体现了一位名将所应有的品质：冷静、机智、勇猛、果断、坚强。

啥叫人才？不是那种万事俱备，只等你一声令下，手下人冲上去大砍四方的才叫人才。这种无中生有、暗度陈仓，在没有办法的时候找到办法，在不可能处创造可能的人，才是优秀的人才。

攻心为上，攻城为下，此人不成，何人能成？

回到长安之后，正在为名将凋零而发愁的李治，又一次兴奋得直拍大腿，不仅亲自设宴招待裴行俭，还同时给他授予了文臣、武将两种官职——礼部尚书兼检校右卫大将军。

但是，还没等李治和裴行俭高兴几天，大唐的边疆又传来了一道十万火急的军情——东突厥二十四州全部反叛，数十万敌军正在南下，大唐名将萧嗣业被打得大败而逃……

李治着急地看了看裴行俭，脸上露出了慈祥的微笑……

七十六　最后一战，裴行俭、薛仁贵暴揍东突厥

679年，就在西突厥反叛的同时，已经归附大唐将近五十年的东突厥也要武装上访了。原因和西突厥一样，就是唐军两次兵败吐蕃，他们也想趁机掺和一脚。

东突厥的两个部落老大，阿史德温傅与阿史那奉职，把阿史那泥熟匐立为新的可汗。

在三剑客的号召下，东突厥境内二十四个州一呼百应，在很短时间内就聚集数十万大军，对唐朝腹地发起了进攻。

当年跟着苏定方灭了西突厥的唐朝大将萧嗣业，二话不说，抄起家伙就平叛去了。结果这位老哥太骄傲，赢了几场之后就飘了，最后中了东突厥的偷袭，被打得大败亏输，死伤了一万多人。

消息传来，李治大怒，去年打吐蕃输了，今年打东突厥又输了，看来老虎不发威，别人还真拿自己当病猫了。

于是，他就调集了自从唐朝打突厥以来最大规模的军队——三十多万，兵分

三路对东突厥实施全方位、立体式的打击。

中路军就是咱们前面讲的裴行俭，令他为定襄道行军大总管，率领十八万人，直接进攻叛军的老巢单于都督府（今内蒙古和林格尔）。

西路军为以后的名将、丰州（今内蒙古五原县）都督程务挺，率领六万多人，防止叛军西逃。

东路军为幽州（今北京）都督李文暕，率领六万多人，防止叛军东窜。

出乎李治意料的是，人家三剑客根本就没有逃跑的打算。在他们看来，裴行俭虽能打败西突厥，但并不一定能打过他们。

因为西突厥不如东突厥是明摆着的事实，当年萧嗣业曾活捉过西突厥的老大，现在在他们面前却是手下败将。而且从以往的经历来看，裴行俭可能还不如萧嗣业。

萧嗣业打过薛延陀，打过西突厥，还打过高句丽，而裴行俭只偷袭过一次西突厥，说他是一个从来没有打过硬仗的白板老头，完全不为过。

于是，三剑客很勇敢地在黑山集结了重兵，根本不和裴行俭玩虚的。

看到对方如此豪横，裴行俭自然不能忍，于是，680年三月，双方直接在黑山脚下展开了大决战。

事实证明，玩阴的时候唐军有可能会吃亏，但如果直接正面硬碰硬，唐军从诞生那天起，还真没有怵过任何人。

裴行俭带着十八万人，一路走一路砍，还没打几下，就成了连娶媳妇带过年，阿史那奉职被活捉，刚刚被立为可汗的阿史那泥熟匐，又被自己人砍了，当作投名状献给了裴行俭。

三剑客变成了独行侠，只有阿史德温傅很幸运地逃过一劫。

阿史德温傅逃跑之后，这才意识到光有勇敢没啥用，关键时候还要看实力。于是，他就远远躲了起来。既然打不过你，那我就耗死你。

随后，裴行俭带着大军在大草原上瞎溜达，非要找阿史德温傅再干一架。但是，阿史德温傅没找到，自己却差点被大水给淹了。

原来，当唐军到达单于都督府北边的时候，已经接近黄昏。于是，他们就找了一个地方安营扎寨，埋锅造饭，准备来一个野外烧烤派对。

但是，牛肉、羊肉、辣椒、孜然所有东西都准备就绪准备开吃的时候，裴行俭仰天一望，用他当年上学时偷偷钻研的阴阳之术掐指一算，发现大事不妙。

他急忙下令大军赶紧拔营，往高处跑。不明就里的士兵们顿时火冒三丈，把裴行俭的祖宗十八代骂了一个遍。

裴行俭也懒得解释，只是一个劲地催促他们赶紧行动。几个时辰之后，唐军终于将行李辎重全部搬到周围的高地上。就在这时，原本星光闪烁的天空，突然之间狂风骤起，阴云密布，随后，瓢泼大雨倾泻而下。

罗贯中先生为了突显诸葛亮的神仙气质，硬是在《三国演义》中给他加了一场大戏——草船借箭，事后还让诸葛亮对鲁肃吹了一次牛："为将而不通天文，不识地利，不知奇门，不晓阴阳，不看阵图，不明兵势，是庸才也。"

但是裴行俭这掐指一算，可不是编的，而是记载于正史当中。

在那个天气预报还没有算卦准的年代，裴行俭这一算，堪比演义中的诸葛亮，手下十八万唐军顿时对他心服口服，从此以后，裴行俭指哪他们就打哪，打不成，创造条件也要打。

躲过大雨之后，裴行俭也意识到，前几天打人有点儿狠，不应该那么伤人家自尊，不然别人都不和你玩了。

为了能让阿史德温傅尽快感受一把虚无缥缈的快感，他赶紧贴心地给阿史德温傅送上了一份大礼。

不久之后，一群一碰就倒的老大爷，扛着唐朝的军旗，推着三百辆运粮车，颤颤巍巍地出现在大草原上。

阿史德温傅虽然跑了，但他其实还是很有理想的，所以看到这群大爷之后，终于还是没有忍住手贱，急忙派出一群得力干将杀了过去。大爷们自然不是突厥骑兵的对手，敌人距离运粮车还有几千米远，他们就作鸟兽散了。

突厥兵那叫一个高兴，几个月了也就赢这一回，太不容易了，所以他们二话不说，推着运粮车就往回跑。等跑到一处水草丰美的地方之后，这群突厥骑兵终于累了，他们解鞍牧马，准备把粮食拿下来好好地犒劳自己一番。

但是正当他们说说笑笑，准备去扛粮食的时候，却发现运粮车内好像不太对劲，里面竟然发出了一些叮叮当当的声音。正当他们还以为食神下凡的时候，早已埋伏在三百辆运粮车中的一千五百名唐军士兵哇的一声，表演了一出大变活人的大型魔术。

突厥兵被这么一吓，这才意识到原来裴行俭又在玩阴招，赶紧找马往回逃窜。但是马正在吃草呢，哪有工夫理他们。正在此时，一直偷偷跟着这支运粮队的唐军后续部队也赶了过来。

内有一千五百名大活人，外有数千唐军挥舞大刀，突厥兵怎么可能是他们的对手。眨眼之间，这群突厥兵就成了无名男尸。

阿史德温傅得到消息之后，吓得脸色苍白，打又打不过，阴又阴不过，只好立刻卷起铺盖，有多远滚多远了。

短短几个月时间，数十万叛军就被打成了草原游击队，按照以往的惯例，李治必须猛拍大腿表示高兴才行。

但是这一次可能拍得有点过分，把自己也拍蒙了。他误以为东突厥已经成了池塘里的泥鳅，再也掀不起什么大风大浪，就把打得正起劲的裴行俭叫了回去，让一个文人做安抚大使去搞收尾工作。

哪知道，裴行俭一走，阿史德温傅的精神头又上来了。第二年（681年）他又把阿史那伏念立为可汗，重新造起了大唐的反。

李治这才后悔当初没有痛打落水狗，只好又把裴行俭派了出去。

这一次，阿史德温傅学乖了，既不找裴行俭决战，也不去劫粮道，全程只有一个字——拖。反正司马懿当年也干过这事，打不过躲着，不丢人。

面对这种看似无法解开的困局，裴行俭再次发挥无中生有、暗度陈仓的特长，没过多久，他也不知道用了什么方法，就把阿史德温傅和阿史那伏念离间了。啥叫高人？就是不管敌人怎么着，你都能有解决的办法。

阿史那伏念为证明自己的清白，一怒之下，把妻儿老小、军队辎重全部都留在金牙山，亲率数万骑兵一路南下，准备偷袭唐军大将曹怀舜。

但是，他忘了一件事，既然裴行俭能离间你，那他肯定也能离间别人啊。所以，他还没有跑到曹怀舜的地盘，裴行俭就已经亮出一招围魏救赵，让副将程务挺等人火速杀向金牙山。

结果可想而知，阿史那伏念不仅偷袭没有成功，而且老巢和家人也全丢了。

更加不幸的是，在阿史那伏念准备回军救老巢的时候，军中又爆发了瘟疫，士兵战斗力严重下降，他只好带着一群病秧子向北逃窜。

裴行俭当然不会放过这次痛打落水狗的机会，急令程务挺狂追了几百里。最后，阿史那伏念实在是跑不动了，转过身就把阿史德温傅绑了，要向唐军投降。

就这样，裴行俭又一次圆满地完成任务，闹腾了两年的三剑客全部伏法，如果后续安排得当，东突厥的反叛到这里应该就要结束了。

但是，在这关键的时刻，又一次发生了意外。和历史上的大多数名人被小人暗算的情况差不多，这一次，裴行俭也遇到了一个小人。

在接受投降之前，裴行俭答应饶阿史那伏念和阿史德温傅一死。可是等把他们押回长安之后，当时的宰相裴炎，因为嫉妒裴行俭的功劳，不仅把这场大战的功劳全算在程务挺的身上，还撺掇李治把这两个俘虏杀了，完全把裴行俭说过的话当成了空气。

呕心沥血一生，出生入死万里，却遭到如此对待，裴行俭痛心不已，从此以后假装生病，不再露面。

杀人一时爽，事后有得忙啊。第二年（682年），那些对李治杀降不满的东突厥人在阿史那骨笃禄的带领下，又反了。

李治这才又一次后悔当初的滥杀行为，不得不厚着脸皮，第四次把裴行俭请了出来，任命他为金牙道行军大总管，再次出兵东突厥。

但是连续两年的千里奔袭，加上被人冤枉的不公，早已经耗干了这位老将军所有的精力，大军还没有出动，裴行俭就病死在家中，享年六十四岁。

裴行俭一生虽然只打了三仗，而且都是在六十岁以后进行的，但是他凭借超高的智慧和近乎完美的行动证明了自己的实力。毫无疑问，他是李治时期最优秀的名将之一。正是凭借这经典的三仗，在唐朝后世的名将排名中，他成功地赢得了一席之地。

虽然六十四岁并不算老，但比起不久之后，那些惨死于武则天刀下的名将，他应该算是幸运的。

比起那些征战沙场一辈子，才能入选古代六十四名将的人，他也应该算是幸福的。

有此一生，足矣！

虽然裴行俭走了，但是还需要有人给自己擦屁股啊。中伤裴行俭的裴炎除了会"之乎者也"以外，显然没有这种能力。李治左思右想之后，终于想到了已经被流放象州整整五年的薛仁贵。

此时的薛仁贵已经六十九岁高龄，多年的流放生涯，让他的身体已经接近崩溃边缘。但是在接到李治的诏书以后，他顾不得身体上的不适，憋足浑身的力气，快马加鞭三千里，一口气从广西象州狂奔到了长安。

他要报仇，报两次失败之仇；他要证明自己，证明他还是那个被李世民特意夸赞过的名将。他要与时间赛跑，他已经明显感觉到自己没有多少时间了。

所以，刚刚回京见过李治，他就马不停蹄地狂奔两千里，到达了云州前线（今山西大同）。

阿史那骨笃禄听说裴行俭已死，万分高兴，以为唐朝已经没有能打的将军了。所以这次，他没有等唐军进攻，反而派出手下大将阿史德元珍去打云州。

刚到前线，就有人要找打，薛仁贵当仁不让，领着大军就冲出了城。

双方摆好阵势，正准备开打，也不知道哪个突厥人问了一句：来将何人，报上姓名！

薛仁贵很配合地回了一句：我乃龙门薛仁贵也！

没想到，对方一听到这个名字，立刻吓傻了，因为他们真的是被薛仁贵给吓大的。二十年前，薛仁贵三箭定天山打得实在是太狠了，以致以后这么多年里，突厥的爸妈哄不住哭闹的小孩的时候，就拿薛仁贵来吓唬他们。

试想一下，你爸妈拿来吓唬你的人，要和你摆擂台干架，你啥反应？

眼看还没有开打，突厥兵就要崩盘了，几个当年见过薛仁贵的突厥人，赶紧出来给大伙打气，大声喊道："大家不用怕，薛将军流放到象州已经死了，怎么可能还活着！"

听到对方说自己死了，薛仁贵也不生气，也不怕对方朝自己放冷箭，摘下头盔一拍马腿就冲到了突厥军前。那几个见过薛仁贵的人，一看还真是本尊来了，腿立刻就软了。这帮人仗也不敢打了，急忙下马就拜，拜完之后，骑上马就整队整队地往回逃窜。

已经将近十年没有打过大胜仗的薛仁贵，怎么可能放过这么好的机会。

只见薛仁贵率领大军在后面一通狂追，斩杀一万多人，俘虏两万多人、各种牲畜三万多头，最后因为马实在跑不动了，才悻悻而归。

但是，这一战也彻底耗干了薛仁贵的精力，先跑了三千里到长安，再跑了两千里到云州，又打了一大仗，将近七十岁的人了，怎么可能受得了这种折腾。所以在云州大捷的第二年，薛仁贵就病死在前线，享年七十岁。

如何评价这位老将军呢？

虽然他打过两次败仗，但依然是当之无愧的名将。因为我们只要细想一下就会发现，真正的战场之上，哪有几个常胜将军。

中华上下几千年以来，像韩信、霍去病、李靖这种只胜不败的天才型将领，恐怕两只手都能数得过来。

另外，名将不单单是指那些只会打胜仗的人。那些经历过失败，在痛苦中不断挣扎，不断反省，不断自责，最后终于战胜了失败恐惧的人，依然值得我们每一个人尊敬。

薛仁贵用他最后的战绩，证明了他的坚韧、勇敢与无畏。名将之名，实至名归。

随着两位名将的去世，唐初的一系列对外战争到这里就要和大家说再见了。

虽然后面还有程务挺、黑齿常之、王方翼等众多名将获得了一次又一次的胜利，但是由于武则天上位之后，把他们杀的杀，流放的流放，唐军在之后的岁月里，并没有获得什么值得一提的成绩，唐朝的疆域甚至开始不断地萎缩。

在程务挺、黑齿常之被武则天杀害之后，归附唐朝五十年的东突厥终于还是独立了。直到唐玄宗李隆基登基之后，唐军才又一次重现当年的辉煌，唐朝的疆域也开始了一轮新的扩张。

写到这里，可能很多人会有疑问，为什么这个时期唐军的战斗力有点儿下降了？

先把当时一些名将的反省与自我反省、批评与自我批评列在下面吧。

我们先看一下，当时的第一名将刘仁轨是怎么说的。

打百济的时候，刘仁轨给李治上过一次书，里面是这么写的：

李世民在位的时候，以及李治刚登基的时候，将士出征后，如果战死沙场，朝廷都会派特使慰问祭奠，还会把牺牲将士的官职爵位，转授给他的子孙后代。但是从660年以后，这些奖赏就没有了。

更令人气愤的是，等到平百济、围平壤的时候，不仅牺牲的将士没有奖赏，有功的人也不一定有奖赏（苏定方拿下百济之后，为啥要大杀平民，应该和这个有很大关系）。

所以，现在州县募兵，大家都不愿意再当兵。身体健壮、家境富裕的人，往往会买通官府，逃避征调，朝廷只能招到一些愚弱贫困、缺乏斗志的人。

总之一句话，提高士兵待遇，大家干活就有积极性，别整天只喊口号，大家都是成年人，都不傻。

我们再来看一下，当时的太学生、后来的著名宰相以及军事家魏元忠是怎么说的：

第一点，他和刘仁轨说的差不多，指出了朝廷有功不奖的问题。

但是，他又多加了一条：有罪不罚。例如薛仁贵兵败大非川，就应该斩了，如果谁失败就斩谁，以后的将领，肯定不敢失利，短期内平定吐蕃并非不可能。

第二点，他把矛头指向了当时的选人制度。

选拔文臣时，只要求辞藻华丽，不要求谈论国家大事，导致只能选出来腐朽无能、夸夸其谈之辈，选不出来有经天纬地之才、扭转乾坤之能的国家栋梁。

选拔武将时，只要求骑马射箭，不要求计谋策略。楚国猛男养由基，能射穿七层盔甲，但在鄢陵之战中照样一败涂地。所以，以后选择将领，应该以谋略为主，勇力为次。

第三点，他又指出了马匹不足的问题。

由于害怕乱民造反，唐朝禁止民间养马。但是大军出征时需要很多马匹。所以，魏元忠请求废除养马禁令，让百姓能够养马。这样以后大军出征，朝廷可以随时买马。

李治看完魏元忠的意见，觉得这小伙说得很好，于是直接把他安排进了中书省。之后，他的官职就开始一路飙升。

由此可见，魏元忠说的后面两条，应该指出了问题的关键。只是，他所说的失败就得斩，很难让人赞同。

能说出这种话，要么是和薛仁贵有仇，要么是那时候他还太年轻，看问题不像后来那么老道。

胜败乃兵家常事，薛仁贵当时就败了那一次，你说斩就斩，以后谁还敢为你卖命？如果按这个标准，连李世民这种天才级别的人物，在打薛举失败之后，都应该给杀了。另外，李勣早年全军覆没了多少次，也没见李渊和李世民要杀他。

所以，他说杀薛仁贵这一点，就是无稽之谈。

如果杀人是解决问题的方法，那么接下来我们要重点讲的武则天，恐怕比唐朝的任何一位皇帝都伟大了。